体育院校通用教材

健 美 操
（第2版）

肖光来　主　编
马鸿韬　张　平　副主编

人民体育出版社

图书在版编目（CIP）数据

健美操 / 肖光来主编. -- 2版. -- 北京：人民体育出版社，2008（2023.7重印）
体育院校通用教材
ISBN 978-7-5009-3393-9

Ⅰ.①健… Ⅱ.①肖… Ⅲ.①健美操—高等学校—教材 Ⅳ.①G831.3

中国版本图书馆CIP数据核字(2008)第031637号

*

人民体育出版社出版发行
国铁印务有限公司印刷
新 华 书 店 经 销

*

787×960   16开本   20印张   301千字
2008年9月第2版   2023年7月第16次印刷
印数：132,001—137,000册

*

ISBN 978-7-5009-3393-9
定价：58.00元

社址：北京市东城区体育馆路8号（天坛公园东门）
电话：67151482（发行部）   邮编：100061
传真：67151483   邮购：67118491
网址：www.psphpress.com
（购买本社图书，如遇有缺损页可与邮购部联系）

出版说明

20世纪80年代初,世界性的健美操热传到我国。随着我国教育制度改革的不断深入,"美育"教育在学校教育中逐渐占有一席之地,因此,健美操的引进与兴起为美育教育提供了一个重要手段。1984年,北京体育学院成立了健美操研究中心,由其编排并推出的"青年韵律操"迅速传遍全国各大专院校,无数青年学生投入了学习"青年韵律操"的热潮,使健美操在我国迅速得到普及,让许多人第一次认识了健美操。此后不久,许多高校将健美操列入教学大纲,为健美操的普及打下了良好的基础。从那时起,每年都有不少高校组队参加各种形式的全国健美操比赛,使高校成为推动我国竞技健美操发展的基地,同时高校的健美操运动也成为我国健美操界重要的组成部分。十多年来,健美操在体育院校的教学经历了选修、必修、专修训练等阶段的发展过程,社会上广大群众参加健美操锻炼也日益普及和风靡,然而相应的教材却难觅一二。特别是健美操运动渐渐显现出偏重实践而理论相对滞后的倾向,引起了健美操界的关注。正值此时,以北京体育大学体操教研室健美操组的专家们为主,组织编写了这本教材。编写中,他们注重健美操的科学理论研究,吸取国内外最新科研成果,并融入了丰富的健美操教学与训练的成功经验,力求使这本教材内容全面、系统、实用,符合体育院校健美操教学与训练的需要。

在这本教材中,术语、基本动作等章节介绍了健美操的专业基础知识;健美操科学理论基础等章节涉及健美操运动相关学科领域,加强了健美操的科学性;健美操教学法注重了对学生技能的培养,便于讲授,不但针对体育院校健美操的专修学习,也适用于健美操指导员等社会人士需求;训练法、创编、音乐等章节针对性强,是作者多年实践经验的提炼;还有些章节较新颖,介绍了目前国内外比较流行的各类健身健美操内容,如有氧踏板操、有氧搏击操、水中健身操、健身街舞等。

对于本书中出现的诸多基本动作和动作组合范例,不但采用了连续动作照片和文字说明来讲解,而且配合拍摄了动作演示视频(见P306二维码),直观地表现了基本动作和成套动作的节奏、音乐等,使书和视频的内容相辅相成,有机地组合在一起，方便了读者学习和对教材内容的理解。

本教材于 2003 年出版发行至今已有 4 年，在使用过程中得到了广大师生及读者的肯定，同时也对本书内容提出了一些很好的建议。为此，作者对个别文字作了相应的调整，并更换了开本，使之更利于教学及阅读。

本教材从 2 版 10 次开始正式作为全国体育院校通用教材使用。

目 录

第一章 健美操概述 (1)

第一节 健美操发展简况 (1)
一、我国健美操运动发展简况 (1)
　(一) 我国健身性健美操运动的产生与发展 (1)
　(二) 我国竞技性健美操运动的产生与发展 (4)
　(三) 我国健美操管理体系的建立 (6)
二、国际健美操运动发展简况 (6)
　(一) 健身性健美操运动的产生与发展 (7)
　(二) 竞技性健美操运动的产生与发展 (8)
　(三) 国际健身协会和竞技性健美操组织介绍 (9)

第二节 健美操运动基础知识 (11)
一、健美操运动的概念 (11)
二、健美操运动的特点 (12)
三、健美操运动的分类 (14)
四、健美操运动的功能 (16)

第三节 健美操运动的发展趋势 (18)
一、健身性健美操的发展趋势 (18)
二、竞技性健美操的发展趋势 (20)

第二章 健美操术语 (22)

第一节 健美操术语的种类 (22)
一、场地的基本方位术语 (22)
二、运动方向术语 (23)
三、动作之间相互关系术语 (23)
四、运动形式术语 (24)

五、动作中连接过程术语 …………………………………………… (25)
　　六、健美操基本步法名称术语 …………………………………… (25)
　　七、难度动作术语 ………………………………………………… (26)
　　八、动作强度术语 ………………………………………………… (27)
　　九、动作表现形式术语 …………………………………………… (27)
　第二节　健美操术语的运用 …………………………………………… (28)
　　一、动作的记写方法及要求 ……………………………………… (28)
　　二、健美操成套（组）动作记写形式 …………………………… (28)
　第三节　健美操动作单线条简图法 …………………………………… (29)
　　一、人体运动的轴和面 …………………………………………… (30)
　　二、单线条人体图的解剖结构 …………………………………… (31)
　　三、单线条简图的人体比例及各部位的画法 …………………… (32)
　　四、辅助线条和符号 ……………………………………………… (34)
　　五、绘制单线条简图的基本步骤 ………………………………… (34)
　　六、绘制单线条简图的注意事项 ………………………………… (35)

第三章　健美操基本动作 …………………………………………… (37)

　第一节　健美操基本动作概念及作用 ………………………………… (37)
　　一、健美操基本动作概念 ………………………………………… (37)
　　二、健美操基本动作作用 ………………………………………… (37)
　第二节　健美操基本动作的主要内容 ………………………………… (38)
　　一、健美操下肢动作 ……………………………………………… (38)
　　二、健美操上肢动作 ……………………………………………… (54)
　　三、健美操躯干动作 ……………………………………………… (56)
　第三节　基本动作练习时应注意的问题 ……………………………… (61)
　　一、动作的规范性 ………………………………………………… (61)
　　二、动作的弹性 …………………………………………………… (61)
　　三、动作的节奏感 ………………………………………………… (61)
　第四节　在教学过程中应注意的方面 ………………………………… (61)
　　一、科学合理 ……………………………………………………… (61)
　　二、全面系统 ……………………………………………………… (62)
　　三、趣味多样 ……………………………………………………… (62)

第四章 健美操教学 (63)

第一节 健美操教学概述 (63)
一、健美操教学任务 (63)
二、健美操教学特点 (65)

第二节 健美操教学方法和手段 (66)
一、健美操教学方法 (66)
二、健美操教学手段 (74)

第三节 健美操教学内容 (76)
一、健美操教学大纲 (76)
二、健美操教材 (84)

第四节 健美操教学能力的培养 (85)
一、能力的概念和构成 (86)
二、能力的培养途径与方法 (86)

第五章 健美操教学课 (90)

第一节 健美操课的类型 (90)
一、学校健美操课 (90)
二、健身房健美操课 (93)

第二节 健美操课的结构 (95)
一、学校健美操课的结构 (95)
二、健身房健美操课的结构 (97)

第三节 健美操课的组织 (97)
一、健美操课堂常规 (97)
二、组织练习队形 (98)
三、场地器材的布置 (98)
四、练习的组织形式 (99)
五、队伍的调动 (99)

第四节 健美操课的准备 (99)
一、课前准备的意义和形式 (99)
二、课前准备的内容与要求 (100)

第五节 健美操课中应注意的问题 (104)
一、课前准备与课堂教学的一致性和灵活性 (104)

二、要善于寓教于乐 …………………………………………… (104)
　　三、音乐的选择与运用 ………………………………………… (104)
　　四、合理安排课的运动负荷 …………………………………… (105)
　　五、预防与纠正错误动作 ……………………………………… (106)
　第六节　上好健美操课的条件 …………………………………… (106)
　　一、教师应具备的条件 ………………………………………… (107)
　　二、对学生的基本要求 ………………………………………… (108)
　　三、场地、装备是上好健美操课的保证 ……………………… (108)

第六章　健美操运动的科学理论基础 …………………………… (110)

　第一节　健美操运动的生理学基础 ……………………………… (110)
　　一、健美操运动的物质代谢 …………………………………… (110)
　　二、健美操的能量代谢 ………………………………………… (114)
　第二节　健美操运动的心理学基础 ……………………………… (120)
　　一、健美操运动的心理学特点 ………………………………… (120)
　　二、健美操运动对人的美感的影响 …………………………… (128)
　　三、健美操运动对人际交往的影响 …………………………… (128)
　第三节　健美操运动的损伤与预防 ……………………………… (129)
　　一、健美操运动的损伤 ………………………………………… (129)
　　二、健美操运动损伤的分类 …………………………………… (129)
　　三、健美操运动损伤的原因 …………………………………… (129)
　　四、导致健美操运动损伤的常见因素 ………………………… (130)
　　五、常见的不适宜动作 ………………………………………… (130)
　　六、预防健美操运动损伤的方法 ……………………………… (131)

第七章　健美操创编 ………………………………………………… (135)

　第一节　健美操创编中的重要因素 ……………………………… (135)
　　一、主体与客体（创编者与教学对象） ……………………… (135)
　　二、动作与音乐 ………………………………………………… (137)
　第二节　健美操创编的目的 ……………………………………… (138)
　　一、提高并改善人体在生理上的健康水平 …………………… (139)
　　二、改善人体精神状态 ………………………………………… (140)
　　三、娱乐与表演 ………………………………………………… (140)

四、竞赛 ·· (140)
　第三节　健美操创编的指导思想与原则 ··· (141)
　　一、健身性健美操创编的指导思想与技术性原则 ································· (141)
　　二、竞技性健美操创编的指导思想及技术性原则 ································· (146)
　　三、表演性健美操的创编 ·· (152)
　第四节　创编方法 ·· (154)
　　一、加减法 ·· (154)
　　二、变化法 ·· (155)
　　三、重新排序 ··· (156)
　　四、启发法 ·· (156)
　第五节　健美操的创编过程 ·· (158)
　　一、制定目标与整体构思 ·· (159)
　　二、音乐选择与剪接 ·· (159)
　　三、动作素材的选择与确定 ··· (160)
　　四、建立基本结构 ··· (161)
　　五、按创编原则组合动作 ·· (161)
　　六、按成套顺序完成成套动作的组织 ··· (161)
　　七、评价与修改 ·· (161)

第八章　竞技性健美操训练法 ·· (163)

　第一节　竞技性健美操训练的目的与任务 ··· (163)
　　一、发展专项身体素质 ·· (163)
　　二、提高专项技术水平 ·· (163)
　　三、培养和提高运动员的心理与智力水平 ··· (164)
　　四、发展、推动健美操事业 ··· (165)
　　五、在竞技性健美操赛事中取得优异成绩 ··· (165)
　第二节　影响竞技性健美操训练的因素 ·· (165)
　　一、运动员因素 ·· (165)
　　二、教练员因素 ·· (166)
　　三、训练的内容与方法 ·· (166)
　　四、训练的客观条件 ·· (166)
　第三节　竞技性健美操训练的特点 ·· (166)
　　一、训练内容专门性与多样性的对立统一 ··· (166)

5

二、体能与技术环节的紧密结合 ……………………(168)
　　三、体能与智能的紧密结合 ………………………(168)
　　四、训练系统性与临时性的对立统一 ……………(169)
　　五、普遍性与针对性的对立统一 …………………(169)
第四节　竞技性健美操训练原则 ………………………(170)
　　一、训练原则的前提条件 …………………………(170)
　　二、一般训练与专项训练相结合原则 ……………(170)
　　三、竞技需要原则 …………………………………(171)
　　四、合理安排运动负荷原则 ………………………(171)
　　五、全面发展与针对性训练对立统一原则 ………(172)
　　六、系统性原则 ……………………………………(172)
　　七、小周期原则 ……………………………………(174)
第五节　竞技性健美操的训练内容与方法 ……………(176)
　　一、一般身体素质训练与专项身体素质训练 ……(176)
　　二、专项基本技术训练 ……………………………(180)
　　三、难度动作训练 …………………………………(185)
　　四、过渡与连接动作的训练 ………………………(186)
　　五、集体项目的一致性训练 ………………………(187)
　　六、性格、心理、表现力的培养与训练 …………(189)
　　七、成套动作训练方法 ……………………………(190)

第九章　健美操的音乐 ……………………………………(194)

第一节　健美操音乐 ……………………………………(194)
　　一、热爱音乐 ………………………………………(195)
　　二、健美操教练员的音乐修养 ……………………(196)
第二节　健美操教练员应具备的音乐常识 ……………(196)
　　一、音乐的基本表现手段 …………………………(196)
　　二、健美操中涉及音乐领域的其他知识 …………(199)
第三节　健美操从业人员的音乐技能 …………………(200)
　　一、合拍能力 ………………………………………(200)
　　二、和乐段的能力 …………………………………(201)
　　三、音乐的表现能力 ………………………………(201)

第四节　健美操常见的音乐种类 …………………………… (201)

　　一、爵士乐 ………………………………………………… (201)

　　二、迪斯科 ………………………………………………… (202)

　　三、摇滚乐 ………………………………………………… (202)

　　四、轻音乐 ………………………………………………… (202)

第五节　音乐选择与剪接 …………………………………… (203)

第十章　健美操组合范例 …………………………………… (204)

　　一、低冲击力组合（一） ………………………………… (204)

　　二、低冲击力组合（二） ………………………………… (208)

　　三、低冲击力组合（三） ………………………………… (216)

　　四、高低冲击力组合（一） ……………………………… (224)

　　五、高低冲击力组合（二） ……………………………… (229)

　　六、高低冲击力组合（三） ……………………………… (237)

　　七、高冲击力组合 ………………………………………… (246)

　　八、踏板操组合（一） …………………………………… (250)

　　九、踏板操组合（二） …………………………………… (254)

　　十、踏板操组合（三） …………………………………… (258)

　　十一、搏击健美操组合 …………………………………… (263)

第十一章　健美操特殊课种介绍 …………………………… (268)

第一节　有氧踏板操 ………………………………………… (268)

　　一、起源和发展 …………………………………………… (268)

　　二、作用和基本动作 ……………………………………… (268)

　　三、基本要求 ……………………………………………… (278)

第二节　有氧搏击操 ………………………………………… (279)

　　一、特点 …………………………………………………… (279)

　　二、功效 …………………………………………………… (280)

　　三、基本动作 ……………………………………………… (281)

　　四、有氧搏击操教学的注意事项 ………………………… (283)

第三节　健身街舞 …………………………………………… (284)

　　一、特点 …………………………………………………… (285)

　　二、功能 …………………………………………………… (285)

三、主要内容 ……………………………………………………………… (286)

第四节　水中健身操 …………………………………………………………… (286)
一、起源和发展 …………………………………………………………… (286)
二、特点与功能 …………………………………………………………… (287)
三、主要内容 ……………………………………………………………… (288)
四、教学工作基本环节 …………………………………………………… (289)
五、水中有氧健身操教学注意事项 ……………………………………… (290)

第五节　瑜伽健身 ……………………………………………………………… (291)
一、起源 …………………………………………………………………… (291)
二、呼吸法 ………………………………………………………………… (291)
三、横膈膜呼吸练习方法 ………………………………………………… (292)
四、姿势练习 ……………………………………………………………… (293)
五、练习注意事项 ………………………………………………………… (294)

第十二章　健美操竞赛的组织与裁判法 …………………………… (296)

第一节　健美操竞赛的意义、种类及内容 …………………………………… (296)
一、健美操竞赛的意义 …………………………………………………… (296)
二、健美操竞赛的种类 …………………………………………………… (296)
三、健美操竞赛的内容 …………………………………………………… (297)

第二节　健美操竞赛的组织 …………………………………………………… (297)
一、召开主办单位筹备联席会议 ………………………………………… (297)
二、制订竞赛规程 ………………………………………………………… (297)
三、建立竞赛组织机构 …………………………………………………… (299)
四、领队和教练员会议 …………………………………………………… (300)
五、比赛的进行 …………………………………………………………… (300)

第三节　健美操竞赛的裁判方法 ……………………………………………… (301)
一、对裁判员的基本要求 ………………………………………………… (302)
二、裁判组的组成 ………………………………………………………… (302)
三、评分方法 ……………………………………………………………… (303)
四、评分要点 ……………………………………………………………… (303)
五、裁判技巧 ……………………………………………………………… (304)

附录　视频二维码 ……………………………………………………………… (306)

第一章 健美操概述

健美操是我国体育运动的一个新兴项目。它起源于生活,起源于人类对于人体健与美的追求,它是体操、舞蹈、音乐三者有机结合的产物。

第一节 健美操发展简况

健美操运动与其他众多体育运动项目一样,由大众健身、娱乐开始兴起,逐步引入表演、竞技。健美操体现了人体在力量、柔韧、协调、节奏感、审美及表现力等诸多方面的综合能力。从健美操运动总体任务和发展情况看,健美操运动可分为健身性健美操和竞技性健美操两大类。健身性健美操所具有的普及性,为竞技性健美操的产生和发展奠定了坚实的群众基础;而竞技性健美操技术动作的不断创新、观赏性的不断增强,又极大地促进了大众健美操的发展。

一、我国健美操运动发展简况

如果追溯健美操运动在我国发展的历史,可以说,早在20世纪30年代,我国就已经出现了追求人体健与美运动的健美操雏形。现代健美操运动在20世纪80年代以后传入我国,并奠定了广泛的群众基础。根据健美操运动的不同特性,按动作的难易、运动强度的高低以及不同层次的需要,我国制定了《健美操等级运动员规定动作》和《健美操大众锻炼标准》,为我国健美操运动的普及和发展创造了条件。

(一)我国健身性健美操运动的产生与发展

我国健身性健美操运动的发展,可以分为三个时期或称之为三个阶段。即:产生期——认识阶段;探索期——研究阶段;发展期——普及阶段。

1. 产生期——认识阶段

我们可以把这一时期划分为近代健美操、现代健美操两个时期来认识。

(1) 我国近代健美操运动的产生

早在20世纪30年代,我国康健书局曾出版了署名为马济翰等人著的《女子健身体操集》。该书以"貌美与体美""女子健美的运动""中年妇女美容体操"等五章,阐述了人体美的价值,介绍了采用站立、坐卧姿势做的各种健美体操,并附有30多幅照片,其动作与现代女子健美操有许多相似之处。该书在摘要中介绍说:"本书所选欧美各国最新发明的体操数种,有适于少年女性者,有适于中年妇女者,皆为驻颜之秘诀,增美之奇方。至于身体健康,自不待言,能恒心练习,立可获得美满之奇效。"此后又出版了《男子健美操集》,以"体操之实益""职务繁忙者之健身操""适用于医学的体操"等专题,阐述健美操对增进人体美的价值、方法、要求。男子健美操增加了许多哑铃等轻器械,许多动作与现代健美操十分相近。这两本书说明我国早在20世纪30年代已介绍和开展了健美操运动。

(2) 我国现代健美操运动的产生

我国传统的大众健身方式多以"静"为主,而以"动"的形式健身的传统秧歌,参加者以中老年人居多。世界性的现代健美热潮传入我国,引起健美操爱好者的极大兴趣。在20世纪80年代初期,我国的改革开放刚刚开始,人们的思想还不够解放,观念还比较陈旧,对于国外的一些新鲜事物的接受比较迟缓,对健美操运动的健身、娱乐功能没有足够的认识。为此,1981年1月4日的《中国青年报》发表了作者为陆保钟、牛乾元的特约稿《人体美的追求》。1982年2月中国青年出版社出版的《美,怎样才算美》一书,刊登了陈德星编制的《女青年健美操》和牛乾元编制的《男青年哑铃健美操》。追求人体健与美的"健美操"一词迅速被广大体育工作者所采用。1984年《健与美》杂志创刊;中央电视台播放了《减肥体操》,并在北京体育大学(原北京体育学院)师生中传授。我国报刊、电视台对人体健与美和健美操的一系列宣传,使世界性的现代健美操热潮传入了中国,强化了人们对健美操运动的认识,就此拉开了我国健美操运动发展的序幕。

2. 探索期——研究阶段

这一时期,我国体育工作者在推广健美操运动技术的同时,对健美操运动科学性的研究也在广泛地开展,并初步形成了一套适合我国国情的健美操运动理论。

1984年，北京体育学院成立了健美操研究组。1985年，由北京体育学院创编并推广的"青年韵律操"等六套健美操，受到全国各大专院校广大青年学生的喜爱。1986年，北京体育学院编写的我国第一部《健美操试用教材》出版，并正式在北京体育学院本科学生中开设了健美操选修课。此后，全国许多高等学校将健美操内容列入教学大纲，使健美操成为一项重要的体育教学内容。

健美操运动科学理论的形成，进一步促进了健美操运动在我国的发展与普及。健美操项目被列入一些高校的教学大纲，使健美操运动在青年人汇集的高校得到了广泛的推广，扩大了健美操运动的社会影响，并将这一新兴运动项目的开展向社会延伸。

3. 发展期——普及阶段

1987年我国第一家健美操健身中心——利生健康城成立，把健美操运动向广大人民群众推广。健美操新颖的锻炼方式、良好的健身效果很快被人们所接受，吸引了大批的健身爱好者。随后，在北京、广州、上海等大城市开办了许多健身俱乐部。

以健身为主要目的的健身性健美操比赛活动的开展，对大众健美操的普及起到了积极的推动作用。1986年7月北京康华健美康复研究所主办了全国首届"康康杯"儿童健美操友好邀请赛。1987年1月由北京体育学院和共青团北京市委联合举办了"北京市首届青年韵律操比赛"；同年5月，上海市举办了"达尔美杯"群众自编健美操电视比赛。1988年10月，国家体委群体司和国家教委体卫司联合委托中国儿童少年活动中心举办了有22个省、市参加的"少年儿童韵律体操邀请赛"。1987、1988年，我国中老年健美操继少年儿童和青年健美操之后，也在迅速发展。1988年10月，由中华全国体育总会群体部、中国老年人体育协会、中国体育报社等单位联合举办的"全国中老年迪斯科健身操（舞）电视大奖赛"，把我国中老年健美操运动的发展推向新的高峰。

进入20世纪90年代，随着我国改革开放的不断深入和社会主义市场经济体制的建立，我国的社会、经济、文化得到了飞速的发展，人民的物质生活水平得到了空前的提高。人们的思想观念发生了巨大的变化，更加注重自己的身心健康和生活的质量。健美操运动顺应了人们倡导健康、文明生活方式的潮流，风靡全社会。塑造美的形体、陶冶美的情操、锻炼强健的体魄，成为一种社会时尚。

（二）我国竞技性健美操运动的产生与发展

健身性健美操运动的蓬勃开展和广泛普及，将健美操运动纳入体育竞争机制。促进人的身体发育和身体素质增长、提高身体训练水平、培养良好的心理素质已成为健美操运动发展的客观要求。竞技健美操以它所具有的动作美、难度大、节奏快、质量高、编排新的特点，适应了新形势的要求，为现代健美操运动的发展注入了强大的活力。

如果把我国竞技性健美操运动按阶段划分，大致可分为探索期、规范期、与国际接轨期、全面提高期。

1. 探索期

在我国大众健美操运动发展的同时，以竞技为主要目的的竞技健美操运动也在发展之中。1986年4月在广州举行的第一次全国性比赛"全国女子健美操表演赛"，有8个省、市的9支代表队参加。各队表演的自编6人健美操，风格各异，百花齐放，引起了观众浓厚的兴趣。这次全国女子健美操表演赛，开创了我国健美操比赛的新路，探索了我国健美操的比赛方法。1986年12月，为了准备首届正式的全国健美操比赛，由北京体育学院和康华健美研究所共同举办了全国健美操教练员培训班。来自全国20多个省、市的200多名学员参加了培训，培养了一批健美操骨干力量。1987年5月，由康华健美研究所、北京体育学院和中央电视台等单位联合举办了全国首届"长城杯"健美操友好邀请赛。这次比赛的项目借鉴了美国阿洛别克（Aerobic）健美操的比赛项目，结合我国健美操发展的实际，进行了男女单人操、混合双人操、男女3人操和混合6人操（男3女3）等6个项目的比赛。这是我国举办的首次全国性竞技健美操比赛。这次比赛有来自全国各省、市30多个代表队的200多名运动员参加，比赛采用的规则是由北京体育学院健美操研究组制定的竞技健美操比赛规则。此后，儿童、少年、青年、中老年健美操比赛陆续在全国各地开展起来。当时的比赛主要以大众健美操动作为主，使用的规则也各不相同。1991年10月，在北京举办了全国首次大学生健美操、艺术体操大奖赛，来自12个省、市、自治区34个高校的190多名运动员参加了比赛，首次使用了新的适合我国大学生健美操运动开展的大学生健美操竞赛规则。

这一阶段，从比赛名称的繁多到比赛服装的不一致，从竞赛规则的不稳定性到参赛运动员的业余性，均显示了我国竞技健美操运动处在探索阶段的特征。

2. 规范期

为了加强技术交流和学术研究，1992 年 2 月中国大学生体育协会健美操、艺术体操分会在北京成立，我国大学生健美操运动的开展进入了一个新的阶段。1992 年 9 月，经国家民政部批准，代表我国健美操全国性组织的中国健美操协会在北京成立，标志着我国健美操运动进入了一个有组织、有计划发展的新时期。

随着我国经济和体育体制改革的不断深入，1997 年国家体委将中国健美操协会由社会体育指导中心划归体操运动管理中心。经过几年的实践、探索，中国健美操协会先后推出了《健美操活动管理办法》《全国健美操指导员专业技术等级实施办法》《全国健美操大众锻炼标准实施办法》《健美操运动员技术等级标准》和《健美操竞赛规则》，将健美操运动纳入科学化、正规化管理轨道，进一步推动了我国健美操运动的普及和竞技性健美操运动的发展与提高。

这一阶段管理组织的建立，竞赛规则的统一，各种制度的完善，标志着我国竞技健美操运动步入到正规化的管理和发展阶段。

3. 与国际接轨期

在国内全面普及的同时，我国健美操运动的国际交往也在逐步增加。1987 年，代表我国健美操运动发展水平的北京体育学院健美操队首次走出国门，访问了日本；1988 年，我国举办了有中国、日本、中国香港、中国台北等国家和地区运动员参加的"长城杯"健美操友好邀请赛；1995 年，我国首次组队参加了在法国举行的第一届世界健美操锦标赛；1997 年，我国又分别组队参加了在日本举行的世界杯赛、在意大利举行的第二届世界锦标赛和在美国举行的 ANAC 世界锦标赛。虽然我国现代健美操运动水平还不高，我国健美操运动员在国际比赛中的成绩不够理想，但参加这些比赛毕竟是我国竞技性健美操运动走向世界的一个良好开端。1997 年和 1998 年，中国健美操协会先后派出 8 人参加国际体操联合会（FIG）组织的健美操国际裁判员培训班和国际健美操教练员培训班。

国际交往的不断增多，一方面促进了我国竞技性健美操运动水平的提高，另一方面使我国竞技健美操步入了新的阶段，即与国际接轨阶段。1999 年，中国健美操协会聘请日本专家来华就国际规则讲学，同时在全国健美操锦标赛上首次采用了《国际健美操竞赛规则》，并决定以后全国健美操比赛和全国大学生健美操比赛将统一采用国际竞赛规则。这标志着我国竞技健美操运动将出现与国际健美操运动接轨的新局面。

4. 全面提高期

经过不懈的努力，在多次参加比赛的基础上，我国竞技健美操的运动技术水平不断提高。在 2004 年的第 8 届世界锦标赛上，作为"中国竞技健美操全方位冲击世界高水平的突破口"的六人操项目获得了突破性的第三名；2005 年 7 月在德国杜伊斯堡举行的世界运动会竞技健美操比赛上，中国健美操队在六人操项目中凭借新颖出色的动作套路编排和近乎完美的艺术表现，战胜了老对手罗马尼亚队，终于获得了竞技健美操六人操项目的金牌，第一次历史性地站在了冠军的领奖台上，这是中国竞技健美操运动在国际大赛中获得的第一个世界冠军；2006 年 5 月在法国举行的世界杯赛中，中国健美操队经过顽强拼搏一举拿下了六人操第一，并首次在国际大赛中获得男单、混双、三人均第三的空前的佳绩；同年 6 月在我国南京举行的第 9 届世界健美操锦标赛上，中国健美操队乘胜追击，再次获得了男子单人第一、六人操第一、女子单人第二、三人操第二和团体总分第二的好成绩，标志着中国在所有项目上都实现了前所未有的突破，中国的竞技健美操的运动技术水平已进入了一个全面提高的崭新阶段。

（三）我国健美操管理体系的建立

近年来，中国健美操协会克服了人员少、资金不足等困难，为健美操管理体系的建立做了大量的工作。如 1996 年在全国范围内统一竞赛规则，此后每年举办健美操教练员裁判员培训班、全国健美操锦标赛，并先后 6 次派队参加国际竞技健美操比赛等，并于 1995 年推出健美操运动员技术等级制度；1998 年 9 月推出《健美操指导员专业技术等级制度》（试行）和《全国健美操大众锻炼标准（试行）办法》；2000 年 8 月推出了《中国健美操协会会员管理办法》；2001 年 8 月经劳动和社会保障部批准、颁布的《社会体育指导员国家职业标准》，使健美操真正成为一种职业。这些举措对我国健美操运动的普及与提高都具有重大的意义，推动了我国健美操运动的快速发展。

二、国际健美操运动发展简况

按照练习的目的和任务，国际上把健美操运动分为健身性健美操和竞技性健美操两大类。

（一）健身性健美操运动的产生与发展

美国是现代健美操十分盛行的国家，对世界健美操的发展有着重要的影响。美国的健身性健美操起源于 1968 年，最早是美国太空总署为太空人所设计的体能训练内容。医学博士库珀（Cooper）设计了一些动作并逐渐加上音乐伴奏和服装，形成了具有独特体系的运动，并很快风靡世界。当时涌现出一批健美操的代表人物，如：杰希·索伦森（Jesy Sorense）和著名的好莱坞影星简·方达（Jane Fanda）等。

杰希·索伦森综合了体操和现代舞进行创编，使这种运动带有娱乐性，并且简单易学，参与者之众在当时与美国打网球的人数几乎不相上下。

健美操作为一项独立的体育运动项目是在 20 世纪 70 年代末，其明显的标志就是《简·方达健美操》的出现。作为现代健美操运动的发起人之一，简·方达根据自己的亲身体会和实践编写了《简·方达健美操》一书及录像带，自 1981 年首次在美国出版以来，一直畅销不衰，并被译成二十多种文字，在世界 30 多个国家销售。她以健美操运动来保持身体健康和身材苗条，提倡开展健美操运动。之后，简·方达又创造性地推出一种利用专门器械进行健美操锻炼的新方法，称之为"踏板健美操"。"踏板健美操"是在徒手健美操的练习基础上发展起来的，它利用一块特制的踏板（共三层，可通过调整高度来调整练习强度），做一些踏上、踏下的练习，通过克服自身体重来达到加强腿部肌肉力量、身体控制能力与心肺功能的目的。这种练习方式的优点是：在增加运动强度时，只需保持原有的节奏，提高踏板高度即可；在加快运动节奏和频率时，可利用器械相对减少或保持原来的冲击力，有效地防止运动性损伤。简·方达对健美操运动在世界范围内的流行与发展起了巨大的推动作用，她成为 20 世纪 80 年代风靡世界的健美操的杰出代表人物。

健美操在日本开展有二十多年的历史，其主要目的是为了健身。早期具有代表性的人物是佐藤正子，她于 1977 年开始讲授健美操，1980 年在日本开设了健美操学校，并出版了《自学健美操》一书。当时的健美操动作，比较崇尚创造性和自由性，大量素材取自爵士舞、非洲民族舞，动作激烈、奔放，因此深受青年人的喜爱。

在日本，人们非常重视大众体育锻炼，提倡终身体育，把体育锻炼贯穿于整个人生中。日本的健美操竞赛制度，将竞技性健美操与健身性健美操有机结合起来，调动了广大群众的积极性，吸引了更多的健美操爱好者，增加了参与机会，进一步推动了健美操运动的发展。人们把运动娱乐作为健身、防病、丰富精神文化生活不可缺少的主要部分。

日本健美操的开展对周边国家产生了积极影响。1984年，在日本举行了首届远东地区健美操大赛。在国际体联（FIG）成立健美操委员会以前，总部设在日本的国际健美操联合会（IAF）一直是国际上最大的健美操组织。

健美操运动自从20世纪70年代末、80年代初兴起以来，以它强大的生命力迅速在全世界流行起来。到目前为止，健美操不仅在欧美等发达国家蓬勃发展，而且在一些发展中国家和地区也得到不同程度的开展，各种健美操俱乐部、健身操中心和健美操培训班如雨后春笋般涌现，许许多多的人选择健美操作为自己主要的健身方式，形成了世界范围的"健美操热"。

健美操能够在世界范围内兴起并得到广泛的开展，其原因是多方面的。

首先，健美操和人们为追求健康所掀起的健身热潮有关。随着社会的发展、科学的进步，尤其是20世纪六七十年代以来，信息产业、电子技术得到快速发展，人们体力活动减少，脑力工作增加，工作环境更加舒适，生活水平明显提高，但同时也带来了一系列的健康危机，如肥胖、心血管疾病以及由于各种压力的增加而引起的心理问题等，从而使人们逐渐认识到健康的重要性。尤其是在一些发达国家，为了抵御这种健康危机，人们发明了多种多样的健身方法，越来越多的人加入到健身的行列中来，各种健身活动得到广泛的开展，如跑步、打球、骑自行车等，健美操正是在这种大环境中产生并发展起来的。

其次，健美操本身的项目特点促进了健美操运动的发展。健美操动作丰富、变化多，其动作表现具有"健、力、美"的特征，包含着较高的艺术因素，因此不仅健身的效果好，而且能够满足人们"爱美"的心理。同时，健美操练习还有音乐伴奏，其强烈的音乐节奏令人兴奋，催人奋进，使人们在轻松、欢快的气氛中达到锻炼身体的目的。另外，健美操锻炼所需的场地器材简单，练习形式多样，适合各年龄层次人群的特点，这也是健美操能够发展的原因之一。

综上所述，健身热潮与项目特点使健美操运动迅速兴起并得到广泛普及，越来越多的人喜爱健美操运动并积极地参与到健美操锻炼中来。

（二）竞技性健美操运动的产生与发展

健美操作为一项群众性体育运动，只有比赛才能使其成为一个真正的体育运动项目。竞技健美操的首次国际比赛是由国际健美操联合会（IAF）在1983年举办的第一届国际健美操比赛，约有近百名运动员参加比赛。可以说，竞技健美操的发展历史只有十几年。另外，比较著名的比赛还有由国际健美操冠军联合会（ANAC）举办的世界健美操冠军赛，1998年的比赛还增加了少儿健美操比赛，有34个国家参加比赛，运动员人数达200多人。国际体联（FIG）从1995年开始，每年举办国际体联（FIG）健美操世界锦标赛，到目前已举办过七届，每届均有40多个国家、百名以上的运动员参赛。除此以外，各个健美操国际组织还单独或联合举办各种世界健美操巡回赛和大奖赛，以扩大健美操运动在世界范围的影响。每年各种国际比赛的参赛人数呈逐年增多的趋势，这些都表明竞技健美操发展很快，是一个很有生命力的竞技体育项目。

从竞技性健美操的产生发展至今，各种国际比赛不断发展变化，技术水平也不断提高。由于所使用的竞赛规则不同，因此各个比赛的场地与时间也不同；但比赛项目则较统一，均为男单、女单、混双和三人，国际体联（FIG）比赛在2001年已增加了六人比赛项目。此外，俯卧撑、仰卧起坐、高踢腿、开合跳曾是比赛的规定动作，是竞技性健美操难度动作和动作技术的标志，但随着比赛激烈程度的增加、技术水平的提高，规定动作已被取消。今后竞技性健美操的技术发展趋势将是突出成套动作编排的艺术性和动作的创新，避免动作的对称性和重复，提倡多样化，难度水平和动作质量将不断提高。

（三）国际健身协会和竞技性健美操组织介绍

1. 国际健身协会

国际健身协会（IDEA）：世界上最大的国际性健身组织，成立于1982年，总部设在美国，目前有来自80多个国家的23000多名会员。国际健身协会（IDEA）致力于为世界各地的健身专家提供最新健身信息和继续教育的机会。国际健身协会（IDEA）有自己的多种出版物并每年举行各种活动，如在世界上非常有影响的"IDEA健身大会"等。

国际有氧运动与体适能联合会（FISAF）：成立于20世纪80年代中期，总部设在芬兰的赫尔辛基，是世界上最大的国际健身训练与国际私人教练及团体课教练培训组织。现已有近50多个会员国，形成了共享专家、资源，举办专业活动从而推广健身产业的国际网络组织。国际有氧运动与体适能联合会在亚洲和太平洋地区较有影响力，它除了每年举办健美操专业比赛外，还组织各种健美操培训班，并颁发国际健身指导员证书。

澳大利亚健身集团（Australian Fitness Network）：总部设在澳大利亚的悉尼，是一个集专业健身培训、教育研发、国际康体展览、音乐制作、普拉提、出版物等系列健身产品为一体的综合性健身产业集团。澳大利亚健身集团有一个遍及世界各地的最权威、最专业的健身专家团队，其目标是以最高质量的知识向被教育者传授正确的健身方法并传递健身信息。

亚洲运动与专业体适能学院（AASFP）：1992年在香港成立，是亚洲地区历史最悠久的权威体适能教育培训机构，除在香港、台湾、新加坡、泰国及马来西亚作培训外，AASFP同时也是首家被中国国家体育机构（国家体育总局健美操协会）认可在国内从事专业体适能教练证书课程和专项运动教练培训课程的学院。AASFP联同国际权威教育机构提供获四十多个国家和地区认可的证书课程。

目前世界上存在着许多健身性的国际组织，上面介绍的IDEA、FISAF、Australian Fitness Network和AASFP是其中较有影响力和与我国健美操业的关系较密切的几个健身性组织和培训机构。这些健身性国际组织涉及的面较广，包括所有与健身和健康相关的内容，健美操只是所涉及内容的一部分。目前一些国际培训机构已经陆续在我国开设了各种有关团体健身和私人教练的培训课程，对我国健身产业的发展、健身的科学化、健身指导员专业水平的提高和健美操运动的发展都起到了一定的推动作用。

2. 竞技性健美操国际组织

国际体操联合会健美操委员会（FIG）：国际体操联合会成立于1881年，总部设在法国，原有体操、艺术体操等项目，于1994年接受健美操为其正式的比赛项目，并颁布了第一本竞技性健美操竞赛规则，从1995年开始，每年举办FIG健美操世界锦标赛。随着规则的修订，从2000年起，每逢双数年举办一次世界锦标赛。1999年，国际体操联合会合并了蹦床、技巧两个国际组织，成为拥有体操、艺术体操、健美操、蹦床、技巧、大众体操六个大项的单项体育组织。我国是国际体操联合会的正式会员国。

国际健美操冠军联合会（ANAC）：成立于1990年，总部设在美国，每年举办ANAC世界健美操冠军赛。

国际健美操联合会（IAF）：成立于1983年，总部设在日本，在1994年以前是世界上最大的国际健美操组织，目前有会员国近30个。每年举办IAF健美操世界杯赛。

上述这些健美操国际组织均致力于健美操运动的发展及其在全世界的普及，为扩大健美操在世界范围的影响、提高运动技术水平作出了重要贡献。尤其是国际体操联合会健美操委员会（FIG），虽然只是在1994年才接受健美操为其正式的比赛项目，但由于国际体操联合会健美操委员会（FIG）是国际奥委会正式承认的正规国际体育组织,具有悠久的历史和把握项目发展方向的能力,由其提出的"健美操进入奥运会"的目标,得到了世界各国健美操组织的热情支持与信任,也只有国际体操联合会健美操委员会(FIG)才能担当起把健美操带入奥运会的重任。

第二节 健美操运动基础知识

一、健美操运动的概念

健美操是在音乐伴奏下,以身体练习为基本手段、以有氧运动为基础,达到增进健康、塑造形体和娱乐目的的一项体育运动。

健美操起源于传统的有氧健身运动,是有氧运动的一种。它通常采用徒手或轻器械进行练习,是在氧供应充足的情况下,以人体有氧系统提供能量的一种运动形式,其运动特征是持续一定时间的、中低强度的全身性运动,主要锻炼练习者的心肺功能,是有氧耐力素质的基础。

近年来,随着健身运动的不断发展,人们对健身的理解进一步加深,知识水平和健身的科学化程度不断提高,对健身的需求也更加多样化和个性化,因此出现了多种新的健身形式,如近年来兴起的水中健美操和利用移动器械的集体力量练习,以及在特殊场地进行的固定器械的有氧练习等。这些新的健身形式使健美操运动的内容更加丰富,适合的人群更加广泛,健身的效果更好,同时降低了运动损伤的可能性。健美操运动正是在此大环境下得到了迅速发展,呈现出更加多样化和科学化的发展趋势。

健美操运动从影响人体健康的角度来说,具有良好的作用,尤其是对于控制体重、减肥、改善体形体态、提高协调性和韵律感具有良好的效果。

在长期的实践过程中,健美操已从一项单纯的健身运动逐步发展成为一项独立的体育竞赛项目,在运动形式、动作技术特征以及竞赛组织方法等方面有其自身特点。

虽然健美操运动发展历史不长,但已深受广大群众的喜爱。健美操不仅突出动作"健"和"力"的特点,而且更强调"美"。将人体语言艺术和体育美学融为一体,使健美操成为一个极具观赏性的体育运动项目。随着现代物质文明的提高,人们花钱买健康的观念不断增强,健美操运动在我国越来越受到欢迎,已成为人们现代文明生活不可缺少的组成部分。

二、健美操运动的特点

（一）健身性健美操的特点

1. 保持有氧代谢过程

健身性健美操的动作及套路设计，都是以保证健身者在运动过程中能够最大限度地摄入氧气并充分利用氧化来燃烧体内的糖原、突出燃烧脂肪作为能量供给为前提的，以此实现加快体内新陈代谢，重新建立人体更高机能水平的目的。在有氧运动中，呼吸系统、心血管系统及大脑中枢神经都得到良好的锻炼，特别是对于肥胖体形的人们来说，在消除体内多余脂肪、调节脂肪静态平衡、保持健康、增强体质等方面具有良好的效果。

2. 广泛的适应性

健身性健美操练习形式多样，多以徒手进行锻炼，不受场地、环境、气候等条件的影响，无论是公园、厅堂、家里等地方，都能很好地进行锻炼；同时，健美操也可借助于轻器械进行锻炼，如：哑铃、踏板、橡皮筋、健身球等，所产生的锻炼效果是显著的；另外，水中健美操对于中老年人和一些慢性病、身体创伤的康复病人能起到较好的辅助治疗作用。

健身性健美操既可以在舞台上表演，也可以在大小聚会中娱乐。对一般人可选择低强度的有氧练习，达到锻炼身体、娱乐身心、保持健康的目的；而对具有较好身体素质并有意进一步提高训练水平的年轻人来说，可选择难度较高、运动量较大的竞技健美操作为练习的手段，满足其进取心要求。

3. 注重个体差异

健身性健美操以其生动活泼、轻松自如、随心所欲的运动形式早已被大众所接受。健身性健美操的动作套路形式多样化，节奏有快有慢，套路有长有短，动作有难有易，运动量和运动强度的大小可任意调节，适合于不同阶层、不同行业、不同年龄、不同性别、不同体质的人们进行锻炼，各种人群都能从健美操练习中找到适合自己的方式，都能从健美操练习中得到乐趣。

4. 健身的安全性

健身性健美操所设计的运动负荷及运动节奏，充分考虑了由运动而产生一系列刺激结果的可行性，使之适合一般人的体质，甚至弱体质的人都能承受的有氧范围。人们在平坦的地面上，在欢快的音乐声中，跟随快慢有序的节奏进行运动，十分安全，而且有效。

（二）竞技性健美操的特点

1. 高度的艺术性

健美操是一项追求人体健与美的运动项目，因此健美操属健美体育的范畴，具有高度的艺术性。

健美操的艺术性主要体现在其"健、力、美"的项目特征上。"健康、力量、美丽"是人类所追求的身体状况的最高境界，而健美操运动无不处处表现出"健、力、美"的特征，包含着高度的艺术性因素，使健美操不同于其他运动项目，这也正是人们热爱健美操运动的原因之一。

健美操动作协调、流畅、有弹性，练习者不仅锻炼了身体，增强了体质，而且从中得到了美的享受，提高了审美意识和艺术修养。健美操运动员在比赛中表现出的健美的体魄、高超的技术、流畅的编排和充沛的体力等，无不给观众留下深刻的印象，充分体现出健美操运动的"健、力、美"特征和高度的艺术性。

2. 强烈的节奏性

健美操动作具有强烈的节奏性特点，并通过音乐充分地表现出来，因此音乐是健美操运动不可缺少的组成部分。健美操音乐的特点是节奏强劲有力，旋律优美，具有烘托气氛、激发人们热情的效应。

健美操运动之所以深受人们喜爱，除了练习本身的功效性、动作的时代感外，很重要的因素之一是现代音乐给健美操带来了活力。健美操动作与音乐的强烈的节奏性使健美操练习更具有感染力，其比赛和表演更具有观赏性。

3. 高难度、高体能

健美操运动是靠人的身体语言来传递和表达内心信息的运动，是完成连续复杂的和高强度动作的能力的运动。竞技健美操的成套动作必须展示连续的动作组合、柔韧性和力量，并在综合运用七种基本步法的同时，高质量地完美地完成各类难度动作。优秀的健美操运动员必须具备良好的身体素质、体能以及完美地完成主要强度的难度动作的能力。因此，高体能、高难度是当今竞技健美操的典型特点。

4. 仍保留着大众体育的特色

竞技健美操起源于传统的健身性健美操运动，其本质和基础的内容来源于健美操运动。运动技术水平的高低，在于运动员本身的体能、素质以及运用技巧的能力。不同年龄、不同体能的运动员，无论水平高低均可参加竞技健美操运动。因此，高水平的竞技健美操仍保留着大众化的特色。

三、健美操运动的分类

根据当今世界和我国健美操运动的发展状况和未来的发展趋势，按照不同的目的和任务，健美操运动可分为健身性健美操和竞技性健美操两大类。

（一）健身性健美操

健身性健美操练习的主要目的是锻炼身体、保持健康。健身性健美操的动作简单，实用性强，音乐速度也较慢，且为了保证一定的运动负荷和锻炼的全面性，动作多有重复，并均以对称的形式出现。健身性健美操的练习时间可长可短，在练习的要求上也可以根据个体情况而变化，严格遵循健康、安全的原则，防止运动损伤的出现，在保证安全的基础上，达到锻炼身体的目的。

健身性健美操按练习形式可分为徒手健美操、器械健美操和特殊场地健美操三大类。

徒手健美操包括传统意义上的一般健美操和为满足不同人群兴趣和需求的各种不同风格的健美操。传统意义上的一般健美操目前仍很受欢迎，其主要练习目的是提高心肺功能和人体的有氧代谢能力。随着社会的发展和生活水平的提高，人们健身的需求越来越多样化，近年来出现了多种新的徒手健美操练习形式，如正在国内外流行的拳击健美操和搏击操，其主要练习目的是增强肌肉的力量、弹性与身体的柔韧性，尤其是搏击操练习对腰腹有特殊的效果；拉丁健美操和街舞，其练习形式多以群体练习为主，动作变化丰富，规律性不强，不仅能提高学员的协调能力，而且能调节学员的心理，因此深受年轻人的喜爱。

器械健美操是利用轻器械、以力量练习为主的一种有氧健美操。器械健美操利用各种可移动的轻器械进行练习，既增强了健身的效果，同时也使健美操的练习形式更加多样化。目前利用轻器械的集体力量练习是世界范围内最受欢迎和发展最快的健身项目，力量练习的主要目的是使练习者保持和发展良好的肌肉外形、增强肌肉力量和防止肌肉退化，从而延缓衰老，使人更强健。如踏板健美操加大了腿部的运动负荷，增加了运动量，但减轻了对下肢关节的冲击力，同时也使动作更加多样化；哑铃操、橡皮筋操、健身球操等可锻炼到全身的每一肌肉群，有效地提高肌肉力量，尤其是上肢力量，弥补了徒手健美操的不足。

特殊场地健美操以其特殊的功效目前在国外发展很快，但在国内还开展较少，目前我们了解到的有水中健美操和固定器械健美操。水中健美操是国外非常流行的一种独特的健美操练习形式，它可以减轻运动中地面对膝、踝关节的冲击力，有效减轻关节的负荷，并利用水的阻力以及水传导热能快的原理提高练习效果，达到锻炼身体和减肥的目的，因此深受中老年人、康复病人和减肥者的喜爱。固定器械健美操，如功率自行车等，可以固定在某一处（地面或水中任何地方），学员根据自己的需要进行练习，达到锻炼身体的目的。

为了更好地普及和提高健身健美操的开展，从2002年起，国家体育总局每年举办一次全国万人健美操大众锻炼标准大赛，以推动我国健身健美操的发展。

（二）竞技性健美操

竞技性健美操是在健身性健美操的基础上发展而产生的，其主要目的是"竞赛"。目前国际上规模较大的竞技健美操比赛有国际体操联合会（FIG）组织的"健美操世界锦标赛"；国际健美操冠军联合会（ANAC）组织的"世界健美操冠军赛"；国际健美操联合会（IAF）组织的"健美操世界杯赛"。我国正式的竞技健美操比赛有"全国健美操锦标赛""全国健美操冠军赛"和"全国青少年锦标赛"。竞技健美操比赛的项目有男单、女单、混双、三人和六人。

目前世界上较为公认的竞技健美操的定义是"竞技健美操是在音乐伴奏下，完成连续复杂的和高强度动作的能力，该项目起源于传统的有氧健身舞"。竞技性健美操以成套动作为表现形式，在成套动作中必须展示连续的动作组合、柔韧性、力量与七种基本步法的综合使用并结合难度动作完美地完成。竞技性健美操在参赛人数、比赛场地和成套动作的时间等方面都必须严格按照规则进行。规则对成套的编排、动作的完成、难度动作的数量等也都有严格的规定。

由于竞赛的主要目的就是取胜，因此在动作的设计上更加多样化，并严格避免重复动作和对称性动作。近年来，运动员为争取好的成绩，均在比赛的成套动作中加入了大量的难度动作，如：各种大跳成俯撑、空中转体成俯撑等，这样对运动员的体能、技术水平和表现力等方面都提出了更高的要求。

（三）表演性健美操

除了健身性健美操和竞技性健美操，在我国还有一种表演性健美操，这是我国健美操运动历史发展过程中出现的一种特殊形式，在国外是没有的。表演性健美操的主要练习目的是"表演"，它是事先编排好的、专为表演而设计的成套健美操，时间一般为2~5分钟。表演性健美操的动作较健身性健美操动作复杂，音乐速度可快可慢；为了保证一定的表演效果，动作较少重复，也不一定是对称性的；参与人数不限，并可在成套中加入队形变化和集体配合的动作。表演者可以利用轻器械，如花环、旗子等，还可采用一些风格化的舞蹈动作，如爵士舞等，以达到烘托气氛、感染观众、增加表演效果的目的。

表演性健美操的动作比健身性健美操的动作复杂多变，所以对参与者的身体素质要求较高，不仅要具备较好的协调性，还要有一定的表演和集体配合的意识。

四、健美操运动的功能

（一）增进健康美功能

健康，即生理功能正常、无病理性改变和病态出现。随着经济的发展和社会的进步，现代健康已不仅仅是生理意义上的健康，而是健康的心理和行为兼备。

健康美是一种积极的健康观念和现代意识，已有研究表明，健康美是机体最有效发挥其机能的状态。

一个具有健康美的人，除了自我感觉良好、可轻松应付日常工作与生活外，还有充沛的精力参加各种社交、娱乐及闲暇活动，亦能自发地处理突发的应激状态。

一个具有健康美的人，应该具备的身体素质是良好的心肺耐力、肌肉力量、平衡性、灵敏性和柔韧性。心肺耐力的发展使心脏与循环系统有效运作，将机体所需的营养物质、氧气及生物活性物质运送到肌肉和各组织器官，并把代谢产物运走，在有机体的生命活动中发挥重要作用。肌肉力量的发展不仅塑造强健的体魄，亦具备强大的活动能力。身体柔韧性和灵敏性的发展可增大肌肉与关节的活动能力，减缓肌肉与附着组织的退化和衰老过程，使身体动作机敏、灵活、富有朝气。

健美操作为一项有氧运动，人们对其健身功效已达成共识。有研究认为，经常参加健美操锻炼的人，心脏总体积指数显著大于没有参加锻炼者，且吸氧量明显增加。有氧运动最能发展人体的心肺功能，增强心肌，增加肺活量，减少心肺呼吸系统疾病。健美操不仅具有有氧运动的功效，且兼备发展身体柔韧性和灵敏性的作用。因此，专家认为，健美操是目前发展身体全面素质的较为理想的运动。

（二）塑造形体美功能

形体分为姿态和体形。姿态是从我们平时的一举一动表现出来的行为习惯，受后天因素的影响较大。而体形则是我们身体的外貌，虽然体育锻炼可适当改善体形外貌，但相对来说，遗传因素起着决定性的作用。

良好的身体姿态是形成一个人气质风度的重要因素。健美操练习的身体姿态要求与我们日常生活中良好姿态的要求基本一致，因此，通过长期的健美操练习有益于肌肉、骨骼、关节的匀称与和谐发展，有利于改善不良的身体姿态，形成优美的体姿，从而在日常生活中表现出一种良好的气质与修养，给人以朝气蓬勃、健康向上的感觉。

健美操运动还可塑造健美的体形。通过健美操练习，尤其是力量练习，可使骨骼粗壮、肌肉围度增大，从而弥补先天的体形缺陷，使人体变得匀称健美。其次，健美操练习还可消除体内和体表多余的脂肪。人体内脂肪的消耗是由很多因素造成的，最重要的一点就是新陈代谢的快慢，而有氧操的强度不大，并可持续较长时间，能消耗体内多余的脂肪，维持人体吸收与消耗的平衡，降低体重，保持健美的体形。

（三）缓解精神压力，娱乐身心功能

随着时代的发展和社会的进步，人们在享受科学技术所带来的舒适生活和各种便利的同时，受到了来自方方面面的精神压力。研究证明，长期的精神压力不仅会引起各种心理疾患，而且许多躯体疾病也与精神压力有关，如高血压、心脏病、癌症等。科学研究表明：体育运动可缓解精神压力，预防各种疾病的产生。健美操作为一项体育运动，以其动作优美、协调、全面锻炼身体，同时有节奏强烈的音乐伴奏，是缓解精神压力的一剂良方。在轻松优美的健美操锻

炼中，练习者的注意力从烦恼的事情上转移开，忘掉失意与压抑，尽情享受健美操运动带来的欢乐，获得内心的安宁，从而缓解精神压力，使人具有更强的活力和最佳的心态。

另外，健美操锻炼加强了人们的社会交往。目前无论国内外，人们参加健美操锻炼的主要方式是去健身房，在健美操指导员的带领和指导下集体练习，而参与健美操锻炼的人来自社会的各阶层。因此，这种形式扩大了人们的社会交往面，把人们从工作和家庭的单一环境中解脱出来，可接触和认识更多的人，眼界也更开阔，从而为生活开辟了另一个天地。大家一起跳，一起锻炼，共同欢乐，互相鼓励，有些人因此成为终身的朋友。

（四）医疗保健功能

健美操作为一项有氧运动，其特点是强度低、密度大，运动量可大可小，容易控制，除了对健康的人具有良好的健身效果外，对一些病人、残疾人和老年人也是一种医疗保健的理想手段。如对下肢瘫痪的病人来说，可做地上健美操和水中健美操，以保持上体的功能并促进下肢功能的恢复。只要控制好运动范围和运动量，健美操练习就能在预防损伤的基础上，达到医疗保健的目的。

第三节　健美操运动的发展趋势

一、健身性健美操的发展趋势

（一）人们健康意识的增强将使得健身性健美操的市场前景更加美好

随着知识经济的到来和生活水平的提高，现代人们的生产和生活方式发生了巨大的变化，其特点是体力活动减少，脑力劳动增加，工作和生活的压力加大。这种情况引发了各种文明病、都市病的流行与蔓延，使人们意识到健康的重要性，对健身的需求日趋强烈，从而加快了社会体育的发展。体育成为满足人们肢体运动、心理调节和情感依赖的主要手段。

其次，随着生活水平的普遍提高，人们可以从日常开支中拿出一部分钱来投资于体育活动，花钱买健康的观念逐渐深入人心，健身运动已成为人们的时尚消费。

健身性健美操作为社会体育的重要组成部分，以其独特的魅力和功能特点受到人们喜爱。因此，在这种社会大环境下，健身性健美操的市场前景将更加广阔。

（二）健身性健美操的种类和练习形式将更加多样化

为了不断满足健身锻炼者的各种需求，目前，健身健美操的种类和练习形式呈多样化的趋势，如各种器械健美操和近年来出现的水中健美操，以及一些正在流行的特殊风格的健美操，如搏击健美操、拉丁健美操、瑜伽健美操、街舞等。这些新兴练习形式的出现主要是因为每个参加锻炼的人的年龄、性别、身体状况、健康水平和所要达到的目的是不同的，因此人们的需求是多样化的，如年轻人喜欢街舞、搏击健美操，老年人喜欢水中健美操，女子喜爱瑜伽健美操。健美操要寻求自身的发展，最大程度地适应市场发展的需要，就必须不断地满足人们的不同需求。

随着社会的发展和人民生活水平的提高，人们的要求将更加个性化，集体练习的形式已不能满足一部分人的需求。目前，国外的私人教练的健身形式非常流行，占有很大一部分市场。相信我们国家未来的发展也将如此，在引进和学习国外经验的基础上，出现更多的不仅适合中国人，而且能吸引外国人的新的健身健美操练习形式。

根据最新资料显示，目前在世界范围内最受欢迎和发展最快的健身项目是集体力量练习、私人教练和大脑-身体综合练习。对传统有氧健身操来说，编排简单的低冲击力和高低冲击力混合的练习仍是世界各国健身中心的常规项目，而单纯高冲击力的练习由于容易引起关节的损伤已不再流行。

（三）健身性健美操练习的科学化程度将不断提高

首先，科学化是保证健身性健美操练习效果的关键。对不同人群体质的测定和不同年龄段人群锻炼的最佳心率范围的研究可提供科学有效的运动处方。不科学的练习方法不仅导致锻炼没有效果，而且还可能引起运动损伤。因此，只有不断提高科学性，才能使参加健美操练习的人真正达到有效地锻炼身体的目的。

其次，科学化也是健美操运动自身发展的需要。随着科学素质的不断提高，人们不再满足于只是活动一下、出一身汗的锻炼形式，而是寻求更加科学化的健身方式。是否科学、是否能真正达到锻炼身体的目的是人们选择健身项目的一个非常重要的考虑因素。因此，只有不断提高科学化程度，健美操项目才有发展，才能有市场。目前，一些健美操从业人士已经认识到了这一点，正在不断地探索健美操科学化的方法和途径，相信在今后的发展中健美操的科学化水平将不断提高。

知识经济的到来和信息技术的发展，如国际互联网的运用，使我们可以非常容易地获得各种信息，这将对我国健美操运动科学化起到极大的促进作用，从而能够与国际发展保持同步。

（四）激烈的市场竞争将更加注重健身指导的服务质量

现代健身场所可以说是现代人类文明高度发展的产物，也是人们花钱买健康的理想方式。各类健身场所的不断增多，极大地刺激了健身市场的竞争性。现代健身场所的经营最终要通过服务才能实现，服务质量的高低，直接关系到大众健身的质量和经营者的经济效益，同时，也必将影响健身市场的兴衰。所以，为健身消费者提供及时、优质、高效的服务，从而使客人达到预期的健身目的，提高健身指导的服务质量，包括服务礼貌、服务标准和服务程序，已成为推动健身俱乐部发展的至关重要的因素。

二、竞技性健美操的发展趋势

根据《项群训练理论》对竞技体育的分类，竞技健美操属于"技能类表现难美项群"。它和同群的竞技项目，如竞技体操、艺术体操、花样滑冰、花样游泳、跳水等一样，竞赛中以运动员所完成动作的难度、新颖、稳定、优美等因素判定其技能水平的高低。难、新、美正是竞技健美操的技术发展方向。国际体联对竞赛规则的改革将促使竞技健美操运动技术继续沿着难、新、美的方向发展。

（一）更加注重艺术性创新

竞技性健美操是一项艺术性极高并要求不断创新的运动项目。在 2001~2008 年的《国际竞赛规则》中，创造性在成套动作中占 2 分，明确要求成套动作必须要有创造性。动作的编排、过渡连接及空间的使用和转换的流畅性都是艺术性创新的具体体现。艺术性创新要求成套动作的编排要新颖和多样化，体现音乐的风格、动作和运动员的表现之间的完美结合，艺术性创新将是竞技性健美操未来发展的极其重要的部分，运动成绩的好坏将很大程度上取决于此。创新则兴，不创新则衰。因此，未来竞技性健美操将更加注重艺术性创新。

（二）动作技术的完成将更加完美

2001~2008 年的《国际竞赛规则》虽然对难度动作的技术完成标准和难度动作的缺类要求降低了，却对动作的技术完成质量提出了更高的要求，同时对成套动作中出现的不同程度错误进行累积减分，大大加重了动作完成质量的扣分尺度。因此，动作的完美完成将是运动员的技术和竞技水平的具体体现，是取得优异成绩的根本。可以预料，未来竞技健美操比赛就是比动作的完美完成，动作技术完成质量将是评价运动员竞技水平的关键因素。

（三）难度动作向多样化方向发展

2001~2008 年的《国际竞赛规则》将难度动作重新进行了分类并确定了各个难度的价值。新规则把难度动作分为四大类别十个组别，难度动作价值分为 0.1~1.0 分，包括预期的难度动作。在全面提高难度动作的分值和降低难度动作技术完成的标准以及减少难度动作数量的同时，对超过 12 个难度动作、超过 6 次地面动作、超过 2 次成俯撑落地、难度动作重复、难度动作缺类等方面都要进行减分，这意味着难度动作的选择将向着更加多样化的方向发展。

（杨萍　于晖　王美）

第二章 健美操术语

健美操术语是用来表达健美操动作名称以及描述动作、技术过程的专门用语和专有词汇。在体育运动的大家庭中，健美操运动相对起步较晚，无论从理论建设上还是在术语规范上尚不完善，目前在实践中存在着应用术语不够准确和统一的现象，带有随意性，很容易引起混淆和误解。因此，统一、规范健美操术语并正确地运用它，将有利于健美操运动的教学与交流，促进本项目的发展和完善。

术语一般使用语言中已有的词汇，按语法规则构成。由于健美操运动源于国外，所以常见的健美操动作术语有转意词、也有音译词。例如：弹踢（Flick）、吸腿（Knee lift）就属于转意词；曼步（Mambo）、依柳辛（Illusion）则属于音译词。虽然各国语言文字不同，但术语所表达的概念应当尽量追求一致。

第一节 健美操术语的种类

一、场地的基本方位术语

为了表明人的身体面在场地上所处的方位，我们一般借鉴舞蹈中基本方位的术语，把开始确定的某一面（主席台、裁判席）定为基本方位的第一点，按顺时针方向，每45°为一个基本方位，将场地划分为8个基本方位，即1、2、3、4、5、6、7、8点。（图2-1）

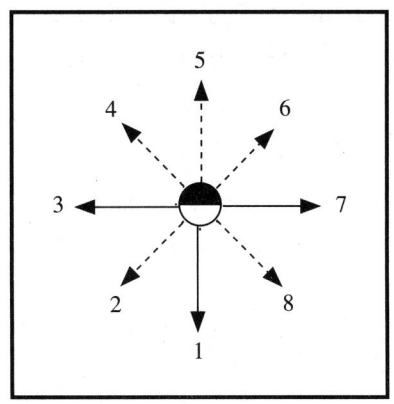

图 2-1

二、运动方向术语

指身体各部位运动的方向。运动方向一般根据人体直立时基本方位来确定。

- 向前：做动作时胸部所对的方向。
- 向后：做动作时背部所对的方向。
- 向侧：做动作时肩侧所对的方向，必须指明左侧或右侧。
- 向上：头顶所对的方向。
- 向下：脚底所对的方向。
- 中间方向和斜方向：指两个基本方向之间45°的方向。例如：侧上、前下。
- 顺时针：转动过程与时针运动方向相同。
- 逆时针：转动过程与时针运动方向相反。
- 向内：指肢体由两侧向身体正中线的运动。
- 向外：指肢体由身体正中线向两侧的运动。
- 同向：指不同肢体向同一方向运动。
- 异向：指上、下肢体向相反方向运动。

三、动作之间相互关系术语

- 同时：不同部位的动作要在同一时间内完成。
- 依次：肢体或不同个体相继做同样性质的动作。
- 交替：不同肢体或不同动作反复进行。

- 同侧：与最初开始动作的肢体同一方向的上肢或下肢动作的配合。
- 异侧：与最初开始动作的肢体不同方向的上肢及下肢动作的配合。
- 对称：左、右肢体做相同的动作，但方向相反。
- 不对称：左、右肢体做互不相同的动作。

四、运动形式术语

一般用于描述动作形式或技术要求。以下是一些常用语，还有一部分在第四章基本动作中加以补充。

- 举：指手臂或腿向上抬起，停在一定位置。例如：臂上举、举腿。
- 屈：身体某一部位形成一定角度。例如：屈腿、体前屈。
- 伸：身体某一部位形成一定角度后伸直。例如：伸臂、侧伸。
- 摆：肢体在某一平面内由一个部位运动到另一个部位，不超过180°。例如：摆臂、后摆。
- 绕：身体某部分转动或摆过180°以上（360°以上称绕环）。例如：绕髋、肩绕环。
- 踢：腿由低向高做加速有力的摆动动作。例如：剪踢、弹踢。
- 撑：指手和身体某部分同时着地的姿势。例如：仰撑、跪撑。
- 交叉：肢体前后或上下交叠成一定角度。例如：十指交叉、交叉步。
- 转体：绕身体纵轴转动的动作。例如：单脚转体、水平转体。
- 平衡：用一只脚支撑地面，身体保持一定的静止姿势。
- 水平：身体保持和地面平行的一种静止动作。例如：分腿水平、水平肘撑。
- 波浪：指身体某部分邻近的关节按顺序做柔和屈伸的动作。例如：手臂波浪、身体波浪。
- 跳跃：双脚离地，身体腾空并保持一定的姿势。例如：团身跳、开合跳。
- 劈叉：两腿分开成直线着地的姿势。例如：横叉、纵叉。
- 梗：下颌内收、颈部伸直的动作。例如：梗头。
- 提：由下向上做运动。例如：提臀、提肩。
- 沉：身体某部分放松下降的动作。例如：沉肩、沉气。
- 含：指两肩胛骨外开，胸部内收。例如：含胸。
- 挺：一般指胸部或腹部向前展开。例如：挺胸、挺腹。

- 振：身体某部位弹性屈伸或加速摆。例如：振胸、振臂。
- 夹：由两侧向中间收紧。例如：夹肩、夹肘。
- 收：向身体正中线靠拢或还原到起始位置。例如：收臀、收腿。
- 推：以手作用于地面或对抗性用力。例如：推起、前推。
- 倒：身体（肩部）由高向低做弧形运动。例如：前倒、倒肩。
- 蹬：腿部由屈髋屈膝到伸直发力的过程。例如：蹬地、侧蹬。
- 倾：指身体与地面形成一定角度。例如：前倾、左倾。
- 控：身体或肢体抬（举）在一定的高度上，并保持一定的时间。例如：控腿、控水平。

五、动作中连接过程术语

在描述一个连续动作过程时，用于表达动作的相互关系及先后顺序。
- 由：指动作开始的方位。例如：由内向外。
- 经：指动作过程中经过的位置。例如：两臂经体前交叉。
- 成：指动作完成的结束姿势。例如：左脚侧迈一步成左弓步。
- 至：指动作必须到达的某一指定位置。例如：提膝至水平位置。
- 接：强调两个单独动作之间连续完成。例如：团身跳接屈体分腿跳。

六、健美操基本步法名称术语

步法是在特定节奏下的脚步运动方法，包括下肢的各种走、跑、跳及舞步。本章节介绍的是一般最常用步法的中英文对照术语。一些扩展步法及技术要求在第四章基本动作中作进一步说明。
- 弹动（Spring）：膝关节有弹性地屈伸。
- 踏步（March）：在原地两脚交替落地。
- 走（Walk）：踏步移动身体。
- 一字步（Easy-Walk）：向前一步并腿，向后一步并腿。
- V字步（V-step）：左脚向左前迈一步，紧接着右脚向右前迈一步，屈膝，然后依次退回原位。
- 曼步（Mambo）：左脚向前踏一步，屈膝，右脚稍抬起然后落回原处，接着左脚再向后踏一步，右脚同样稍抬起然后落回原处。
- 并步（Step touch）：左脚向左侧迈一步，右脚前脚掌并于左脚脚弓处，稍屈膝下蹲。

- 交叉步（Grapevine）：一腿向侧迈出，另一腿在其后交叉，稍屈膝，随之再向侧一步，另一腿并拢。
- 半蹲（Squat）：两腿分开或并拢，屈膝。
- 点地（Tap touch）：一脚尖或脚跟触地，另一腿稍屈膝。
- 移重心（Step tap）：一脚向侧迈一步，经过屈膝重心移至一脚支撑，另一脚侧点地。
- 后屈腿（Leg curl）：一腿站立，另一腿后屈，然后还原。
- 弓步（Lunge）：一腿向前（侧、后）迈步屈膝，另一腿伸直。
- 吸腿（Knee lift）：一腿站立，另一腿屈膝向上抬起。
- 踢腿（Kick）：一腿站立，另一腿直膝加速上踢。
- 弹踢腿（Flick）：一腿站立，另一腿先屈膝，然后向前下方弹直。
- 跑（Jog）：两腿依次经腾空落地，要求小腿向后屈膝折叠。
- 开合跳（Jumping jack）：由并腿跳成分腿，然后再跳回并腿。
- 并步跳（Step jump）：一脚向前侧迈一步同时跳起，另一脚迅速并拢成双脚落地。
- 点跳（Pony）：一脚向侧小跳一次，另一脚随之并上垫步跳一次。

七、难度动作术语

竞技健美操难度动作目前共有 300 多个，分为四类：A-动力性力量、B-静力性力量、C-跳与跃、D-平衡与柔韧。详细内容请参阅 FIG2005~2008 年版《健美操竞赛规则》。这些动作中绝大多数都是以常规术语描述，如：单臂侧倒俯卧撑、前摆跳转 180°成俯撑、扳腿平衡转体 360°……另外，也有一些难度动作是以特有的术语名称来指代，归纳如下：

- 文森：膝关节内侧放于肘关节处的地面支撑动作。
- 托马斯全旋：竞技体操鞍马动作的移植。
- 分切：俯撑推起后两腿分别经两侧向前摆越成仰撑。
- 直升飞机：分腿坐后倒，两腿依次做绕环后成俯撑。
- 科萨克跳：双脚垂直起跳，双腿平行于地面，一腿屈膝。
- 剪踢：单脚起跳，一腿踢至水平面上，腾空剪刀式交换大踢。
- 剪式变身跳：单脚起跳，转体 180°交换腿展示纵叉姿态。
- 依柳辛：由站立开始，一腿后摆在垂直面内绕环，同时身体以支撑腿为支点转体 360°。
- 开普：单臂支撑侧水平劈腿。

以下是 2002 年我国新编竞技健美操二、三级运动员规定动作中所包括的难度动作统计：

三级操规定难度动作

代码	动作名称
A111	标准俯卧撑
A312	单腿自由倒地
A512	单腿全旋
B101	一手前一手后的分腿支撑
C101	团身跳
C183	屈体分腿跳
C303	科萨克跳
C462	跨跳
C783	跳转 360°
D101	纵劈腿
D192	单脚转体 360°
D211	侧扳腿平衡

二级操规定难度动作

代码	动作名称
A132	夹肘后倒俯卧撑
A323	转体 180°自由倒地
B143	直角支撑
B253	后举腿静力文森支撑
C104	转体 180°团身跳再转体 180°
C225	屈体分腿跳成俯撑
C303	科萨克跳
C624	交换腿跳
C704	剪式变身跳转体 180°
C794	跳转 360°接纵劈腿落
D103	垂直劈腿
D192	单脚转体 360°

八、动作强度术语

以脚接触地面时，身体承受的冲击力大小来划分。
- 无冲击力动作：指两脚始终接触地面，身体重心在两腿之间，没有腾空的动作。一般在练习前的准备部分和结束部分使用。
- 低冲击力动作：指有一脚始终接触地面。
- 高冲击力动作：指有腾空阶段，对身体有一定的冲击力。一般是有跑跳的动作形式。

九、动作表现形式术语

- 弹性：健美操中所指的弹性是关节自然地屈伸，给人一种轻松、自然的感觉。
- 力度：指动作的用力强度，通常以肢体的制动技术来体现力度。
- 节奏：指动作的用力强弱交替出现，并合乎一定的规律。

- 幅度：指动作展开的大小，一般是动作经过的轨迹越大则幅度越大。
- 风格：一套动作所表现的主要艺术特色和思想特点。
- 激情：充满健美操特点的强烈兴奋的情感表现。

第二节 健美操术语的运用

一、动作的记写方法及要求

（一）在描述一个完整的动作时，一般由下列几个主要因素构成：开始（预备）姿势、动作部位、动作方向、动作形式、结束位置（姿势）。

（二）注意应按照动作的节拍顺序记写每个动作的做法。

（三）注意用词的顺序，一般先下肢，后上肢。

（四）在记写时要注意指出方向上的变化，动作的重复次数。

（五）只记写第一个动作的开始姿势，后一个动作的开始姿势可以省略，因为下一个动作的开始姿势就是前一个动作的结束姿势。

（六）后若干拍与前若干拍动作完全相同，记写时可以省略，但要注明。动作相同但方向相反，也要注明。

以下是对一个八拍动作的记写举例：

1—2拍：由站立开始左脚向侧迈一步成左弓步，同时两臂经后绕至体前，身体前屈双手撑地。

3—4拍：右腿向前摆，同时身体向左转体180°，两臂至体后成屈膝坐撑。

5拍：左脚前伸，同时向前上方挺髋，成一腿伸直一腿屈膝的仰撑。

6拍：收腿收髋还原成屈膝坐撑。

7—8拍：动作同5—6拍，方向相反。

二、健美操成套（组）动作记写形式

（一）文字记写法

通常这种方法用于编写书籍、专业教材等。它是根据以上介绍的对术语记写的要求，详细、准确地写明具体动作和过程。这种方法较为复杂，但具有描述准

确性高的特点。尤其作为竞赛、考核、测验等的规定动作，为了力求统一，不产生误解，在书写时必须完全按照规范术语的要求。

文字记写法通常和照片或动作插图一起使用，达到直观、准确的目的。

（二）缩写法

大部分健美操动作上肢动作的变化比较复杂也比较灵活，同时可认为是步法的配合动作，因此通常省略上肢动作不写，而以健美操基本步法名称本身直接记写，只用两三个字就可以表明该动作。如：交叉步、V字步等。动作之间连接过程用加号"+"表示。这种方法简便实用，但无法准确描述具体的动作过程细节，一般较多用于快速记录、编写教案等。以下是一组4个八拍动作记写举例：

1×8：4 侧并步

1×8：2V 字步

1×8：2 上步提膝

1×8：2 开合跳+踏步

注：每一行代表一个八拍，动作名称之前的数字表示动作重复次数。

（三）图解法

图解法可分为双线条影像绘图法和单线条简图法。双线条影像绘图法能像照片一样清晰地、立体地勾画出动作的外部形态、服饰及头部的具体形态。但这种绘图方法要求绘图者具有一定的美术基础和专业技术基础，因此不普及，只有在书籍和专业教材中使用。单线条简图法能比较简单、直观地再现动作及过程，它的特点是运用方便、快捷。这种方法较多用于记录动作和编写教案。

单线条简图法在健美操的教学、训练中应用非常广泛，是一项必备技术，本章将单列一节详细介绍。

第三节 健美操动作单线条简图法

单线条简图法是指用简单的线条勾画出人体的大致形态，或按动作节拍将一个个动作形象地勾画出来，起到记录和再现动作的目的。这种单线条图虽然只用简单的弧线、曲线和椭圆形组合而成，但同样能表现人的外形特点和身体结构。人体活动的方式、方法是有规律的，不仅在一定的面和方位上，也在一定的范围内活动。为了更好地让大家掌握单线条绘图技法，首先应掌握以下几方面的知识。

一、人体运动的轴和面

人体的运动均围绕着某个轴在某个面内进行，即：矢状轴、额状轴和垂直轴；矢状面、额状面和垂直面。（图2-2）

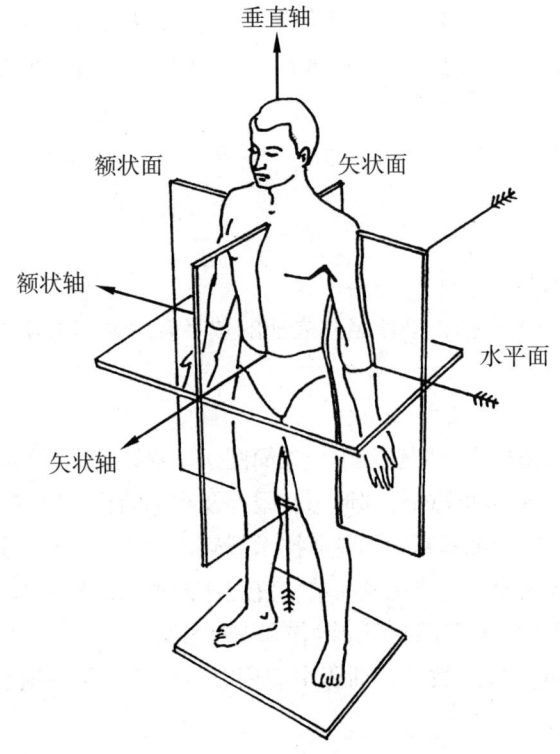

图2-2　人体的基本轴和基本面

矢状轴是穿过人体前后的轴。如：直立时向左或右做侧屈动作就是绕着矢状轴运动。

额状轴是平行于身体的轴。如：直立时做体前屈或体后屈动作就是绕着额状轴运动。

垂直轴是上下垂直于地面的轴。如：直立时向左或右做转体动作就是绕着垂直轴运动。

人体运动不仅是围绕着轴运动,而且也是在某个面上运动。稍复杂的动作都是在不同轴和不同面上进行的。

二、单线条人体图的解剖结构

单线条人体图的对象是人体和千姿百态的动作造型,而动作的变化是由于肌肉作用于关节,肢体产生了不同的位移。因此,我们把影响人体运动的肢体分为五大部分和八大关节。

五大部分是:头部、胸部、髋部、上肢、下肢。这五大部分都有其各自不同的结构和特点。(图2-3)

八大关节是:颈、腰、髋、膝、踝、肩、肘、腕。在人体运动中,各关节的活动规律和动作幅度能直接反映出动作的风格及专业特点。单线条简图侧重于表现头、躯干和上肢特有的动作意向,用下肢的线条表现健美的肌肉形态和空间位移的变化。(图2-3)

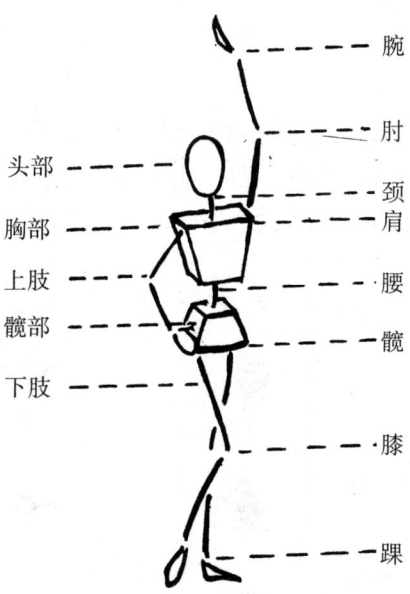

图2-3 人体五大部分及八大关节

三、单线条简图的人体比例及各部位的画法

我国从古作画就有立七、坐五、盘三之说,随着时代的进步,人类物质、文化生活水平不断提高,人体比例也随之改变。现在人们理想的身高比例是七个半到八个头高,身体各部分也有不同的比例。那么,单线条简图的比例又如何呢?我们称它为四格人体比例,也就是说,在四个格子里完成动作绘图。

头在一格的中间,躯干占一格,腿占两格,手臂占一格半。(图2-4)

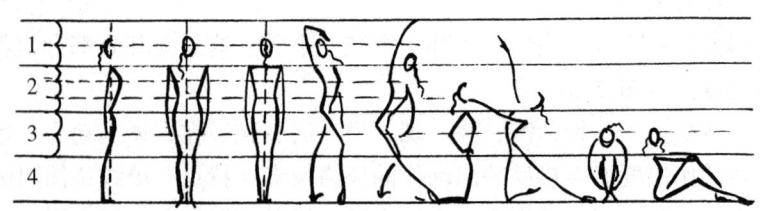

图2-4 单线条四格人体比例

从上图中看到这些图都是采用椭圆、弧形和曲线完成的。人体千变万化的姿态都可以用这三种线来表示。

(一)头 部

头部所采用的线条是椭圆、半弧和代表发型的曲线。(图2-5)

在画头部线条时,用笔要流畅,每个椭圆形的大小要一样,表示侧面的半弧形不要超过半圆。要注意头部的方向,下笔即成,不要涂改。

	正 面	背 面	侧 面	半侧面
平视				
俯视				
仰视				

图2-5 头部各方位形态表示方法

（二）躯　干

躯干用两条对称或不对称的曲线来表示。（图2-6）

在练习时要掌握好两肩、腰和髋的宽度比例，大致是：3:1.5:2，所画的线条一定要反映出性别特征。如：画女性半侧面时，一侧要表现出腰的曲线，一侧要表现出胸的曲线。两肩胸前不用连线，留出想象的空间，两肩背后要用一条连线来区别于正面。

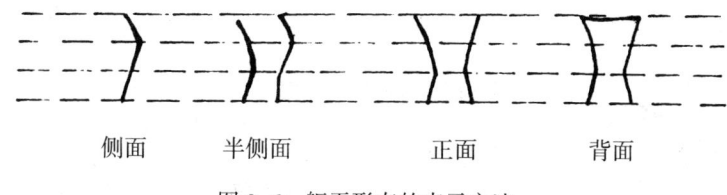

侧面　　　半侧面　　　　正面　　　　背面

图2-6　躯干形态的表示方法

（三）下　肢

下肢的线条主要根据腿部的肌肉形状和脚的方向来表现。（图2-7）

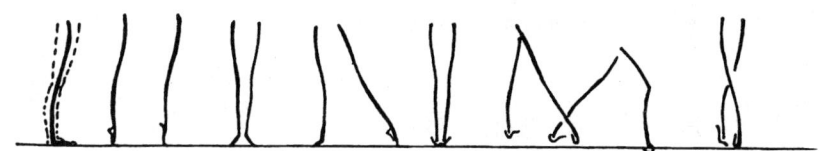

图2-7　各种腿部变化的表示方法

在练习腿部至脚尖的线条时，要注意腿部肌肉的外形特点和脚的形态变化。要分别掌握：（1）站立时腿的不同形态的表示方法；（2）屈腿时不同形态的表示方法；（3）脚的不同形态的表示方法。

（四）上　肢

上肢的线条较短，采用较微弱曲线和简单的手的变化。
通常手的变化有掌、拳、五指型。（图2-8）

图2-8　各种手臂和手型变化的方法

四、辅助线条和符号

为了使单线条简图记录的动作更清晰，必须在动作图当中加上一些辅助线条和符号，标明肢体运动的路线和用力方向等。这些符号既简单又清楚，但不能单独使用，必须标在简图旁边才能起到很好的作用和效果。

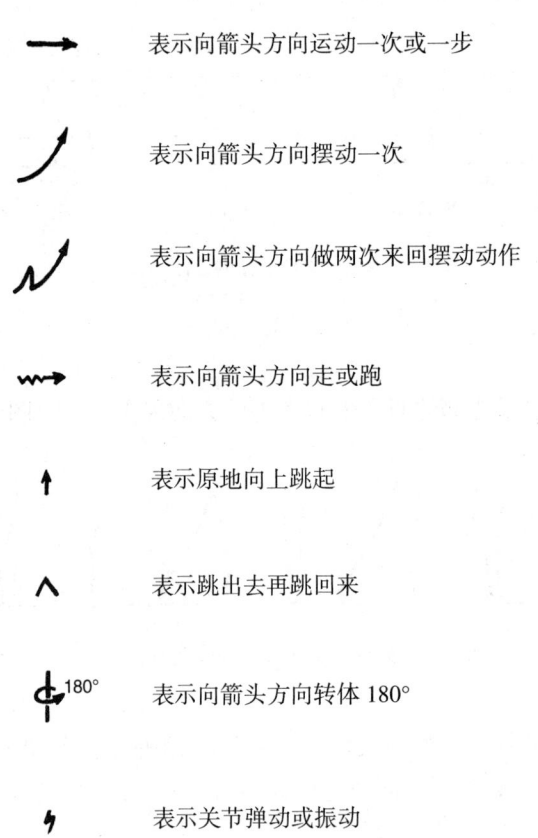

五、绘制单线条简图的基本步骤

当了解了有关单线条简图的基本知识后，我们将如何通过手中的笔使这些线条各到其位呢？首先，不论我们准备画什么，都要留心去观察，通过大量的观察、分析和思考，将大量的动作形象储存在大脑中。其次，注意观察动作的外形特点，把看到的人体变成线条，再通过这些线条反映出内在的情感，这就是单线条组合的关键,即赋予它们生命力。

绘制简图的基本步骤:

(一)初学者一定要在横格本子上绘图。先要确定地平线和简图的高度,一般要占用六行格子。下面一行写拍节,上面一行留出手或跳起的空间。

(二)选择绘制简图的画面。为了表现准确,一般按动作本身的面来画,即画出来的动作和你所看到的动作一样。有些不容易表示清楚的动作,也可以选择容易画的面来画,但要在图的右上角表明动作方位。

(三)开始作画时,先找出在格子上的位置,画出离你最近的线条,并勾画出躯干的形态。

(四)先画出离你近的线条,再画出远端的线条;近处的线条要长,远处的线条要短;近处的线条要连起来,远处的线条要在交叉处断开;决定重心的线条要后画,使重心落在两脚之间;最后画出头的位置,并留出颈部的位置。

(五)动作形态勾画出来后,加上手、脚的具体形态和辅助线条。画组合动作时要在动作下方标明节拍。

六、绘制单线条简图的注意事项

(一)初学者在绘制简图时应使用铅笔和橡皮,以便修改。

(二)运笔要流畅,连接的线条最好一笔画下来,尤其是在画一个部位时不要反复描。

(三)在绘制简图过程中,当改变身体角度或改变绘图的面时,应及时在图的右上角注明身体方位,即通常所指的面向的几点(共有8个点),并在图的旁边标明转体的度数。

(四)在运动中,人体的重心只有在支撑面内才能保持身体平衡,因此,在绘图时一定要注意重心是否在支撑面内。单腿站立时支撑面和支撑点基本上是重叠的。(图2-9)

图2-9 重心与支撑面的关系

（五）绘图时，利用线条的长短和"连"与"断"来体现人体的透视关系。（图 2-10）

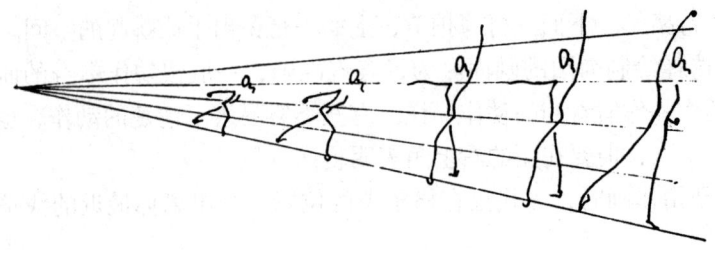

图 2-10　人体的透视关系

（金逵　张平　陈燕）

第三章 健美操基本动作

第一节 健美操基本动作概念及作用

一、健美操基本动作概念

健美操基本动作是健美操运动的基础，是最小单位的元素动作。千姿百态的健美操组合动作都是在基本动作的基础上变化和发展起来的。将健美操基本动作按一定的需要进行不同的组合和编排则会产生不同难度、不同强度、不同风格及不同视觉效果的动作。健美操基本动作并不复杂，只要我们掌握了元素动作及其变化规律，健美操的学习过程就变得简单多了。

二、健美操基本动作作用

（一）练好健美操基本动作，有利于建立肌肉活动顺序从而形成正确的动作规格。通过健美操基本动作练习，使健美操练习者尽快建立正确的动作技术概念。

（二）练好健美操基本动作，有利于培养良好的身体姿态。只有正确的动作才会给人美的感觉，良好的基本姿态能反映练习者的精神面貌及艺术造诣，是美的意识的直接反映。

（三）正确掌握健美操基本动作，有利于塑造良好身体形态。通过健美操基本动作练习，使健美操练习者全身的肌肉得到均匀的发展，尤其是对女性减去多余脂肪、收紧身体肌肉、减小围度等等。

（四）练好健美操基本动作，是进行动作韵律"开法儿"较好的手段。在开始进行基本动作练习时，一般多以局部单个动作反复练习，使练习者学会肌肉如何发力、肌肉收缩顺序及肌肉的控制，体会人体在整个运动过程中各部位之间的协调配合所产生的动作韵律，达到真正的练习效果。

第二节 健美操基本动作的主要内容

健美操基本动作主要由下肢动作、上肢动作及躯干动作组成。

一、健美操下肢动作

健美操下肢动作包括基本步法、肌肉的伸展和力量练习。

（一）基本步法

基本步法是健美操动作中最小的单位，是健美操练习的一个重要部分，通过基本步法的练习，能培养练习者的协调性、韵律感。

健美操基本步法根据人体运动时对地面的冲击力大小分为低冲击步法、高冲击步法和无冲击步法三大类。

1. 低冲击步法

第一类：踏步类　March

动作描述：此类动作两脚依次抬起，在下落时膝、踝关节有弹性地缓冲。

动作变化：

- 踏步　March（图3-1）

图3-1

- 走步　Walk（图 3-2）
- 一字步　Easy walk（图 3-3）
- V 字步　V-step（图 3-4）
- 曼步　Mambo（图 3-5）

图 3-2

图 3-3

图 3-4

图 3-5

第二类：点地类　Touch Step or tap together

动作描述：此类动作两腿有弹性地屈伸，点地时，主力腿稍屈，另一腿伸直（脚尖或脚跟点地）。

动作变化：

- 脚尖前点地　Tap forward（图 3-6）
- 脚跟前点地　Heel（图 3-7）

图 3-6　　　　　　　　　　图 3-7

- 脚尖侧点地　Tap side（图 3-8）
- 脚尖后点地　Top back（图 3-9）

图 3-8　　　　　　　　　图 3-9

第三类：迈步类　Step Touch

动作描述：一脚先迈出一步，同时移动身体重心，另一脚点地、并步或抬起的动作。落地自然，缓冲有弹性。

动作变化：
- 并步　Step touch（图 3-10）
- 迈步点地　Step tap（图 3-11）

图 3-10　　　　　　　　　图 3-11

- 迈步屈腿　Step curl（图 3-12）
- 迈步吸腿　Step knee（图 3-13）
- 迈步弹踢　Step flick（图 3-14）
- 侧交叉步　Grapevine（图 3-15）

图 3-12

图 3-13

图 3-14

图 3-15

第四类：单脚抬起类　Lift step

动作描述：一腿支撑，另一腿以各种形式抬起，还原。保持两腿有控制地稍屈膝弹动，同时收腹保持身体的稳定。

动作变化：

- 吸腿　Knee lift（图 3-16）
- 踢腿　Kick（图 3-17）
- 弹踢　Flick（图 3-18）
- 后屈腿　Leg curl（图 3-19）

图 3-16

图 3-17

图 3-18

图 3-19

2. 高冲击步法

第一类：迈步跳起类　Step jump（Hop）or Scoop

动作描述：一脚迈出，重心移动，跳起，单脚或双脚落地。

动作变化：

- 并步跳　Step jump（图 3-20）
- 迈步吸腿跳　Step knee jump（图 3-21）
- 迈步后屈腿跳　Step curl jump（图 3-22）

图 3-20

图 3-21　　　　　　　　　　图 3-22

第二类：双脚起跳类　Jumping or Jumping Jack

动作描述：双脚起跳、双脚落地的动作。

动作变化：

- 并腿纵跳　Jump（图 3-23）
- 分腿半蹲跳　Step jack（图 3-24）
- 开合跳　Jumping jack（图 3-25）

图 3-23　　　　　　　　图 3-24

图 3-25

- 并腿滑雪跳　Ski jump（图 3-26）
- 弓步跳　Lunge jump（图 3-27）

图 3-26　　　　　　　　　　图 3-27

第三类：单腿起跳类　Lift jump or leap

动作描述：先抬起一腿、另一腿跳起的动作。

动作变化：

- 吸腿跳　Knee lift jump（图 3-28）
- 后屈腿跳　Leg curl jump（图 3-29）
- 弹踢腿跳　Flick jump（图 3-30）
- 摆腿跳　Leg lift jump（图 3-31）

图 3-28　　　　　　　　　　图 3-29

图 3-30　　　　　　　　图 3-31

第四类：后踢腿跑类　Jogging

动作描述：两腿交替依次后屈，轻快跑跳。

动作变化：

- 后踢腿跑　Jogging（图 3-32）
- 侧并小跳（小马跳）　Pony（图 3-33）

图 3-32　　　　　　　　图 3-33

3. 无冲击步法

动作描述：此类动作是指两腿始终接触地面的动作。

动作变化：
- 弹动　Spring（图 3-34）
- 半蹲　Squat（图 3-35）
- 弓步　Lunge（图 3-36）
- 提踵　Calf raise（图 3-37）

图 3-34　　　　　　　　　　　　图 3-35

图 3-36　　　　　　　　　　　　图 3-37

（二）下肢伸展动作

下肢伸展动作是指在健美操练习的开始、结束及练习中为了活动肌肉及缓解肌肉紧张所采取的被动拉长下肢主要肌肉的动作。

1. 股四头肌伸展

- 单腿站立，另一腿小腿后屈，一手或双手扳住脚踝，使脚跟尽量靠近臀部，保持两膝并拢，同时向前挺髋。（图 3-38）
- 两脚前后平行站立，重心在两脚之间，半蹲，后腿大腿垂直向下，向前挺髋。（图 3-39）

图 3-38

图 3-39

2. 股二头肌伸展

- 一腿屈膝站立，一腿勾脚前点地，上体前倾，保持躯干姿势不变。（图 3-40）
- 屈膝仰卧，一腿抬起，双手抱腿膝后部拉向胸部。（图 3-41）

3. 腓肠肌伸展

- 弓步，两脚前后平行站立，上体前倾与后腿成一直线，双手扶膝，后面的脚跟始终着地。（图 3-42）
- 直立，两脚前脚掌站在台阶上，脚跟下压。（图 3-43）

图 3-40　　　　　　　　　图 3-41

图 3-42　　　　　　　　　图 3-43

（三）下肢力量动作

下肢力量练习动作是指在健美操练习中利用自身重量和轻器械进行的针对主要肌群练习的一些动作。主要有臀大肌、股四头肌、股二头肌及腓肠肌。

1. 蹲起

动作描述：下蹲，髋关节屈，股四头肌收缩，站起时髋关节伸，股二头肌和臀大肌收缩。

● 分腿蹲起：左右分腿站立，两脚平行，屈膝下蹲时臀部向后下方，膝关节

不要超过脚尖，保持躯干正确姿态，蹲起要匀速。（图3-44）

● 箭步蹲起：前后分腿站立，两脚平行，重心在两脚之间，下蹲时膝关节不要超过脚尖；后腿大腿垂直地面，膝关节向下，蹲起要匀速。（图3-45）

图3-44　　　　　　　　　　　　　图3-45

2. 提踵

动作描述：单脚或双脚站立，脚跟提起，小腿腓肠肌收缩。

● 单脚提踵：前弓步站立，脚尖向前，重心在两脚之间，固定身体，后腿做单脚提踵动作。（图3-46）

● 双脚提踵：双脚站立，提踵、落下。（图3-47）

图3-46　　　　　　　　　　　　　图3-47

3. 摆腿

动作描述：身体固定，髋关节屈时，大腿前侧的屈髋肌肉收缩；髋关节外展时，大腿外侧肌肉收缩；髋关节伸时，大腿后侧伸髋肌肉和臀大肌收缩。
- 侧摆腿：站立或侧卧，一腿固定，一腿向侧摆动。（图3-48）
- 后摆腿：站立或俯卧，一腿固定，一腿向后摆动。（图3-49）

图 3-48

图 3-49

二、健美操上肢动作

上肢动作是由手臂的自然摆动、力量练习以及基本体操的徒手动作组成,其目的是丰富健美操动作内容。在前面的术语中我们已经了解了一些上肢的基本动作,这里只介绍传统有氧健美操常用的上肢动作和手型。

(一)上肢动作

1. 自然摆动:屈肘前后摆动,同时或依次。(图 3-50)

图 3-50

2. 臂屈伸:上臂固定,肘屈伸。臂屈时肱二头肌收缩,臂伸时肱三头肌收缩,可持小哑铃或沙袋进行练习。(图 3-51)

3. 屈臂提拉:臂由下举提至胸前平屈。胸大肌和三角肌前束收缩,可持小哑铃或沙袋进行练习。(图 3-52)

图 3-51　　　　　　　　　　图 3-52

4. 直臂提拉：臂由下举提至前平举或侧平举。练习部位和方法同上。（图 3-53）

5. 冲拳：握拳由腰间冲至某位置。如向前冲拳、向上冲拳。（图 3-54）

6. 推：手掌由肩侧推至某位置。如前推时，胸大肌和三角肌前束收缩；上推时，三角肌中束收缩。（图 3-55）

图 3-53

图 3-54

图 3-55

（二）手　型

健美操中手型有多种，它是从爵士舞、芭蕾舞、西班牙舞、迪斯科、武术等手型中吸收和发展的。手型的选用可以使手臂动作更加生动活泼。常见的手型有：

1. 掌：并掌、开掌、花掌、立掌。（图 3-56）
2. 拳。（图 3-57）

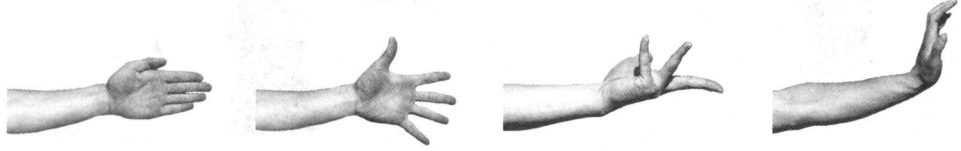

图 3-56

图 3-57

三、健美操躯干动作

在健美操运动中躯干主要起连接、保护和固定作用。躯干部位的练习通常是为了发展和平衡躯干前后肌肉而设计的。特别是躯干中部只有脊柱和腰腹部周围的肌肉、软组织支撑上半身并连接身体的上下部分，许多人由于前后肌肉发展不平衡、力量不足造成损伤和形成不良形态。因此，在健美操练习中发展和平衡这些肌肉尤为重要，这一点从传统的有氧操练习中能很明显地看到。竞技健美操中也在竞赛规则中明确要求不得有反自然方向和对脊柱造成挤压的动作，并且将许多对身体不利的动作列为违例动作（具体请参见《竞技健美操竞赛规则》）。

发展躯干肌肉的方法和动作很多，可徒手、使用轻器械或固定器械，有负荷的肌肉练习效果更好，可参考器械健美训练法。这里，我们只介绍发展躯干各部位肌肉的基本方法和动作。

(一) 胸 部

当胸大肌收缩时，可使肩关节内收、臂屈和水平内收。

1. 含胸：直臂或屈臂做内收动作，可持小重量的哑铃、沙袋或橡皮筋完成。通常与臂的外展动作结合进行练习。（图 3-58）

2. 俯卧撑：根据不同水平，练习者可采取跪撑、双脚分腿俯撑、并腿俯撑及单脚俯撑姿势，做臂的屈伸动作，屈臂时吸气，伸臂时呼气。（图 3-59）

图 3-58

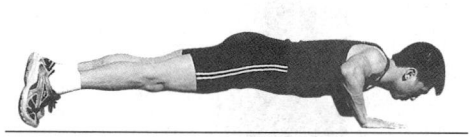
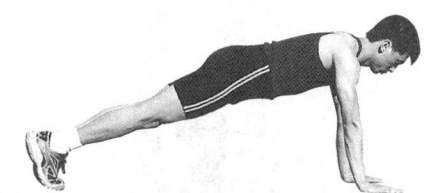

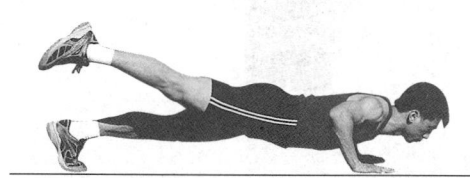

图 3-59

（二）肩背部

背部肌肉主要包括背阔肌、斜方肌、菱形肌和圆肌等，当背部肌肉收缩时，可使肩关节外展、下沉，使臂伸和在垂直方向内收。

1. 外展：屈臂或直臂做外展动作，也可持小重量的哑铃、沙袋或橡皮筋完成。通常与臂的内收动作结合进行练习。（图 3-60）

2. 提肩、沉肩：两肩用力上提、下拉。（图 3-61）

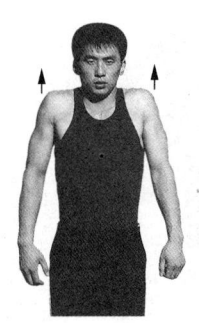

图 3-60　　　　　　　　　　　　图 3-61

3. 上举、下拉：两臂由侧上举下拉至髋侧，如果利用固定器械进行练习效果会更好。（图 3-62）

图 3-62

（三）腰腹部

腰腹部肌肉主要是由腹直肌、腹斜肌、腹横肌和竖脊肌组成，它们的作用都是为了保持身体的稳定性及收紧腹部。腰腹肌收缩，可使脊柱前屈、侧屈或扭转；使骨盆前倾或后倾；使胸廓向对角线方向屈。

1. 仰卧起坐：仰卧，屈膝，两脚同肩宽，腹肌收缩，上体抬起，腰部始终保持与地面接触。（图 3-63）

2. 侧卧抬起：屈膝侧卧，两肩接触地面，腰侧部肌肉收缩，上体抬起，腰部始终保持侧卧与地面接触。（图 3-64）

3. 仰卧提髋：仰卧，两腿稍屈膝上举，腹直肌收缩，使髋关节向上抬起。注意不要使用惯性。（图 3-65）

图 3-63　　　　　　　　　图 3-64

图 3-65

4. 站立侧屈：分腿站立，稍屈膝，侧腰肌收缩使上体侧屈，还原。（图 3-66）

5. 站立体转：分腿站立，稍屈膝，腹斜肌和腰肌收缩使上体向侧水平扭转。（图 3-67）

6. 俯卧两头起：俯卧，竖脊肌收缩，异侧的手臂和腿同时抬起，还原。动作要匀速，不宜快做。（图 3-68）

图 3-66

图 3-67

图 3-68

第三节 基本动作练习时应注意的问题

一、动作的规范性

动作的规范建立在动作的准确性上,因此,练习时肢体的位置、方向及运动的路线一定要准确。此外,注意动作速度、肌肉力度和动作幅度,使肌肉充分拉长与收缩,只有这样才能达到动作的整体效果。

二、动作的弹性

动作富有弹性是健美操特点之一,动作的弹性所涉及的身体部位有踝关节、膝关节、髋关节、肘关节、肩关节以及脊柱。在练习时,应注意肌肉的收缩与放松要有控制,使动作富有弹性,节奏均匀,避免动作过分僵硬和关节的过度伸展。在进行高冲击有氧练习和力量性的练习时,应注意调整好呼吸,使健美操运动达到完美的最佳效果。

三、动作的节奏感

掌握好动作节奏对健美操运动非常重要。练习者要想表现出较好的动作节奏感,必须具有一定的肌肉控制能力、音乐节奏感及动作的完成能力。因此,在开始练习时,要重视开发、训练学生的动作节奏感,使他们在听懂音乐节奏的基础上慢慢掌握动作的节奏感。

第四节 在教学过程中应注意的方面

一、科学合理

首先,从思想上重视,狠抓基本动作练习。内容安排上要合理、有计划地进行。动作要循序渐进,由单动作到组合动作,由原地到移动并增加方向的变化,由大肌群到小肌群。动作组合的设计要科学,连接要合理。

二、全面系统

基本动作包括了身体的各主要部位和主要肌群,在实际练习过程中,必须耐心细致地进行每一部位的基本动作练习,使之全面影响身体。此外,练习内容要注意逐步扩展,不能急于求成,一定要一个动作一个部位地进行练习。同时加强对动作规格、肌肉控制的要求,使练习更加有效和完美。

三、趣味多样

在设计单一和组合动作时,注意动作本身以及组合动作连接上的巧妙设计。往往不同的步法与方向、节奏以及不同的手臂动作配合,会给人带来意想不到的效果,提高练习积极性。

(张 平　陈 燕)

第四章 健美操教学

第一节 健美操教学概述

健美操教学是体育教学的重要内容之一,是在教师科学指导和学生主动参与下使学生系统地获取健美操知识、技术、技能,增进健康,提高身体素质,培养综合素质和能力的教育过程。在这一过程中,学生的身心得到健康发展,审美意识得到提高,有助于学生培养良好的思想品德。健美操教学必须遵循体育教学的规律和原则(在此不做论述),根据健美操教学特点,采用有效的教学方法和手段。

一、健美操教学任务

健美操教学任务是指在健美操教学中为实现健美操教学目的所提出的不同层次的要求。

(一)掌握与运用知识、技术,发展技能

健美操教学是教师有计划地传授和学生循序掌握健美操的知识、技术与技能,并系统地领会这些知识、加以运用的过程。由于现代科学技术的飞速发展,知识更新速度加快,学科的交叉渗透,现代体育教育对受教育者学习和掌握知识提出了新的、更高的要求。因此,健美操教学不仅要使学生掌握健美操的基本知识、基本技术和基本技能,还要把与健美操相关的知识引入教学,使学生学会发现,学会创造,并在实践中运用。

(二)全面发展身体素质

身体素质是指学生在体育运动中,各器官系统表现出的各种机能能力。它包括速度、力量、耐力、协调、柔韧等几方面。身体素质是所有运动能力的基础。

在完成健美操动作中须表现出力量、速度，使所完成的动作具有一定的幅度，并能协调地完成健美操动作，同时，尽管在练习中出现了暂时性的疲劳，仍须坚持完成身体练习。因此，全面发展身体素质是健美操教学的重要任务之一。

（三）完善体型，培养正确的姿态

体型健美、姿态端正，既是身体发育的要求，也是美育的要求。完美的身体形态在某种程度上反映了机体功能的完善，而姿态的端正（正确的美的站、坐、走姿势），更使形态美在活动的状态中展现出来，它从外部特征证实了人的生命力，也由此表现出美学价值。因此，在健美操教学中，提出完善体型、培养正确姿态的任务就显得非常重要了。

当然，这里指的完善体型不是按某些人体美的时髦标准和规范去刻意地消除个人的体形特点，而是指在健康和安全原则的指导下，在全面发展人的身体素质基础上，正常地、自然地、无畸形变化地塑造健美形体，完善体型。

（四）进行审美教育

审美教育，是指形成受教育者科学的审美观念、较强的美感和创造美的能力的教育过程。健美操教学具有进行美育教育的广阔空间，因此，应充分利用这一有利条件，培养学生正确的审美观念、健康的审美情趣和较强的审美能力。通过审美教育，不仅可以提高学生的审美修养、促进身心健康发展，而且能反过来使学生以审美的情趣和审美观念指导健美操的学习。

（五）培养能力

能力是构成素质的重要方面，它是一种无形的、促使人不断发展的潜在品质。现代学校体育早已摒弃了只单纯传授体育知识、技术、技能的狭隘观念，培养学生的能力已成为体育教育的重要目标之一。健美操教学同样制定了能力培养目标，即把传授健美操的理论知识、运动技术、技能与发展学生的能力结合起来，使他们在学习中、在锻炼中、在竞争中，发掘自己的潜能，引发对健美操的兴趣，促使其进一步学习和掌握健美操的知识、技术、技能，科学运用健美操理论和方法。因此，健美操教学应着重培养以下几方面的能力：

(1) 获取健美操知识与运用知识的能力；
(2) 健美操教学与训练能力；
(3) 健美操创新与创编的能力；
(4) 制定健美操锻炼计划能力；

(5) 组织健美操竞赛与管理能力；
(6) 健美操科研能力；
(7) 自我评价和相互评价能力；
(8) 制定健美操教学文件能力。

二、健美操教学特点

（一）教学内容丰富，信息来源广泛，练习的可变性强

健美操教学内容既包括健身健美操，也包括竞技健美操；既有徒手练习，也有手持轻器械及借助于固定器械的练习；既包括基本动作的教学，也包括难度动作的教学，其教学内容非常丰富。在健美操教学中，既有来自动作本身的大量信息，同时也有来自音乐、医学、营养学等方面的信息，教学中可接收的信息量大。此外，由于健美操是由单个动作组成，而构成和改变动作的要素是多种多样的，任何一个要素的添加和改变都会产生出一个新的动作、新的造型、新的组合、新的成套练习，都会使运动负荷发生新的变化。因此，练习的可变性强。

（二）在反复的练习中健康体魄，培养正确的姿态

健美操教学不仅使学生掌握健美操的专门知识、技能和技巧，同时借助于各种练习方法、锻炼原理、运动负荷达到健康体魄的目的。例如，采用中低强度、持续时间 30 分钟以上的有氧健美操练习，可以提高心肺功能，减缩皮下脂肪，改善形体。此外，在健美操教学中，无论是教授单个动作、组合动作还是成套动作，强调的是对称、协调、平衡和规格（幅度、力度、韵律、肢体配合等），这些练习为保持和发展身体的正常状态、纠正不良的姿态提供了有效的保证。

（三）健美操教学中运动负荷的安排有明显的健身功效

健美操教学中，身体练习的负荷主要采用中低强度，其运动强度在有效的健身阈值以内，是一项有氧运动。有氧运动对于提高有机体的耐久力，改善和提高心血管系统和呼吸系统的功能，具有显著的效果。

（四）创造性的思维活动与实践活动紧密结合

启发学生的创造性思维是健美操教学的又一特点。健美操之所以有较强的生命力，源于它的不断创新。在健美操教学实践中，教师一方面将基本动作和技术

教给学生；另一方面，在反复的练习中，教师又须引导学生不断建立新的神经联系，形成新的动作、新的组合、新的成套练习，使学生在反复的实践活动中掌握创编的原理及方法，学会创造性的思维方式。因此，健美操教学中创造性思维与实践活动要紧密联系。

（五）健美操教学具有相应的美育目标

在健美操教学中，除健美操自身的动作具有强烈的审美效果外，其发展身体、增进健康的特殊功效具有最大的美学价值。此外，健美操单个动作、组合动作和成套动作的合理设计，集体练习时动作与动作、动作与人、人与人之间的巧妙配合，音乐与动作的完美结合等，无不显示出美学特征。健美操教学不仅要强调这些特征，更重要的是要充分利用这些特征达到美育教育的目标。

第二节 健美操教学方法和手段

一、健美操教学方法

（一）健美操教学方法的作用

健美操教学方法是实现健美操教学任务或目标的方式、途径、手段的总称。健美操教学方法既包括教师教的方法也包括学生学的方法，是多种多样的。就其来源来说，一方面是体育教学方法在健美操教学中的应用，另一方面来源于健美操实践，是健美操教学中所特有的。

健美操教学方法在实现健美操教学任务和目标中起着桥梁和中介作用。它有传授知识、形成动作技能、指导实践、发展经验、培养能力、提高学习效率等作用，因此，教学中无论教师进行活动，还是学生进行活动，都离不开一定的教学方法。

（二）健美操课常用的教学方法

健美操教学方法是多种多样的，每一种教学方法对完成教学任务都有它特殊的作用。采用哪种方法及如何运用，应根据教学任务、教学内容、学生特点及场地设备等具体情况来决定，这样才能充分发挥教学方法的作用，取得较好的效果。在健美操教学中常用的教学方法有：讲解法、示范法、提示法、带领法、完整与分解法、重复法等。

1. 讲解法

是教师运用语言向学生说明教学任务、动作名称、作用、要领、做法及要求等，以指导学生掌握基本知识、技术、技能、进行练习的方法，是健美操教学中运用语言的一种最主要、最普遍的形式。

采用此教法时应注意以下几点：

（1）讲解要有目的性。所讲的内容要围绕教学任务、内容、要求以及教学过程中学生存在的问题等情况有针对性地进行。

（2）讲解要正确。教师所讲的内容应是科学的、准确的，即言之有理，实事求是，并运用统一规范的专业术语。

（3）讲解要简洁易懂。简明扼要，通俗易懂，力求少而精，尽可能使用术语和口诀。

（4）注意讲解的时机和效果。健美操教学的讲解可以在示范后进行，也可边做边讲。讲解时要根据学生已有的知识经验来确定讲解内容的深度和广度，以便使学生更好地理解和掌握。

（5）讲解的顺序要合理。讲解的顺序一般先讲下肢动作，再讲上肢动作，最后讲躯干与头颈、手眼的配合。

（6）讲解要有启发性。在教学中力求用生动形象的语言引起学生的兴趣、启发学生的积极思维，使学生听、看、想、练有机地结合起来。

（7）讲解要有艺术性。讲解必须用普通话，口齿清晰，层次分明，表达生动形象，有趣味性，有感染力。同时，恰当的情感和声调都会使语言产生巨大的艺术效果。

（8）讲解要有节奏和鼓舞性。讲解的语言节奏是指语言的声调、强弱应按特定的顺序和时间间隔交替进行。讲解的语言应有利于激发学生的练习积极性。

2. 示范法

是教师以自身完成的动作作为教学的动作范例，用以指导学生进行练习的方法。此种方法可以使学生了解所要学习动作的具体形象、结构、要领和方法。

采用此教法时应注意以下几点：

（1）示范应是动作的典范。教师的示范要力求做得准确、熟练、轻松和优美，给学生留下深刻印象，使学生看完示范后就产生跃跃欲试的感觉。因此，教师要不断提高示范动作的质量。

（2）示范要有明确的目的。教师的示范要根据教学任务、步骤以及学生的水平确定。例如教授新教材时，为了使学生建立完整的动作概念，一般可先做一次完整的示范，然后结合教学要求，做重点示范、慢速和常速的示范。

（3）示范要有利于学生的观察。在进行示范时，要注意选择合适的示范面、示范速度以及学生观察示范的距离和角度。

（4）示范与讲解相结合。在健美操教学中，只有把示范与讲解紧密地结合起来，才能获得最佳的教学效果。

3. 提示法

是教师以提示的方式指导学生进行练习的一种方法。这种提示可以是语言的，也可以是非语言的。

语言提示：是教师用简练的语言或口令提示学生所要完成的动作名称、时间、数量、方向和质量的要求等。

采用此教法时应注意以下几点：

（1）需用准确、恰当、简单的语言或口令来提示动作，并且要声音洪亮，发音准确，声调恰当。

（2）提示的语言或口令要配合音乐的节奏，教师可边数节拍边提示动作。例如，提示身体姿势时，可喊"1、2、3、4、两、臂、伸、直"；提示动作方向时，可喊"向、左、3、4、向、右、7、8、"；提示动作速度可喊"5、6、加、快"；要求连续练习时，可喊"5、6、再、做"。

（3）提示动作重复的次数和改变动作时，一般常采用倒数法进行提示。提示时应有一定的提前量。例如"4、3、2、V字步"；"4、3、2、向前走"等。

（4）教师应用良性和富有情感的语言进行提示，以对学生产生激励作用。

非语言提示：教师用肢体语言、面部表情、视线接触等提示学生完成动作的一种方法。

采用此教法时应注意以下几点：

（1）利用肢体语言提示时，必须使学生明确肢体语言的含义。因此，最好预先向学生讲明课上所要采用的几种身体语言动作。

（2）在使用肢体语言时，可配合语言的提示。例如，手臂在做大幅度的向上伸展时，可配合"臂伸直"的语言提示，使所提示的内容变得更加明确。

（3）在用身体动作进行提示时，力求使动作做得准确、规范，在必要时可将动作进行夸张。例如"腿高抬""大步走"等。

（4）用手势提示时，应根据需要提前2拍或4拍做出，掌握好提示时机，并且要使每一位学生都能清楚地看到教师所做出的手势。教师做出的手势要相对固定，既可采用大家公认的手势动作，也可形成自己独特的手势风格。

（5）教师要善于运用面部表情和眼神的变化来激励学生。如微笑、眼神对视、点头等。

4. 带领法

是指学生在教师的带领下，连续完成单个动作、组合动作、成套动作练习的一种方法。此种方法能使学生在较短的时间内建立正确的动作概念，掌握动作与动作的连接方法及音乐节奏感，在健美操教学中被普遍采用。

采用此教法时应注意以下几点：

（1）根据动作需要正确选择带领的示范面。通常在身体有前后行进、转体变化及动作较复杂时，采用背面示范带领；结构较简单的动作一般选择镜面示范带领。身体有左右方向变化的动作根据观察动作的需要，选择镜面或背面示范带领。

（2）大部分时间都应采用镜面示范，以利于教师观察学生掌握动作的情况和便于与学生沟通。

（3）教师在领做动作时，可将背面及镜面示范结合起来运用，在转换示范面后，教师示范的方向，应跟学生的动作方向保持一致。

（4）在完成较复杂动作时，可慢速带领，待学生熟练掌握后，恢复正常速度带领；在完成上下肢配合动作时，可先反复领做步法，在此基础上将手臂动作添加到动作中，形成一个完整的动作。

（5）教师在带领学生练习时，除示范动作要做得一丝不苟外，还要与手势、口令、语言等提示方法紧密结合，使学生达到眼看、耳听、心想、体动的目的，从而达到最佳的教学效果。

5. 完整法与分解法

完整法指从动作的开始到结束，不分部分和段落，完整地进行教学的方法。此种方法不破坏动作结构，不割裂动作各部分或动作之间的内在联系，可使学生建立完整的动作概念，迅速地掌握动作；分解法是把结构比较复杂的动作或组合按身体环节合理地分解成几个局部动作分别进行教学，最后达到全部掌握动作的方法。

采用此教法时应注意以下几点：

（1）学习结构比较简单的动作，采用完整法进行教学。

（2）学习较为复杂的动作，可采用慢速完整练习方法，即放慢动作的过程，在每个姿势中停几拍，以加强学生对动作的运动轨迹、动作各环节的变化有进一步的了解，提高学生正确完成动作的本体感觉，待学生建立了正确动作概念之后，再按正常速度进行完整练习。

（3）对于要求协调性较高的动作，往往按身体各部分预先把它分解成几个局部动作分别进行教学，待学生基本上掌握了分解动作之后，再进行完整动作的教学。例如，把健美操的动作分解成上肢动作、下肢动作、头部动作等，先分别进行练习，然后再上肢、下肢、头部等配合进行完整练习。

（4）运用分解法是为了完整地掌握动作，因此，分解教学时间不宜过长。

6. 重复法

是指不改变动作的结构，按照动作要领进行反复练习的方法。健美操的教学，可重复单个动作，也可重复组合动作和成套动作。这种方法既有利于学生在反复练习中掌握和巩固动作技术，又有利于指导和帮助学生改进动作技术，并对锻炼身体、发展体能等有较好的作用。

采用此教法时应注意以下几点：

（1）要防止错误动作的重复。教学中，一旦发现有错误动作出现，教师应立即给予纠正，以防形成错误动作的动力定型。

（2）在动作初学阶段采用重复法时，应避免负荷过大及疲劳的过早出现，以免影响掌握动作及改进动作。

（3）练习时要合理安排重复次数。所重复的次数既能保证学生在每一次的练习中都能达到动作的要求，不降低练习质量，又能适合学生的负荷能力。重复次数少，达不到锻炼效果，也不易掌握和巩固动作；重复次数太多，容易造成动作变形，也易使学生失去练习的兴趣。

总之，上述几种教学方法都有各自的特点和功能，但它们是彼此有机联系的。在健美操教学中，应根据课的任务需要，灵活地和相辅相成地运用各种方法，使每一种方法的运用都成为整个教学过程有机的一环。随着健身市场的不断完善和国内外交流的增加，针对健身房健美操教学特点，在原有的教学方法基础上，又总结了一系列的教学方法，在这里我们简要介绍几种健身房常用的方法，只要所采取的方法符合实际情况，同样可以取得殊途同归之效。

● **线性渐进法**：在把单个动作顺序排列起来时，动作之间只改变一个因素，这个因素可以是上肢动作、下肢动作或加入其他的变化因素。这是一种不会发展成组合或套路的最简单的自由式教学方法。

例如：（*表示变化因素）

节拍	动作	下肢动作	方向	上肢动作
1—16	A	8Step touch	面朝前	叉腰
1—16	A	8Step touch	面朝前	*屈肘上提
1—16	B	*4tep touch(2R\2L)	面朝前	屈肘上提
1—16	B	4tep touch(2R\2L)	面朝前	*侧摆
1—16	C	*4Grapevine	面朝前	侧摆
1—16	C	4Grapevine	面朝前	*前伸
1—16	D	*2(Grapevine+3Leg cur)	面朝前	前伸
1—16	D	2(Grapevine+3Leg cur)	面朝前	*肩上推

在线性渐进中，每次的变化都应是容易过渡的动作。选择的动作应多样化，并注意动作的均衡性。

• **金字塔法**：像金字塔形状一样，是一种递增或递减单个动作次数的方法。逐渐增加重复动作次数称为正金字塔法，逐渐减少重复动作次数称为倒金字塔法。

例如：

正金字塔

1Tap side R+1knee Up R
1Tap side R+2knee Up L
2Tap side R+4knee Up R
2Tap side R+8knee Up L

开始

结束

倒金字塔

4Tap side R+4knee Up R
4Tap side R+4knee Up L
2Tap side R+2knee Up R
2Tap side L+2knee Up L
1Tap side R+1knee Up R
1Tap side L+1knee Up L

开始

结束

正金字塔主要优势在于能使学员专注于动作技术、身体姿态和练习强度；倒金字塔可以增加组合动作的复杂度，对学员能产生新异刺激，提高练习兴趣。

• **递加循环法**：是指在健美操教学中，每学习一个动作或组合后，都再与前面的动作或组合连接起来进行练习的一种递加式循环练习方法。

例如：

学习 A	4Step touch
学习 B	1Easy walk+1V step
连接 A+B	4Step touch
	1Easy walk+V step
学习 C	2Grapevine
连接 A+B+C	4Step touch
	1Easy walk+V step
	2Grapevine
学习 D	4Jumping jack
连接 A+B+C+D	4Step touch
	1Easy walk+V step
	2Grapevine
	4Jumping jack

递加循环法既可以有效地增大练习密度，又可以均衡运动负荷，有利于提高教学效果。设计组合应以 4 个 8 拍（32 拍）动作为宜，当教会一个动作或组合时，必须及时与前面的动作或组合相连，并重复几遍。

● **连接法**：把单个动作按照一定的顺序连接并发展成组合的一种方法。通常也称"部分到整体法"。

例如：

学习 A	4Step touch
学习 B	1Easy walk+V step
连接 A+B	4Step touch
	1Easy walk+V step
学习 C	2Grapevine
学习 D	4Pony
连接 C+D	2Grapevine
	4Pony

最后连接 A+B 动作和 C+D 动作。

连接法可以发展成一个很长的组合套路，但开始连接时组合动作切忌过长，以免影响学生对动作的记忆。

● **过渡动作法**：在教新动作之前或组合与组合之间加入一个或一段简单的过渡动作，待动作和组合基本掌握后再去掉过渡动作的方法。

例如：过渡动作=N=Step touch

学习 A	4Leg curl
学习 N	4Step touch
连接 A+N	4Leg curl
	4Step touch
学习 B	2Grapevine
连接 B+N	2Grapevine
	4Step touch
连接 A+B+N	4Leg curl
	2Grapevine
	8Step touch
学习 C	2Knee up
连接 A+B+C+N	4Leg curl
	2Grapevine
	2Knee up
	4Step touch
学习 D	3Mambo+P.V.turn360°
连接 A+B+C+D	4Leg curl
	2Grapevine
	2Knee up
	3Mambo+P.V.turn360°

　　加入的过渡动作应相对固定，可选择 March、Step touch、V step、Jog 等，过渡动作不宜过多，应根据组合动作的难易程度而定；在完成整套动作组合前必须去掉过渡动作。运用过渡动作可使学员保持练习的强度，放松大脑。

　　●**层层变化法**：从原有的组合中每次按顺序只改变一个动作，使之逐渐过渡到另一个动作组合的方法。

例如：4×8 拍的动作组合

动作 A	8March
动作 B	4Step touch
动作 C	4Leg curl
动作 D	2Mambo

改变动作 A 后

动作 A	2Easy walk

动作 B	4Step touch
动作 C	4Leg curl
动作 D	2Mambo

改变动作 B

动作 A	2Easy walk
动作 B	2V Step
动作 C	4Leg curl
动作 D	2Mambo

改变动作 C

动作 A	2Easy walk
动作 B	2V step
动作 C	2Grapevine curl
动作 D	2Mambo

改变动作 D

动作 A	2Easy walk
动作 B	2V step
动作 C	2Grapevinecurl
动作 D	4Jumpingjack

层层变换法是逐步进行的，改变一个动作后，必须重复这个组合。这种方法可以使学员较容易地从简单组合过渡到新的或复杂的动作组合。

二、健美操教学手段

（一）健美操教学手段的作用

健美操教学手段是指健美操教学传递信息和情感的媒介物以及发展体能和运动技能的操作物。

健美操教学手段与教学方法既有联系又有区别。它们都是为实现健美操教学目标服务的，但它们又有所不同。教学手段是指为了提高教学效果而采用的实物或设备。例如在教授健美操难度动作"高锐角支撑"时，可用图片上的标准动作向学生们讲解支撑时躯干与腿和手臂的相对位置，在这里，图片就是直观法所采用的直观教具。又如为了提高体能，采用重复法练习时，可在腿部系上沙袋，这样可以提高练习负荷，有助于提高体能，这时，沙袋就成为练习法所采用的器具等。

健美操教学手段在健美操教学中所起的作用主要有以下几方面：

1. 沟通信息，调控教学过程。在教学中，师生往往通过视觉、听觉接收信息，而这些信息通过使用各种教学手段才能传出。例如，教师用一幅挂图、一张图表，可以向学生展示教学内容，学生观看后获得信息，就可以进行下一步学习了。

2. 提高信息的接收效果和教学质量。信息发出后，被对方接收并经转化储存起来的数量，是决定信息效益的重要条件。信息被接收的条件，一方面是信息本身的可接受性；另一方面是接收者的状态，主要指动机、态度、情绪、兴趣、神经系统的兴奋性等。使用多种教学手段，对这两方面都能产生积极的影响。例如，在教授健美操成套动作中，采用电视、录像等教学手段，会对学生产生新异刺激，容易引起学生的兴趣，提高兴奋性，最大限度地增加信息的接收量，提高教学效果。

3. 有利于突出动作技术的重点和关键。例如，在学习较复杂的健美操技术动作时，可利用电视、录像，放慢速度多次重复动作技术的关键环节。通过多次演示、强化，加速学生掌握技术的重点和关键。

4. 有利于进一步提高和改进动作。通过现代化教学手段显示的图像，或通过对学生的动作进行录像，可以让学生进行对比、分析，发现问题，及时改进和提高。

（二）健美操教学中常用的教学手段

在健美操教学中常用的教学手段有：视听类和练习类两种。

1. 视听类：图解、看课、电视、录像、磁带、光盘、计算机、多媒体等。
2. 练习类：轻器械、固定器械、地板、场馆等。

（三）选择健美操教学手段应注意的问题

1. 要有助于提高教学质量。选用哪种教学手段,必须要明确目的,教学手段应有助于激发学生的学习动机,有助于检查学习效果。

2. 选择教学手段要从具体条件出发。从实际出发，一方面要考虑现有的场地、器材、设备等情况，另一方面要因人而异，选择有效的教学手段，提高教学效果。

3. 要协调好人与操作物之间的关系。教学手段的选择要有利于师生双边活动的进行，因此，既要调整好师生之间的关系，又要发挥师生的积极主动性，协调好人与操作物之间的关系，使器材、设备、电化教学手段为人服务。

第三节 健美操教学内容

健美操教学内容，是实现健美操教学任务的重要条件，也是教师和学生开展健美操教学活动的依据。其内容是指为实现健美操教学任务而选用的健美操基本知识和各种身体练习。它集中反映在各级学校的健美操教学大纲和健美操教材里。

一、健美操教学大纲

健美操教学大纲是以纲要的形式，根据学校教学计划中规定的本学科的任务、要求和时数编写的关于学科内容的范围、深度和顺序的指导性文件，是选编教材和教师进行教学的主要依据，对教师的教学工作有直接的指导意义。

（一）制定健美操教学大纲的基本原则

1. 要符合本院校课程计划的要求，体现本学科的培养目标

制定健美操教学大纲，首先要考虑本学科在学校整个课程计划中的地位与任务，以及本学科在实现培养人才目标上的作用，通过本学科的学习所能达到的目的等问题。

2. 具有科学性

健美操教学大纲的制定要体现科学性，教学内容的层次和系统应与学生的身心发展规律、身体素质、运动能力等相适应。

3. 理论联系实际

健美操教学大纲必须重视理论在实践中的应用，对实践教学环节应有相应的要求。

4. 统一性与灵活性相结合

健美操教学大纲要有统一的基本要求，也允许在基本要求的基础上适当增加一些内容。例如，在 32 学时的健美操教学大纲中规定了学习两套健美操，其基本要求是：成套中每个 8 拍都要求讲解清楚，动作规范，并最终要求学生能够独立、熟练地完成成套动作。在此基础上，还可以提出一些其他要求，如：了解成套动作运动负荷的变化规律等。

5. 要体现改革精神

健美操教学大纲应体现改革精神，大纲的制定要有助于培养学生学习积极性、主动性、创造性及不断追求新知识的精神。

（二）健美操教学大纲的内容组成

健美操教学大纲由课程性质、课程教育目标、教学内容及基本要求、学时分配、考核安排、大纲的说明等内容组成。

1. 课程性质

在这一部分中，要说明授课对象、授课性质、授课时数、学分等内容。

2. 课程教育目标

指通过本课程的学习，学生最后所能达到的目标要求。

3. 教学内容及基本要求

本部分是大纲的主体部分，它以系统的和连贯的形式按章节、题目和条目规定学科的内容，并提出应掌握哪些知识、技术、技能、能力，培养哪些品质，指明应进行哪些作业等。

4. 学时分配

指每项教学内容在整个健美操教学中所占的学时总数及学时分配数。

5. 考核安排

考核安排主要包括：考核的依据与要求、考核的内容与比例、考核的方式与要求。

6. 大纲的说明

主要是针对教师执行大纲时提出的各项要求。

（三）健美操教学大纲例案

例1：普通高等院校健美操专项课教学大纲

一、课程性质

本大纲根据1999年我校体育教学计划，并结合近年来健美操专项课教学实践经验而制定，适用于我校二年级初选健美操专项的学生。共32学时，1.5学分。

二、课程教育目标

（一）提高学生身体素质、协调性及韵律感。

（二）培养学生欣赏和表现形体美、姿态美的能力。

（三）使学生对健美操有初步了解，激发其锻炼热情，为树立终身体育意识服务。

三、教学内容及基本要求

章节名称	教学内容	基本要求
理论 健美操概述	简介现代健美操发展简况、分类、特点、作用等。结合录像资料观摩	以概述形式对本项目作常识性介绍，使学生对竞技、健身两大类健美操有直观了解
技术部分 1. 节奏及基本动作	认识节奏，介绍基本步法及身体各部位基本动作	认识七种步法及常用动作的名称、术语，能够明确区别节奏的变化，如一拍一动、一拍两动、两拍一动
2. 热身操	包括身体各部位、各种步法、跳步、拉伸等练习	主要由教师领操，增加学生对健美操练习素材及形式的了解
3. 健身健美操两套	形体姿态健美操、大众健美操三级规定动作	这是教学的主要部分，也是技术考核内容。成套中每个8拍都要求讲解清楚，动作规范，并最终要求学生能够独立、熟练地完成成套动作

四、学时分配

内容	教学时数	授课形式	时数
健美操概述	2	讲　授 录　像	1 1
节奏及基本动作	2	实践教学	2
健美操成套（一）	14	实践教学 考　核	12 2
健美操成套（二）	14	实践教学 考　核	12 2

五、考核安排

（一）考核依据：以本课程教育目标为依据。不进行理论考试，每学期技术考核时间由教研组决定，并安排非本班任课教师进行评分。

（二）考核内容及比例

技术考核：采取个人独立完成的方式对两套操进行考核。每套操占总成绩的 45%。

平时成绩：教师根据学生的课堂纪律、出勤情况、学习态度等给予评定。占总成绩 10%。

（三）技术考试评分方法及规定

健美操成套动作考试，均以百分制评分。根据成套动作具体情况确定每节操的分值，从完成质量（准确、力度、幅度）、熟练性（有无停顿、与音乐配合）、表现力等方面酌情减分。

六、必要的说明

（一）对学生严格要求，严格管理，同时注意调动学生学习兴趣和学习热情。

（二）教师以身作则，认真备课。

（三）教学组对大纲执行情况进行监督，不定期召开教学小组工作会议，及时发现并纠正出现的问题，保证大纲顺利执行。

（四）选编成套动作时必须由教学组进行讨论后决定。

七、主要参考书目

[1] 健美操. 高等学校普通体育教材/高等教育出版社/1991 年 4 月

[2] 健美操指导员培训教材/国家体育总局体操运动管理中心审定/1999 年 4 月

[3] 大众健美操等级图解/国家体育总局体操运动管理中心审定/2000 年 4 月

例2：某体育院校健美操专项教学训练理论与方法教学大纲

一、课程性质

本课程是给体育教育专业健美操专项本科学生开设的必修课程。该课程共计192学时，三学年完成。学完本课程并通过考核可获得8学分。

二、课程教育目标

（一）使学生了解和掌握健美操的理论知识，及时了解健美操的发展动向。

（二）系统地掌握健美操教学与训练的基本理论和方法，重点培养学生的健美操教学训练能力，使学生具有从事中等以上普通院校以及健身房的健美操教学训练课的能力。

（三）具有设计、编排成套健美操动作的能力。

（四）提高学生健美操裁判水平，使学生达到健美操二级裁判员标准，力争达到一级裁判员水平，并具有组织中小型健美操比赛的能力。

（五）掌握健美操运动中科学研究的基本方法和基本程序，提高学生科研能力。

（六）培养学生的组织纪律性和勇于拼搏、克服困难的意志品质。

三、教学内容基本要求

章节名称	教学内容	基本要求
第一章 健美操 概述	一、健美操的定义 什么是健美操，几种不同的认识观点 二、健美操的分类 按不同的目的和任务，健美操可分为健身性健美操、表演性健美操和竞技性健美操 三、健美操的特点 了解健美操具有高度的艺术性、强烈的节奏感、广泛的适应性等特点 四、健美操运动的意义和作用 介绍健美操运动在全民健身、竞技体育中的重要意义和作用 五、健美操发展简况 了解世界和我国健美操运动的历史、现状及发展趋势	明确健美操的分类；了解健美操运动在全民健身、竞技体育中的重要意义及健身、健心和健美的功效；及时了解健美操发展动态和健美操发展趋势
第二章 健美操 术语	一、健美操术语概念 二、健美操术语内容 健美操基本术语、健美操专门术语 三、健美操术语的构成和记写方法 四、健美操术语的运用及运用时应注意的问题	掌握健美操术语的构成规律，并能正确熟练地运用术语；学会成套动作的记写方法

（续表）

章节名称	教学内容	基本要求
第三章 健美操基本动作	一、健美操基本动作特点 二、健美操基本动作作用 三、健美操基本动作主要内容 健美操基本步法、健美操基本徒手动作 四、健美操基本动作练习应注意的问题 五、健美操教学过程中应注意的问题 科学合理性；全面系统性；趣味多样性	掌握健美操基本动作的动作要领、规格，使学生能较高质量地完成健美操基本动作
第四章 健美操动作绘图技法	一、健美操动作绘图的意义和作用 二、健美操动作绘图的种类和表现形式 健美操动作单线条图的绘画方法；单线条图的特点；单线条图的人体比例；绘图的步骤；辅助线条及符号；健美操动作的完整记写方法	了解健美操动作绘图的种类；通过讲授、实践和作业，使学生能初步掌握健美操动作单线条图的绘图方法
第五章 健美操课的设计与实施	一、健美操课的设计 健美操课的特点；健美操课的结构；设计一堂健美操课的步骤 二、健美操课的实施 健美操的组织；健美操课常用的教学方法；健美操课实施过程中应注意的几个问题 三、上好健美操课应具备的基本条件 要有较高的责任感和事业心；尽可能详细地了解学生的情况；要精通业务；要有求新意识和独创精神；要有健美的形体和充沛的体力	使学生熟知健美操课的特点和结构，能科学地设计一堂健美操课；在实践中提高教学组织能力。注意讲授、观摩、实践相结合

四、学时分配

本大纲共分六学期完成，每学期 32 学时，其中规定了理论教学的内容和要求，各内容的时数和教学形式以及考核方式等（见下表）。

健美操体育教育专业理论必修课程教学时数分配表

时间	序号	教学内容	教学时数	教学形式	时数分配
第一学期	1	健美操概述	4	讲授 讨论	2 2
	2	健美操术语	6	讲授 实践	4 2
	3	健美操基本动作	12	讲授 实践 录像	6 4 2
	4	健美操动作绘图技法（一）	8	讲授	8
		考核	2		2
第二学期	1	音乐知识	8	讲授与欣赏	8
	2	健美操教学法	16	讲授 实践	10 6
	3	健美操动作绘图技法（二）	6	讲授与实践	6
		考核	2		2
第三学期	1	音乐知识与欣赏	6	讲授与欣赏	6
	2	健美操训练法	24	讲授 讨论 实践	10 4 10
		考核	2		2
第四学期	1	健美操的科学理论基础	8	讲授	8
	2	《大众锻炼标准》教学与训练	12	讲授 实践 录像	4 4 4
	3	健美操的创编（一）	10	讲授 实践 录像	4 4 2
		考核	2		2

(续表)

时间	序号	教学内容	教学时数	教学形式	时数分配
第五学期	1	运动员等级规定动作教学与训练	10	讲授 实践 录像	4 4 2
	2	健美操科研方法（一）	10	讲授 实践	6 4
	3	健美操竞赛裁判法	10	讲授 实践 录像	6 2 2
		考核	2		2
第六学期	1	健美操的创编（二）	10	讲授 实践 录像	2 4 4
	2	健美操比赛的组织	16	讲授 实践	4 2
	3	健美操课的设计与实施	8	讲授 实践 录像及观摩	4 2 2
	4	健美操科研方法（二）	6	讲授	6
		考核	2		2

五、考核安排

（一）考核依据和要求

健美操课程的考核依据是本大纲所规定的教学内容。在学习过程中，如果学生缺课次数超过学校的规定，不得参加考试，应按学校的有关规定办理。

（二）考核内容与比例

理论占 60%，实践与作业占 30%，平时表现占 10%。

（三）考核的方式与要求

理论考试：对所讲各章节的内容进行笔试。

实践与作业：根据课堂上的实践与作业情况予以评定。

平时成绩：根据学生上课出勤率、学习态度、平时考查成绩等进行综合评定。

六、执行健美操教学大纲的注意事项

（一）教师要严格遵守学校对教学管理的各项规定，严教、严管。

（二）教师要重视课堂上的思想教育，贯彻教书育人的主体思想，激发学生的学习积极性和自觉性，充分发挥学生的创造性，使学生成为学习活动的主体。

（三）加强教师自身业务进修，认真钻研教法，备好、上好每一堂课，不断提高教学质量。

（四）安排好校内、外的观摩和实习课，做到有组织、有计划地进行，使学生切实做到理论联系实际。

（五）使用北京体育大学的健美操教材及有关健美操的参考书目，注意及时补充新的信息和内容。

（六）个人不得擅自修改、补充内容。

七、主要参考书目

[1] 北京体育大学教务处. 北京体育大学教学大纲. 1996.

[2] 黄锡璜，田赐福. 健美操 [M]. 北京：高等教育出版社，1991.

[3] 张绍程，牛乾元，等. 健美操 [M]. 北京：北京体育大学出版社，1993.

[4] 国家体育总局体操运动管理中心. 健美操指导员培训教材. 1999.

二、健美操教材

健美操教材是健美操教学大纲的系统化和具体化，反映了健美操学科的基础知识、基本技能和基本方法，是学生从事学习活动的直接对象或材料，是学生获取知识、认识世界的主要媒介物之一，是教师备课、上课、布置作业、检查学生知识掌握情况的重要依据，是顺利完成教学任务的基本条件。

（一）选编健美操教材的原则

1. 科学性与教育思想相结合

选编的健美操教材知识应该正确无误，符合科学，具有一定的教育思想。同时，所选择的教材内容应符合健美操教学的特点，符合学生的身心发展规律。

2. 传授知识与培养能力相结合

选编健美操教材时，一方面要注意健美操基本概念、基本原理和身体练习内容的选择，同时教材内容的选择要有助于培养学生的学习能力和实际应用能力。

3. 理论与实践相结合

健美操教材的选编要有基本知识、基本原理、基本技术的理论部分，同时还要有基本的教学法、创编、裁判评分等实践教材。学生通过实践教材的学习，更好地理解理论知识，逐步把所学的知识用于实际。

4. 前沿性和稳定性相结合

在健美操教材中，占有很大比重的基本知识、基本原理、基本技术要保持相对稳定；同时教材的选编还应具有前沿性。由于健美操这一运动项目近年来发展较快，因此，选编的教材应及时吸收健美操最新的研究成果，使健美操教学符合时代的发展。

5. 针对性和实用性

选编健美操教材要根据各级、各类学校健美操教学大纲的教学目标有的放矢地进行。教学内容要符合学生的实际，并对学生从事健美操实践活动具有指导意义。

（二）目前健美操教学常用的教材

1. 健美操教科书

健美操教科书是供教师和学生共同使用的。主要有：体育院校健美操专门用书、普通高等院校健美操专门用书、中等职业学校健美操专门用书等。

2. 健美操参考资料

为进一步学习和理解健美操知识而选用的一些相关材料。如：大众健美操等级动作、图解、录像带；健美操竞技等级动作、图解、录像带；健美操指导员培训教材等。

第四节 健美操教学能力的培养

健美操教学主要是以传授健美操的科学原理、基本知识、基本方法为核心，以健美操动作为教学主要内容，以培养能力作为最终目的。

一、能力的概念和构成

（一）能力的概念

能力，通常是指完成一定活动的身体和心理的本领。包括完成一定活动的具体方法及所必需的心理特征。教学的本质是教师把人类已知的科学真理转化为学生的真知，同时引导学生把所学知识转化为能力的一种特殊的教育形式。

（二）健美操教学能力的构成

健美操的教学能力是多方面的，主要包括：示范、讲解、观察分析、纠正错误、运用教法、创编动作、组织比赛、裁判方法的掌握与综合运用等。

二、能力的培养途径与方法

（一）培养示范能力

正确优美的动作示范是教师进行健美操教学时最能调动和激发学生自觉投入学习的积极因素。培养动作示范能力，最主要的是培养学生正确、优美、独立地展示动作及准确、灵活运用示范点、示范面的能力。培养示范能力的方法有：

1. 教师对不同动作所采用的示范面、示范点进行演示后，学生开始实践。
2. 组织学生观看健美操教学、表演及比赛的录像带。通过观看使学生对规范、优美的动作有进一步的理解，以提高动作的规格和表现力。
3. 通过采用固定姿态、改变动作节奏等方法学习并强化健美操基本动作，形成正确、稳定的肌肉感觉，达到示范的标准。
4. 让一个或几个同学在队前带领练习，可提高对自己的要求，更规范地完成动作。
5. 采用两人一组互相示范的练习方法，培养学生正确示范及示范面的转换能力。

（二）培养讲解能力

健美操教学中的讲解是在深刻理解和体会动作正确技术要领、表现方式、锻炼价值等基础上，所具备的一种语言表述能力。这种能力不仅要求准确无误地表述完成动作时身体各部位的方向、路线、幅度、速度、节奏、肌肉用力顺序并抓住重点及难点，还应将动作的表现方式、对身体的影响等用语言清晰地表述出来。培养讲解能力的方法有：

1. 在教师讲解动作之前，让学生将教师示范动作的名称、术语、动作过程等讲解一遍，之后，教师按讲解要求为学生讲解，通过教师与学生讲解的比较，使学生明确简明扼要、条理清晰的讲解在学习中的重要性和必要性。

2. 教师提出问题，让学生在示范中讲述完成动作的要领、要求和注意事项。讲解后教师给予评定，指出应改进的问题，并让学生总结后重新讲解。

3. 根据教学进度和教学任务，让学生评议本次课教学完成情况，并对评价提出要求：先进行总体评价，然后指出优缺点，提出改进意见和希望。用此方法来提高学生的语言组织能力和讲解能力。

（三）培养运用教法的能力

健美操课中的教法是指传授知识、学习动作技能、组织教学等方法。健美操课教学效果的好坏，在很大程度上取决于教法的运用。因此，培养学生运用教法的能力是非常重要的。培养运用教法能力的方法有：

1. 让学生了解和掌握健美操教学中常用教学方法，即：传授健美操知识的方法、组织教学的方法等。不仅要了解教法的种类、名称，还要了解各种教法的作用。只有全面地了解和掌握各种不同的教学方法，才能根据教学的不同需要灵活地运用。

2. 健美操课上教师要求学生注意观察教师的教法运用情况，课结束前让学生复述课上采用了哪几种教法，这些教法运用的时机如何，使学生加深对教法运用的认识。

3. 在课上或在课外，让学生将自己创编的健美操教给其他同学，由本人或被教者写出教学过程中采用了哪些教法、采用的时机、教学效果等情况，以提高学生实际运用教法的能力。

（四）培养观察分析和纠正错误动作的能力

观察分析和纠正错误能力的培养，关键在于培养学生善于发现课堂教学和完成动作时的问题，并分析其产生的原因和找出解决问题的方法。教师要有计划、有步骤地在课上为学生创造和提供实践机会。培养观察、分析和纠正错误动作能力的方法有：

1. 通过观看比赛录像，让学生观察和分析每个运动员完成动作的特点，并集中对一套动作进行分析，指出其优缺点。

2. 组织学生互相观察并分析和纠正错误动作。可以采用分组轮换形式进行观察，也可一帮一地练习和观察。

3. 由完成动作较好或完成动作较差的同学同时做练习，教师组织学生观察，之后进行比较与分析，指出优点和错误所在，提出改进动作的方法。

4. 以优带差。教师可采用定人、定任务、定要求的三定方法，让学生在课上或课下进行帮助。

（五）培养创编能力

创编健美操能力是能力构成的重要内容，是学生学习和运用技术动作、音乐、健美操知识和审美能力的综合体现，也是健美操教学的一项重要任务。创编健美操是在掌握健美操基本动作和创编原则与方法的基础上进行的。培养创编能力的方法有：

1. 先创编单个动作，在单个动作的基础上创编组合动作，在单个和组合动作的基础上创编健美操成套动作。

2. 对学生提出创编健美操动作的具体要求和组织实施方法，组成小组，边研究边创编。也可分给每个学生不同的任务进行创编。

3. 以小组为单位，表演所创编的动作，由同学进行评定。

4. 在小组创编动作的基础上，按要求写出每节动作的名称、节拍和动作说明，并绘出单线条图。

5. 在各组创编成套动作完成后，组织全班交流，并进行评比和考核。

（六）培养组织与裁判能力

健美操的组织能力主要表现为教法的组织与运用能力、组织学生学习的能力、整队调队能力、组织学生进行比赛和表演的能力等；裁判能力是指以裁判规则为准绳，对学生完成动作进行正确评价的能力。培养组织与裁判能力的方法主要有：

1. 让学生轮流负责每次课的集合、整队、调队、报告学生出勤情况等工作，培养学生的组织调动能力。

2. 把全班分成几个小组进行练习，由小组成员轮流组织学生进行练习，教师对各小组的组织情况进行评价，提高学生组织教学的积极性。

3. 在健美操课上结合裁判规则进行教学，既能使学生学习动作有更高的标准，同时也对深入理解和运用规则具有重要的作用。

4. 组织各班进行小型比赛，学生互为表演者和裁判者。

5. 组织年级、各系及全校的教学比赛。同一年级的比赛，一部分同学为参赛者，另一部分学生为裁判员；全系的比赛可由高年级同学作为裁判员；全校比赛可由教师指挥，选出健美操骨干进行裁判。

（张晓莹　王立红）

第五章　健美操教学课

健美操课是有计划、有组织、有目的的教师和学生教与学的过程，是教学的基本组织形式。通过课堂教学，可以使学生获得健美操的基本知识、技术、技能；提高身体机能、身体素质，改善身体形态；培养审美意识和综合能力；进行思想品德教育。

第一节　健美操课的类型

一、学校健美操课

学校健美操课根据其内容、性质分为健美操理论课和健美操实践课。

（一）理论课

健美操理论课主要是通过讲授、课堂讨论、电化教学等方式，使学生掌握健美操的基本知识、原理、方法、竞赛组织及裁判等方面的系统理论。其教学内容可以根据各院校教学计划、教学大纲来确定。

健美操理论课内容一般包括：

1. 健美操概述。健美操的定义、健美操的分类、健美操的特点、健美操运动的意义和功能、健美操发展简况。

2. 健美操术语。术语的概念、术语的内容、术语的构成和记写方法、术语的运用及运用时应注意的问题。

3. 健美操基本动作。基本动作概念、基本动作特点与作用、基本动作的主要内容。

4. 健美操动作绘图技法。绘图的意义和作用、绘图的种类和表现形式、单线条图的绘画方法、动作的完整记写方法。

5. 音乐知识及欣赏。音乐知识简述、音乐的基本表现手段、常用的音乐种类、音乐的选择与剪接、音乐欣赏。

6. 健美操教学法。教学的任务、特点、常用的教学方法、手段及运用。

7. 健美操训练法。训练原则、训练内容、训练方法、训练过程、训练安排及注意事项。

8. 健美操的科学理论基础。健美操的生理学基础、心理学基础、美学基础。

9. 健美操的创编。创编健美操的因素、创编的目的，健身健美操的创编、竞技健美操的创编、表演性健美操的创编。

10. 健美操的裁判方法。裁判总则、评分内容、标准与方法、裁判员的组成与职责。

11. 健美操竞赛的组织。竞赛的意义及特点、竞赛的种类及内容、竞赛的组织、比赛的进行。

12. 健美操运动的科学研究方法。科学研究的基本方法、科学研究的程序、科研论文的写作方法。

13. 健美操教学课。健美操课的类型、结构、准备、组织及注意事项。

（二）实践课

健美操实践课是通过身体练习，使学生掌握健美操动作的方法、要领及教学方法；培养正确的身体姿势、塑造健美形体；增强各种身体素质等。在实践课教学中，贯穿理论知识的讲解，并将理论与实践结合，加快动作技术、技能的掌握，教法的掌握；采用各种方法培养学生的多种能力。

根据健美操课所要解决的具体任务，可将课分为：引导课、新授课、综合课、复习课和考核课。

1. 引导课

一般指开课的第一堂课。主要任务是讲授健美操的特点、锻炼价值及有关的基本知识，健美操的教学任务、内容、要求、考核标准及有关规章制度等。还可适当安排一些健美操练习内容。

在进行引导课教学时应注意以下几点：

（1）引导课中教师对讲授的不同内容应预先进行归纳，讲解时层次清楚、突出重点，使学生对健美操项目形成正确的、完整的认识，明确学习目的和要求，端正学习态度，积极投入到健美操学习中去。

（2）讲课形式要活泼多样，最好结合电视、录像等进行直观教学，提高学生学习的兴趣。

2. 新授课

是指以学习新教材为主的课。主要任务是使学生学习和初步掌握健美操的新授内容。

在新授课教学时应注意以下几点。

（1）教师要遵循教学规律，善于正确运用讲解、示范以及练习过程中的各种教法措施等，使学生正确地感知动作，建立正确的肌肉感觉，形成正确的概念。

（2）对于多关节、多部位的复合性动作，通常采用分解法和带领法，使学生更加清楚地了解和掌握身体部位、动作方向、动作路线、身体姿势等变化。

（3）教授新动作后，应进行反复练习，使学生承受一定的负荷，但负荷量不宜过大，应侧重于动作技能的掌握。

（4）教授新动作时，一般先采用口令节拍指挥练习，由慢速到正常速度，待动作基本掌握后，再配合音乐进行练习。

（5）教师应对新授动作可能出现的错误制定预防措施，一旦出现错误，要有针对性地进行纠正。

3. 综合课

这是指既要复习已学过的内容，又要学习新内容的课。它是健美操教学中常用的一种课的形式。

在综合课教学时应注意以下几点：

（1）应科学合理地安排新旧教材的教学顺序。一般先复习旧教材，再学习新教材。

（2）在复习旧教材时，教师应通过提问、讨论、默想默练等手段引导学生对上次课所学内容，如完成动作的方法、动作的规格、技术要点、动作之间的连接等进行回忆和复习，使教师了解学生对上次课所学内容的掌握情况，为进一步教学做好准备。

（3）在复习旧教材时，应进一步强化动作的技术要点及规格，对复习中出现的动作方向、路线或姿势等错误，教师应采用慢动作领做或固定姿势等方法加以纠正。

（4）根据新旧内容的教学任务、特点和难易程度，合理分配教学时间、确定运动负荷。一般新授内容的时间多于复习时间，复习时的运动负荷大于学习时的运动负荷。

4. 复习课

复习课是指以复习已经学习过的教材某些内容为主的课。主要任务是在教师的安排和指导下，复习并逐步提高动作的规格和质量。

在复习课教学时应注意以下几点：

（1）教师应根据新授课学生掌握动作的情况提出复习课的目标要求，采取相应措施，来达到这一要求。

（2）在集体指导的基础上加强区别对待。在进行练习时，对于基础差的同学要加强指导，帮助他们改进动作，树立信心；对基础好的同学要注意适当提高要求。

（3）在复习课上可采用分组教学的形式进行练习，可分组轮换也可"一助一"地进行练习，这样易调动学生的练习积极性，提高学生分析动作和纠正错误的能力，同时还有利于教师实施个别指导，检查学生掌握动作的情况。

（4）复习课上要注意精讲多练，增大练习的密度，以强化动作的熟练程度，提高动作规格和提高机体的有氧代谢功能。

（5）在课中可采用一个同学或一组同学进行表演、相互观摩、评比，以激发学生的练习积极性，进一步提高和改进动作技能。

5. 考核课

考核课是以检查学生成绩为主的课。主要任务是检查学生健美操学习情况和教学成果。

在进行考核时应注意以下几点：

（1）教师要使学生明确考核的目的、考核时的要求和评分标准。

（2）考核前要对考核的内容进行复习，做好准备活动，使学生充分发挥水平。

（3）为提高考核的准确性和提高考核效率，一个教师可以同时考核两个学生。

二、健身房健美操课

（一）一般课型

健身房健美操课通常根据学员的能力和水平来划分。

1. 初级课

初级课适用于初学者。锻炼内容以基本动作和基本技术为主，动作简单，重复次数多，速度较慢，对身体协调性要求较低，并以低冲击力动作为主。

在初级课教学时应注意以下几点：

(1) 要让学员了解每个动作的名称及指导员提示的方式。

(2) 指导员的示范要准确，每个示范环节都应使学员清楚地看到。

(3) 指导员应教给学员有关健身与健康、运动与安全、饮食与营养等方面的知识。

(4) 所设计的动作应以基本动作为主，一个动作组合（32拍组成）最多不超过四个动作。

(5) 可适当加入前、后、左、右的移动路线和90°的方向变化。

(6) 音乐的速度以130~140拍/分为宜。

(7) 教学方法多采用线性渐进法、金字塔法和递加循环法等。

2. 中级课

中级课适用于有一定锻炼基础和技术基础的学员，在初级课锻炼内容的基础上进行。动作变化较多、速度较快，对身体协调性的要求有所提高，并以低冲击力和高冲击力相结合的动作为主。

在中级课教学时应注意以下几点：

(1) 动作的设计要富有变化，可感受一些个性化的动作风格，增加课的趣味性，但不能过于复杂，不能使学员感到有压力。

(2) 低冲击力与高冲击力动作组合时，高冲击力动作不宜过多。

(3) 可适当加入"L"型、"之"字型、转体等较复杂的路线变化，还可在前、后、左、右的移动路线中加入面的变化。

(4) 音乐的速度以134~148拍/分为宜。

(5) 教学方法多采用金字塔法、递加循环法和固定动作法。

3. 高级课

高级课适用于锻炼水平和技术水平较高的学员，其锻炼内容较为复杂，变化较多，速度也较快，对身体协调性要求较高，并以高冲击力和低冲击力相结合动作或以高冲击力动作为主。

在高级课教学时应注意以下几点：

(1) 设计的动作应多样化，方向路线更复杂，并具有挑战性。

(2) 动作复杂、变化多，因此可将动作先分解教学，然后组合在一起进行练习。

(3) 由于高冲击力动作的不断加入，易造成下肢关节的损伤，因此要特别注意安全。

(4) 音乐速度以 134~154 拍/分为宜。

(5) 教学方法多采用递加循环法、层层变换法、固定动作法等。

（二）特殊课型

目前国内外健身房健美操课程有根据动作风格、器械和设备、特殊人群等来设置的。此种课程仍需按照学员的能力和水平分为初级课、中级课和高级课。

1. 根据动作的风格划分：搏击操课、爵士操课、拉西操课、肌肉伸拉课、街舞课等。

2. 根据所使用的器械和设备划分：踏板课、哑铃课、杠铃课、皮筋课、健身球课、自行车课、水中课等。

3. 根据特殊人群的需求划分：儿童课、母子课、孕妇课、产后课、老年人课等。

第二节　健美操课的结构

一、学校健美操课的结构

健美操课的结构是指构成教学活动的相对稳定而又有区别的基本组成部分及各部分的活动顺序与时间分配。简单地说，就是一节健美操课由哪几部分构成，各部分的内容安排顺序、组织教法及时间分配等。健美操课的结构一般是以三部分的课为主体，也有多段教学的课。无论何种课的结构，其实质都必须遵循人体生理机能能力变化的规律和健美操课教学活动的特点，同时也考虑到学生心理活动的变化规律。目前，学校健美操课多采用准备部分、基本部分和结束部分的结构。

（一）准备部分

1. 准备部分时间：一般为 20 分钟左右（以 90 或 100 分钟的课为例）。

2. 准备部分任务：迅速地组织学生，集中他们的注意力，明确上课的内容和要求，调动学生学习的积极性，使学生精神振奋、情绪饱满地开始一堂课的学习。做好准备活动，使身体各器官系统功能迅速地进入工作状态，一方面为基本部分的学习做好充分的准备，另一方面发展学生的体能，培养正确的身体姿势等。

3. 准备活动内容：在健美操课中的准备活动一般以热身操的形式出现，内容主要有以基本步法配合手臂动作为主的单个动作和组合动作。

（二）基本部分

1. 基本部分时间：一般为 60 分钟左右（以 90 或 100 分钟的课为例）。

2. 基本部分任务：学习新内容，复习已学过的内容，使学生掌握健美操知识、技术、技能，发展身体素质，培养综合能力。

3. 教学内容：徒手练习、手持轻器械练习及借助于固定器械的练习。

（1）徒手练习：单个动作、组合动作、成套动作。

单个动作：身体各部位基本动作、基本步法及各种跳步动作。

组合动作：姿态组合、低冲击力组合、高低冲击力组合、高冲击力组合等。

成套动作：大众健美操 1~6 级等级动作、姿态健美操、青年健美操等。

（2）手持轻器械练习：手持杠铃、哑铃、环等轻器械进行的单个、组合及成套健美操动作练习。

（3）借助各种器械练习：利用垫子、踏板、健身球等器械进行的各种练习。

（三）结束部分

1. 结束部分时间：一般为 10~15 分钟（以 90 或 100 分钟课为例）。

2. 结束部分任务：有组织地结束教学活动。通过整理练习，使学生逐渐恢复到相对安静状态；简要地进行课的小结，布置课外作业。

3. 整理练习内容：伸拉性放松练习；配合呼吸进行的放松练习；以弹动和抖动为核心的动作组编成轻松、活泼的放松操；局部按摩放松肌肉；借用气功、瑜伽的理论，用意念放松身体等。

在健美操课的结构问题上，不能将这三个部分作为固定不变的模式加以运用。一堂健美操课总有开始、结束和中间过程，总要有准备活动和整理活动，所以称这三个部分为基本结构。在实践中，课的结构形式多样，无论采用三个部分结构，还是多段结构，都必须符合人体生理功能变化规律。各部分或阶段之间要紧密衔接，有机联系，而且必须根据课的任务、练习的内容和学生的特点灵活应用，不能千篇一律，更不能认为健美操课无结构、无合理顺序而言，因而随心所欲，而应从实际出发，讲求实效，采用适当的课的结构。

二、健身房健美操课的结构

健身房健美操课的结构与学校健美操课的结构基本相同,每次课都应包括热身及整理,主要变化在于中间练习部分。根据中间部分的练习内容可将课划分为多段式结构。

(一)三段式结构

三段式结构主要分为热身、有氧操和整理。有氧操部分可包括不同类型、不同风格的健美操,如搏击操、街舞、拉丁操等。

(二)四段式结构

四段式是健身房常用的结构形式,主要分为热身、有氧操、肌肉调理及整理。

(三)五段式结构

五段式结构包括热身、有氧操、肌肉调理、柔韧、整理。中间三段内容一般包括有氧操、肌肉调理和其他形式的练习。

第三节　健美操课的组织

课的组织是为了完成健美操课的任务而采用的教学组织方式。也就是说,根据练习内容、学生特点和教学条件等,进行合理安排所采取的措施。课的组织工作是否严密、合理,直接影响教学效果。井然有序的组织不仅有利于学生掌握动作,而且也能保证课中的安全,避免伤害事故。健美操课的组织工作内容包括:课堂常规、组织练习队形、场地器材的布置、练习的组织形式、队伍的调动以及骨干的培养与使用。

一、健美操课堂常规

课堂常规是为了保证健美操教学的正常进行而对师生提出的一系列要求和必须遵守的规章制度。制定课堂常规不仅有利于建立正常的教学秩序、严密教学组织,而且对加强学生的思想教育、培养文明素质都有十分重要的作用。课堂常规一般包括下列内容：

（一）教师应做好上课前的准备工作。课前教师应认真备课，制定计划，编写教案，了解学生、场地等情况。

（二）上课时应利用几分钟的时间向学生说明本次课的主要内容、特点和目的，使学生做到心中有数。

（三）学生因病、伤以及女生例假不能正常上课时，应由体育委员或自己主动向教师说明，教师根据不同情况安排他们的学习。

（四）学生上课时应穿运动服（最好是健身服）、运动鞋和运动袜，不带有碍运动的物品。

（五）课中学生应按教师的要求，有秩序地拿放器材，养成爱护器材设备的好习惯。

（六）教师不能随意更改教学内容，应根据教学大纲和教学进度进行教学。

（七）加强安全教育与措施，做好准备活动与整理练习。

（八）课结束时，进行小结和讲评，提出新的希望和要求，并布置课后练习任务。

（九）在课结束后，教师应主动与学生进行交流，及时了解他们对课的感受和要求，根据学生的反馈信息及时进行总结，不断提高授课质量。

二、组织练习队形

合理组织练习的队形是顺利进行练习的保证。科学而熟练地运用队形，能够活跃课堂气氛，调动学生学习积极性，并能合理地调节课的密度和运动负荷。要做好以下几点：

（一）依据条件定队形。练习队形的选择应根据人数的多少、场地的大小等具体情况来确定。

（二）便于观摩与指挥。选择的队形既要便于学生看清教师的示范动作，又要有利于教师的观察和指挥。

（三）间隔距离要适宜。练习的间隔与距离以不妨碍完成动作为宜。徒手练习时一般左右为两臂间隔，前后为两步距离；器械练习时应根据器械特点和练习涉及的范围适当增加。

三、场地器材的布置

健美操课不仅需要一定的场地，而且还经常需要器械。场地和器械的布置要易于教学过程的进行，也就是说，要有利于教师讲解、示范，便于学生练习和教师观察学生练习，以便随时做出教学指示。器械的布置要相对集中，留有足够的空间，器械的方向要一致。

四、练习的组织形式

根据练习的内容及任务，一般可采用如下形式：

（一）集体练习。指全体学生同时进行练习。在健美操课上，大多采用这种形式。这种形式便于教师集中讲解、示范，节省教学组织时间，有利于加快教学的进程。

（二）分组练习。把学生分成两个或两个以上的组，可以做相同的动作，也可以做不同的动作。可把学生分成几个组，每组布置不同的内容，然后进行依次轮换；也可把学生分成两个组，安排同样的内容，两组轮换进行练习。采用何种分组形式，主要根据教学任务、练习内容、学生人数及场地器材设备等情况而定，不能千篇一律。在分组教学时，教师要有目的、有计划地进行巡回指导，同时要注意自己的站位，既要便于指导所在的小组，又要便于观察其他小组学生的活动。

五、队伍的调动

健美操课组织得好坏，有赖于课上队伍的调动，即教师能否按任务的需要，及时、合理地将队伍调动成必要的形式。调动队伍时要注意口令的运用，口令应响亮有力，预令和动令分清，具有号召力。

第四节　健美操课的准备

一、课前准备的意义和形式

（一）课前准备的意义

做好课前准备工作是上好健美操课的先决条件，也是提高教师教学水平和工作能力的一项重要措施。尽管教师的教学年限、教学水平及体能有所不同,但要上好课,都必须做好课前的准备工作,这样才能保证实现健美操的教学目标。

(二) 课前准备的形式

课前准备可以个人单独备课,也可以组织集体备课。集体备课应在个人备课的基础上进行。集体备课可以集思广益,取长补短,统一要求,规范教学,同时还可以全面、合理地安排和使用场地、设备等,提高教学的效率。在此基础上,确定采用何种教法和手段。这是教师课前准备工作的基本环节。

二、课前准备的内容与要求

健美操课前准备哪些内容,提出什么样的要求,要根据学生、教材和教师的具体情况来定。通常从以下几个方面进行。

(一) 了解学生情况

学生是教学的对象,只有了解学生,才能有的放矢地确定课的目标,选择适宜的教学方法和手段。必须从学生的身体条件、健美操的基础、对健美操的认识、学生的兴趣、爱好、纪律等方面对学生进行深入的了解,根据了解的情况采取相应的措施,保证教学的顺利进行。

(二) 钻研教材和教法

教师应认真学习和分析健美操教学大纲和教材,准备好大纲教材的补充材料,如:健美操动作图解、音乐、录像等;明确各项教材在健美操教学中的意义、任务、分布及要求等。钻研每次课教材时,首先要明确教材的目的性,比如是培养学生基本姿态的,还是培养学生能力的;要分析教材的特点,包括教材本身的难易程度,运动负荷的大小,并结合学生的实际情况,认真考虑教材的重点、难点及关键。在此基础上,确定采用何种教法和手段。这是教师课前准备工作的基本环节。

在深入研究教材的基础上,还要根据每次课的任务、内容和学生实际等,进一步考虑和安排内容的先后顺序、教学步骤等。如以创编健美操动作为主的教学课,其内容应先安排讲授编操的原则、创编的方法和创编动作的要素等理论知识,然后进行创编实践。教学步骤的安排应保证能顺利完成这些教学内容。

（三）准备音乐

课前要反复筛选音乐，选择节奏感强、速度合适、旋律优美、具有感召力的音乐，并要反复熟悉音乐，做到心中有数。应避免长时间使用同一首乐曲，用过一段时间后可进行更换。

（四）编写教案

教案是根据教学进度和单元教学计划编写的，必须在了解学生情况和认真钻研教材和教法的基础上进行编写，这是教师课前准备的一项重要工作。

1. 教案的格式和写法：在实践中，教案的格式和写法有多种多样，概括起来有表格式和文字叙述式。这两种格式各有其优缺点。表格式一般按表格规定的内容填写，比较清楚，既便于自己看，又便于别人检查，但书写较复杂（见例1、例2）；文字叙述式一般按上课的先后顺序写，书写较容易，但不如表格一目了然。无论采用何种格式，都应以简明、清楚、扼要为原则。

2. 编写教案的步骤和要求

在分析研究教学进度中所规定的本课的主要教材的基础上，要做到以下几点：

（1）确定每次课的教学任务。认真研究教材，确定学生所学的健美操动作和知识点，并根据学生的情况制定本次课应达到的目标，即制定课的任务。

（2）安排好本次课的内容和组织教法。在编写健美操教案时，既要注意确定好所教的动作，还要注意确定每个教材重点应掌握的内容，如动作要点、练习方法、锻炼价值等；在安排课的组织教法时，应首先确定基本部分的组织教法，然后再安排课的准备、结束部分的组织教法，要根据本次课的教材特点、学生情况、场地情况来确定，但在写教案时，则可按照课的部分顺序写。

（3）安排好课的时间。指课的各部分的时间和每项教学内容的时间。每项教学内容的时间要根据学生应掌握知识点的多少、教材的难易程度来确定。例如，只要求学生学习和掌握教材规定的内容的课，难度较大的教材内容时间的安排要多些，较为简单的教材内容时间可安排少些；又如，有些教材内容既要求学生学会动作，还要求学生学会原理及方法等，这样的教材知识点较多，分配的时间也要多一些。

（4）安排好课的密度及运动负荷：如果是以学习健美操动作、原理、练习方法等为主的课，其运动密度和负荷要小一些；以复习为主，特别是以复习成套动作为主的课，其运动密度与负荷都要大些。

（5）根据课的内容确定好本次课所选用的音乐、器材、场地等。

例 1　　　　　健美操课教案（学校健美操课用）

授课周次＿＿＿＿＿＿＿＿周＿＿＿＿＿＿次　授课对象＿＿＿＿＿＿　日期＿＿＿＿＿
课的任务＿＿＿＿＿＿＿＿＿＿＿＿＿＿＿＿＿＿＿＿＿＿＿＿＿＿＿＿＿＿＿＿＿＿＿＿
＿＿＿

部分	时间	教学内容	分量	组织教法
见习生安排			场地与器材	
课后小结				

例 2　　　　　　　　健美操课教案（健身房健美操课用）

课的类型：	日期：	
授课地点：	时间：	
需用设备：	所用音乐：	
动作组合	教学方法	课堂组织
（可以画图示或是语言描述）		
课后小结		

(五) 准备器材和设备

教师至少要提前 10 分钟到场,检查音响设备和场地状况是否正常,准备上课所需的器材。

第五节 健美操课中应注意的问题

一、课前准备与课堂教学的一致性和灵活性

在健美操教学中,授课方案一旦制定,就应该严格执行,按课的各个部分有组织、有步骤地进行,一般不能随意更改。但如果发现学生的实际学习情况和预计的有较大的出入,则可根据当时的情况对教学作一些局部的调整。例如本次课目标要求是初步掌握成套动作,而实际上学生已能熟练地完成成套动作,教师可对学生提出新的要求,如提高动作的质量,增强动作的表现力等;又如在实际练习时,发现学生对课前安排的负荷量不适应,应及时调整负荷等等。总之,既要保证课堂教学与课前准备的一致性,又要注意灵活调整不当之处,保证教学的正常进行。

二、要善于寓教于乐

在课上做连续的、有一定强度的健美操成套动作和局部力量练习容易使学生产生疲劳和消极情绪。在教学中,教师要善于寓教于乐。首先,教师应在讲解、示范、提示时融入情绪色彩,以激发学生的练习热情,活跃课堂气氛,达到增力、缓解疲劳的目的。第二,应采用多种多样的教学方法和手段,激发学生的学习兴趣。第三,对学生的练习情况要及时给予肯定和表扬,以激励他们学得更快、更好。第四,在课中应和学生保持沟通。沟通可以通过语言、语调、面部表情等方式进行,这样可以提高学生学习的积极性、主动性和创造性,帮助学生克服因疲劳和困难所带来的消极情绪,使其兴趣盎然地进行学习。

三、音乐的选择与运用

音乐是构成健美操教学体系的重要因素,是健美操的灵魂。音乐不仅能激发

学生的练习热情，给学生带来愉快和美的享受，而且还能有效地控制运动强度。因此，教师在选择音乐时必须注意音乐的风格和旋律要与动作的性质、风格相一致；动作的节奏要与音乐的节奏相一致；音乐速度的快慢要与动作幅度、活动范围的大小、练习的性质相呼应；音乐的节奏应强劲有力，旋律优美动听，节拍清晰，具有感染力；音乐要符合时代潮流，富于变换，符合学生的心理特点。

四、合理安排课的运动负荷

（一）运动负荷的概念

健美操课运动负荷是指学生在进行健美操练习中所承受的生理负荷，其负荷的大小取决于量和强度。它反映练习过程中学生身体生理机能的一系列变化。

在健美操教学过程中，随着学生机能能力的提高，应适当地增加运动负荷，逐步达到健美操所要求的负荷强度范围。以健美操的负荷强度进行练习，对于提高和改善心血管系统、呼吸系统的功能，掌握与提高技术、技能，都具有重要的意义。

（二）安排运动负荷的要求

无论在整个教学周期中，还是在一节课中，都应根据课的任务、教学内容、组织教法、课的类型、学生个人状况及环境气候等安排健美操的运动负荷，使其符合人体生理机能活动变化的规律。安排课的负荷时应注意以下几点：

1. 要根据教学任务安排运动负荷。课的任务不同，安排的负荷也不同。一般以复习健美操成套动作为主的课，要比教授单个动作的负荷量大。

2. 安排课的负荷时，应从学生的实际情况出发。应以绝大多数学生的承受能力为标准。对于个别体弱的学生，以减少动作冲击力、降低速度（比如，一拍一动变成两拍一动）、简化动作环节等方法来减少负荷强度；对于体质较好的学生，可以通过增加动作的速度（比如，两拍一动变成一拍一动等）、增大幅度等方法来加大负荷强度。

3. 要控制好练习时的运动负荷。健美操属于有氧运动项目，练习时的负荷强度适中，心率一般最高为 150 次/分左右。在课上进行健美操练习时，运动负荷的安排应以上述要求为准，既不应过低，过低达不到练习效果，也不能过高，过高增加心脏负担，要使运动负荷强度控制在有效健身阈值以内。

4. 运动负荷的安排要符合人体运动合理的生理曲线。即心率变化由低到高，波浪形地逐渐上升，保持一段时间后，又随之慢慢下降，逐步恢复到平静状态。

5. 根据课上情况调整运动负荷。通过合理的组织教学、采用适宜的教法手段来调节一节课的运动负荷；教师还可通过改变动作幅度、动作的冲击力、动作速度、局部运动、练习时间、动作的重复次数等方法进行运动负荷的调节。

五、预防与纠正错误动作

健美操的教学过程是不断纠正错误动作、逐步形成正确动作技术的过程。有效地预防并及时、准确地纠正学生练习中出现的错误，可以缩短教学进程，提高教学效率。教师要做到以下几点：

1. 教师应具有过硬的技术，熟悉健美操各个环节的技术原理，只有这样，才能及时发现和纠正练习中出现的错误动作。

2. 要善于抓主要错误。在学习健美操动作过程中，有时错误不只是一个，教师应确定纠正的顺序，先纠正主要错误，然后逐一克服。当发现学生有共同错误时，要进行集体纠正。

3. 教师在纠正错误动作时，要耐心分析原因，启发学生改正错误动作的意愿和信心。纠正错误时，应少用"不要如何如何"，而多用"应当怎样做"等一类的语言。

4. 掌握好纠正动作错误的时机和频率。在学习健美操的开始阶段，不要急于纠正动作中的细小错误，而应更多地强调动作的要领。随着学生不断熟练地掌握动作，身体素质不断地提高，纠正错误要逐步细致、具体。

5. 教师应多采用诱导式练习，如反复领做单个动作、组合动作和成套动作；在学生独立完成动作过程中，教师要用简短的语言提示动作的错误所在，及时评价完成动作的情况。

6. 教学中要采用"一帮一"的方法进行辅导和练习。对练习中出现的错误，同伴要及时地给予纠正，防止错误动作形成动力定型。

第六节　上好健美操课的条件

健美操课是由多种要素构成的系统，缺一不可。在这一系统中，起主要作用的是教师和学生，此外，教学的物质装备也是上好健美操课的重要条件。

一、教师应具备的条件

（一）教师要具有高度的责任感和事业心

教师要认真履行自己的职责，对教学工作要精益求精，要把健美操教学与培养社会主义建设人才紧密地结合起来。要站在历史的高度，审视自己所从事的工作，苦练基本功、认真对待教学工作的各个环节，认真备课，精心设计，全身心投入传授健美操知识、技术和技能中去。

（二）教师要热爱和了解学生

在教学中，教师要把自己全部的心血灌注到学生身上，既要关心、信任、尊重学生，又要向学生提出严格的要求，循循善诱地引导学生不断进步。热爱学生就必须要了解学生，比如了解学生的兴趣爱好、对健美操课的认识、学习能力、个性心理特点、对健美操课的要求和建议等，有利于教师在设计和实施健美操课的过程中进行调节与控制。

（三）教师要精通业务

教师要不断学习，要具有扎实的健美操理论知识，较高的运动技术水平，了解本专业最前沿的研究成果和相关知识，并能及时将这些新的思想、新的成果引入到教学中去，使健美操教学既符合时代发展，又具有科学的依据，从而不断提高健美操课的教学质量。

（四）要有求新意识和独创精神

不断创新是健美操课取得良好效果的条件。教师不能满足已有的成绩和经验，不能墨守成规，要敢于在实践中提出新的观点、新的技术、新的动作、新的方法和手段。要善于吸取不同意见，不断完善和优化教学内容、教学方法和教学手段，探索新的教学途径。

（五）教师要有健美的体形和充沛的体力

健美操是一项艺术性较强的运动项目，教师的体态、体力、仪表等在教学中具有重要的作用，因为教师是学生心目中的楷模，教师的一举一动都会对学生产生吸引力，因此，教师不仅示范动作要美，而且体形也应保持健美。健美操课的教学特点是教师的示范量大，许多练习需要教师的带领，体力消耗较多。不仅如此，教师还要以表情、情绪来感染学生，如果没有好的体力，将不能胜任健美操的教学工作。由此看出，健美的体形、充沛的体力是顺利进行健美操教学、吸引学生积极参加健美操锻炼的一种无形力量，是完成好教学任务的重要条件。

二、对学生的基本要求

（一）学生应把所学习的健美操内容作为自己的知识和能力储备，为从事健美操教学工作和以健美操为手段进行锻炼打下坚实的基础。在学习中要有明确的学习目的和态度，自觉、积极地学习健美操的知识、技术、技能，培养自己的能力。

（二）由于学生的身体素质基础不同，在学习健美操技术动作时会产生差异。因此，基础较差的学生应积极主动地学习，刻苦进行练习，使自己跟上教师的进度，保证课的整体质量。

（三）学习能力上的差异是造成学习成绩出现差距的原因，对待能力差的学生，一方面教师应采取适当的策略，另一方面学生要对自己的思维方式、学习方法等进行分析，找出不足，提出改进方案。无论在学习健美操的技术动作中，还是在学习理论知识中，都要求自己多看、多想、多分析，并用文字将其记录下来，结合实际加以运用，以此来培养自己分析问题和解决问题的能力。在学习方法上，可以变换方式进行学习，最终找出适合于自己学习的方法，使自己的学习能力不断提高。

（四）教学中学生要互帮互学，取长补短。健美操基础较差的学生应主动地向基础好的学生学习和请教，基础好的学生应耐心地辅导这些学生，使他们和自己一同进步；课堂上学生要积极思考，敢于提问，并对教师提出的问题积极讨论，发表自己的意见，活跃课堂气氛，提高学生的学习热情，更好地上好健美操课。

三、场地、装备是上好健美操课的保证

"工欲善其事，必先利其器"。健美操教学目的、任务的实现和教学内容的实施，必然要求具备最基本的物质设备条件。为了更好地从事身体练习，学生也应做好自身的物质准备。

（一）健美操课最好在木质地板或地毯上进行，尽量不要直接在水泥地面上

进行，否则长期的练习可能对身体的关节、软组织等造成冲击，导致损伤。

（二）练习健美操应在光线明亮的场地进行，以利于调动学生的情绪。

（三）健美操通常都是伴随着节奏感很强的音乐进行，所以良好的音响设备是必要的。一般要求声音纯正、效果好，并应配备便携式无线麦克风。

（四）有条件的学校和健身场所最好配备录、放像设备，供播放健美操教学影碟或闭路电视节目，也可在锻炼者练习时同步播放教师和学生的练习动作。

（五）进行健美操练习时，应具有良好的通风和采暖条件，并保持一定的湿度和温度。湿度应保持在50%~60%，温度要保持在18~25℃之间。要保持室内环境的清洁卫生。

（六）健美操课可以根据需要配备垫子、哑铃、橡皮筋、实心球、踏板及联合练习器，并保证一定的数量，便于组织教学。

（七）健美操课上学生要穿运动服，最好穿健美操服；同时要穿适宜的运动鞋、运动袜。

（八）健美操练习场所应配备领操台。领操台的面积和高度应根据场地的大小和形状来确定。一般来说，领操台的面积应以教师自如完成动作为原则；领操台的高度应以教师能清楚地观察到练习区域内每一位学生的动作，以及不同位置的每一位学生能清楚地看到教师所做的每一个动作为原则。

（九）镜子是健美操练习场所必须具备的基本设备，主要用于教师观察学生练习情况和学生自己观察动作。一般来讲，壁镜的高度应在2米以上，宽度最好能贴满一面墙。镜像要清晰、不变形。

总之，教师、学生、场地装备是上好健美操课的不可缺少的三个基本条件。

（张晓莹　王立红）

第六章 健美操运动的科学理论基础

第一节 健美操运动的生理学基础

参加健美操运动的主体是人,人体内进行的物质代谢是生命活动的基本特征。物质代谢是合成代谢和分解代谢两个相互联系的过程。人体摄取的糖、脂肪、蛋白质等营养物质经合成代谢构筑人体的组成成分和更新衰老的组织,经分解代谢释放出其中蕴藏的化学能,这些化学能经过转化成为人体活动所需的能源。因此,我们把在物质代谢过程中所伴随着的能量释放、转移和利用的现象称为能量代谢。

一、健美操运动的物质代谢

人体不能直接利用太阳的光能,也不能利用外部供给的电能、机械能等能量,人体唯一能够利用的是摄入体内的糖、脂肪、蛋白质等营养物质中所蕴藏的化学能。

(一)健美操运动的糖代谢

1. 运动与糖代谢的情况

为了让健美操工作者更好地了解健美操运动的糖代谢,首先要了解糖对人体的作用。

糖是人体组织细胞的重要组成成分,是健美操运动者所需能量的重要来源,一般情况下,人体每天所需能量的70%以上是由食物中的糖提供的,并且糖在氧化时所需的氧较脂肪和蛋白质少,因此,成为肌肉和大脑组织细胞活动所需能源的首选,是人体最经济的供能物质。由于健美操运动的负荷不同,糖在体内的代谢也不同。在通常情况下，糖在体内除供应能量外，还可以转变成蛋白质和脂肪。

当进行健美操运动时，首先动用肌糖原，肌糖原贮备最多，为350~400克。随着运动时间的延长，当肌糖原耗尽且血糖下降时，肝糖原才被动员分解进入血液。肝糖原贮备与血糖关系密切，为75~90克。

2. 健美操运动对血糖的影响

正常人安静状态下血糖浓度的变化范围在3.9~5.9mmol/L，经常进行健美操训练的人与正常人无区别。长时间的健美操训练可引起血糖水平下降，训练者会出现运动能力下降的现象。

笔者对从事不同类别的健美操训练时血糖浓度的变化进行了研究，结果表明，在不同类别的训练中，血糖浓度的变化趋势是不一样的。在一套健身性健美操和竞技性健美操练习后，血糖水平呈现出上升的趋势，而在一堂健身性健美操课和竞技性健美操训练课后，血糖浓度呈现出下降的趋势，且竞技健美操训练课后下降得更为明显。（表6-1）

表6-1 不同类别的健美操训练前后血糖浓度的变化

类　别	血糖浓度 mmol/L	
	训练前	训练后
一套健身性健美操	5.15	5.20
一套竞技性健美操	5.10	5.25
一堂健身性健美操课	5.15	4.85
一堂竞技性健美操课	5.10	4.25

产生上述不同血糖浓度变化的原因主要是由于训练内容、训练强度的不同，以及由此而引起的神经系统兴奋性的不同而造成的。从一套操来看，竞技性健美操所引起的神经系统兴奋性高，强度大，内容丰富，促进了肝糖原分解进入血液。但做一套竞技健美操的时间较短，消耗的葡萄糖量少于从肝糖原动员的量，因此血糖水平比运动前有所升高，并且高于一套健身性健美操。由于竞技性健美操的强度大，在完成一堂训练课后，所消耗的糖量大于健身性健美操所消耗的量，同时也大于糖原转化为葡萄糖的量，其结果表现为血糖下降。

3. 补糖对健美操训练的影响

由于竞技性健美操的运动强度和量都较大，能量消耗较多，训练前和训练过程中科学合理地补充糖，可以大大提高竞技性健美操的训练效果。研究结果表明，血糖水平的变化与训练前服糖时间的关系较为密切。训练前两小时服糖的效果较好，因为这种服糖方式，在训练开始前补充进入人体内的糖已完成肌、肝糖原的合成过程，在训练开始后，肌、肝糖原被动员进入血糖供给需要，可以保持较高的血糖水平。

在训练前 1 小时之内，不要大量补糖，因为此时补糖所引起的血糖升高，可导致胰岛素的大量分泌，而后者有很强的降血糖的作用，反而使血糖浓度下降，从而降低运动能力，产生不良的训练效果。

在训练过程中，最好饮用低浓度的含糖饮料，因为低浓度的饮料可促进渗透吸收，并且，胃在短时间内只能排空少量的液体，而高浓度的糖水会延长胃排空的时间，对训练不利，也对糖的吸收不利。

（二）健美操运动的蛋白质代谢

1. 运动与蛋白质代谢情况

首先了解蛋白质的作用。蛋白质主要是由氨基酸构成的，氨基酸主要用于建造、修补和重新合成细胞成分以实现自我更新，也用于合成酶、激素等生物活性物质，并可作为机体的能源物质。与健美操训练联系最为密切的肌肉组织的主要成分是由蛋白质组成的。

蛋白质在代谢过程中，不像糖和脂肪那样能在体内贮存，一般情况下正常成人每日摄取蛋白质的量与他每天消耗的量几乎是相等的。

不论是健身性健美操还是竞技性健美操训练，都会促进蛋白质分解和合成代谢。通过健美操训练，消耗掉了部分的蛋白质，也必将破坏许多组织细胞，从而加强了蛋白质的修补和再生过程。因此，健美操训练必须要有针对性地增加一些蛋白质的补充，如谷氨酰胺、α-酮戊二酸以及由多种氨基酸共同组成的蛋白粉等，以保证健美操训练的效果和健美操练习者的肌肉质量。

蛋白质是骨骼肌纤维的主要成分，是由结构较为简单的氨基酸组成的，各种不同的氨基酸组成不同种类和营养价值各异的蛋白质。

2. 补充蛋白质对健美操运动的影响

健美操的练习者在补充蛋白质的过程中，一定要考虑补充的蛋白质的成分。大量实验研究表明，比例为 2:1:1 的亮氨酸、异亮氨酸和缬氨酸三种氨基酸的混合物，在促进肌肉力量的增长方面是最基本和最关键的物质，尤其可以满足大强度负荷后机体对蛋白质的需求，因此，它们常被作为大强度运动后较为理想的营养补剂。其中的亮氨酸不仅是肌蛋白的结构分子，而且能升高体内三大关键物质，促进合成激素的释放，同时还能抑制分解效应，其次，它还可诱发生长激素、胰岛素的分泌，创造良好的激素环境，能抑制由于健美操训练诱发的不利于肌细胞的破坏因素。它还能非激素式地促进肌纤维内主要蛋白的新陈代谢。因此，它的使用可最大限度地减少蛋白质在体内的分解和破坏，其结果可以大幅度增长健美操运动员肌肉力量。由于它促进蛋白合成的作用，造就了它不是健美操训练前服用的营养补剂，其最佳的服用时间是在健美操训练后的恢复期。（图6-1）

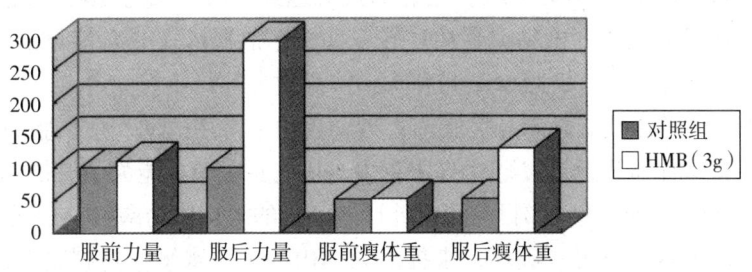

图 6-1　口服 HMB 对力量和瘦体重的影响（美国运动医学年会，1995）

健美操运动员的肌肉力量与质量十分重要，肌肉力量和质量的关键是谷氨酰胺充足与否，因此，可以在健美操训练过程中补充谷氨酰胺，以提高训练的强度和质量。几乎所有的其他氨基酸都仅含有一个氮原子，而谷氨酰胺含有两个氮原子，所以它具有最高的生物价。在健美操大强度训练后，肌肉内的谷氨酰胺含量会失掉40%以上，所以在超负荷训练后补充谷氨酰胺是使肌肉疲劳快速恢复的重要手段之一。总之，不论在训练前还是训练后，补充谷氨酰胺均可收到良好的效果。教练员最关心补充的量的问题。要根据健美操不同项目、不同性别、不同训练内容以及不同健美操练习者的吸收情况，与科研人员密切配合，加强生理指标的检测，有针对性地寻找到不同健美操练习者补充营养补剂的数量和服用时间，以及与健美操训练强度的关系。

值得注意的是：部分健美操教练员和运动员错误地认为，增加蛋白质营养会促进肌肉组织的增长。大量实验证明，必须在进行渐进性的力量训练前提下，合理地补充蛋白质营养，才能使肌肉力量增长。而只在比赛前或赛前调整期才大量补充氨基酸，甚至静脉输入大量氨基酸，均会导致体内酸碱平衡失调，反而引起健美操练习者身体机能水平下降。

蛋白质的代谢过程受几种激素的调节，甲状腺素和肾上腺素能促进蛋白质的分解，表现为甲亢时，甲状腺素分泌增加，人体蛋白质分解增加，人体逐渐消瘦，而生长激素分泌增加时，人体蛋白质合成增加，肌肉健壮。

（三）健美操运动的脂肪代谢

1. 运动与脂肪代谢的情况

首先了解一下脂肪对人体的作用。脂肪大部分贮存在皮下结缔组织、内脏器官周围和肠系膜等处。身体内贮存的脂肪不是恒定不变的，它不断地进行更新。一般脂肪占体重的10%~20%，肥胖的人可达到40%~50%。脂肪除能由食物中获得外，还可以在体内由糖或蛋白质转变而成。脂肪除了是含能量最多的物质外，还可以起到保护器官、减少摩擦和防止体温散失等作用。

人体内的脂类分真脂和类脂两大类，食物中常用的动、植物脂肪都是真脂。

真脂是甘油及脂肪酸组成的甘油酯，其主要生理功能为供给机体热能和机体必需的不饱和脂肪酸。如目前国内外比较流行的一种脂肪酸CLA可通过大幅度降低人体内激素的分解、破坏，来提高人体内的激素水平，达到肌肉促长的目的，肌肉增长缓慢和肌肉力量不足的健美操练习者训练后服用有较明显的促进作用。

类脂是组织和细胞的组成成分，在运动员营养中有特殊的作用，有提高机体抗缺氧的能力。

在健美操运动实践中，关于脂肪代谢研究的总的趋势是：只有长时间运动时才能动员脂肪供能，随运动时间延长，脂肪供能比例增加；运动训练可提高机体氧化利用脂肪酸供能的能力；长期运动可改善血脂升高，降低血浆中低密度脂蛋白LDL，增加血浆中高密度脂蛋白HDL含量；长期运动可减少体脂的积累，改善身体成分。

二、健美操的能量代谢

物质代谢和能量代谢是两个紧密联系的过程，能量代谢过程可使糖、脂肪、蛋白质等能量物质中蕴藏的化学能释放出来，供人们在健美操运动时利用。测量能量代谢率，可以真正了解健美操运动的能量消耗程度；对健美操能量代谢的研究，可以为健美操的训练进一步科学化提供一些有价值的参考资料。

（一）氧热价和食物热价

食物在体内氧化过程中，每消耗1升氧所产生的热量，称为氧热价。而每1克食物完全氧化时所产生的热量，称为该食物的热价。

在各种食物中，碳、氢、氧三种元素的含量不同，因此各种食物在氧化时所消耗的氧量和产生的二氧化碳量也不相同。在人体内，糖、脂肪、蛋白质是同时进行氧化的，如果在氧化的物质中，糖含量多，氧热价就高。如果氧化的脂肪多，氧热价就较低。（表6-2）

表6-2 三大营养物质氧热价和产热量表

	糖	脂肪	蛋白质
氧热价/升	5.050 千卡	4.686 千卡	4.801 千卡
产热量/克	4.100 千卡	9.450 千卡	4.350 千卡

（二）呼吸商

三大营养物质糖、脂肪、蛋白质在体内氧化时产生的二氧化碳与消耗的氧的容积之比，称为呼吸商。由于三大营养物质的碳、氢、氧含量不同，所以在体内氧化时需要的氧容积和产生的二氧化碳的容积不同，因此呼吸商也不一样。（表6-3）

表6-3 三大营养物质氧化时指标变化

	糖	脂肪	蛋白质
耗氧量（L/G）	0.83	2.03	0.95
产量（L/G）	0.83	1.43	0.76
呼吸商（RQ）	1	0.71	0.80

马鸿韬、孟宪君两人在北京体育大学竞技健美操运动员备战2002年全国健美操锦标赛的赛前训练过程中，对运动员在完成比赛套路动作后呼出气中氧和二氧化碳含量进行了分析，结果见图6-2、图6-3。

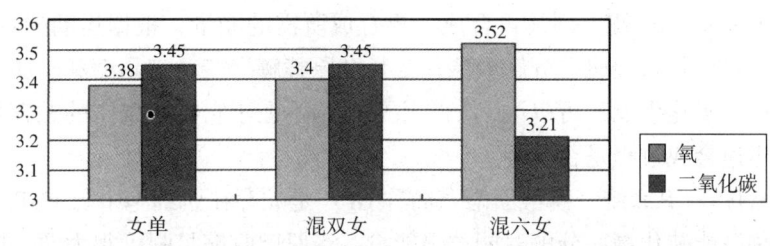

图6-2 女运动员完成一套操后呼出气中氧和二氧化碳的含量

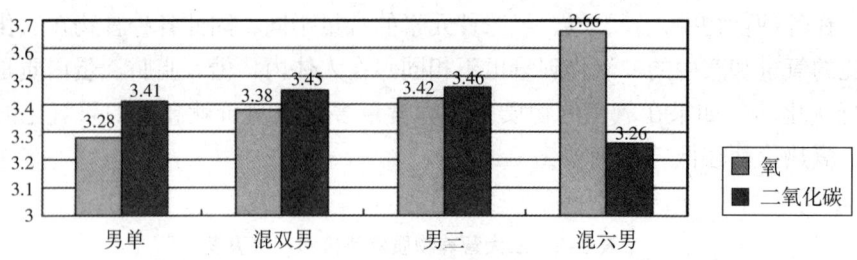

图 6-3　男运动员完成一套操后呼出气中氧和二氧化碳的含量

从图中可以清晰地看出运动员完成一套准备参加比赛时采用的竞技健美操套路后，呼出气中氧和二氧化碳的含量除六人操外，均表现为产生的二氧化碳的量超过了所消耗的氧量，呼吸商均大于1，说明竞技健美操已从刚起步时的有氧代谢为主的运动过渡到无氧代谢为主的运动。竞技健美操运动二氧化碳的产量大于氧的消耗量表明，在竞技健美操训练过程中，以无氧代谢为主，产生了大量的乳酸，而在消除乳酸的过程中，由碳酸氢钠与乳酸结合，生成碳酸，进一步分解为二氧化碳，从而增加了二氧化碳的产量。

（三）健美操运动过程中的能量代谢

健美操训练时，能量消耗明显增加，增加的幅度取决于健美操训练时的强度和持续时间，以及健美操练习者的训练水平和对新动作的掌握程度。

健美操训练的直接能量来源于三磷酸腺苷（ATP），它是人体其他任何细胞活动（如腺细胞的分泌、神经细胞的兴奋过程中的离子运转）的直接能源，ATP贮存在细胞中，其中以肌细胞为最多。

健美操训练主要由肌肉活动来完成，在训练过程中，贮存在肌纤维中的ATP在ATP酶的催化下迅速分解为二磷酸腺苷（ADP）和无机磷（PI），同时释放出能量，牵动肌丝滑动，使肌纤维缩短，完成做功。但肌肉中ATP的储量较少，必须边分解边合成，才能不断满足肌肉活动的需要，使肌肉活动得以持久。事实上，ATP一被分解就立刻被再合成。再合成所需的能量，根据运动的具体情况，来源有三：一是磷酸肌酸分解放能；二是糖原酵解生能；三是糖和脂肪（还有部分蛋白质）氧化生能。可以说，ATP主要作用不在于它在肌肉中的贮存量，而在于它的迅速合成过程是否顺畅。

1. ATP—CP系统：磷酸肌酸（简称CP）是贮存在肌细胞中与ATP紧密相关的另一种高能磷化物，分解时能放出能量。当肌肉收缩且强度很大时，随着ATP的迅速分解，CP随之迅速分解放能。肌肉在安静状态下，高能磷化物以CP的形式积累，故肌细胞中 CP 的含量为 ATP 的 3~5 倍。尽管如此，其含量也是有限的，随着运动时间的延长，必须有其他能源完成供应 ATP 再合成，才能使肌肉活动持续下去。

CP 供能使 ATP 再合成的重要意义，不在其含量，而在其快速可动用性，又不需氧，且不产生乳酸。CP 和 ATP 不能直接用作营养补充，因为其分子过大，不能被人体吸收。前面提到过的肌酸能被人体直接吸收，肌酸吸收进入肌细胞后能合成 CP，进而为合成 ATP 所用。

2. 糖无氧酵解供能：竞技健美操一般有一定的运动时间且强度很大，运动者机体所需的能量已远远超出磷酸原系统所能供给的，同时运动者的供氧量也远远满足不了需要。这时，运动所需 ATP 再合成的能量就主要靠糖原无氧酵解来提供了，因此，它是机体处于缺氧情况下的主要能量来源。糖无氧酵解以肌糖原为原料，在把葡萄糖分解成乳酸的过程中生成 ATP。

无氧酵解所产生的乳酸在氧供应充足时，一部分在线粒体中被氧化生能，一部分合成为肝糖原等。乳酸是一种强酸，在体内积聚过多会破坏内环境的酸碱平衡，使肌肉工作能力下降，造成肌肉暂时性疲劳。

无氧酵解供能的特点是不需要氧但产生乳酸，因此，竞技健美操在缺氧情况下仍能产生能量，以供体内急需用。那么，了解竞技健美操的糖无氧酵解能力的影响因素，可以更好地为提高竞技健美操水平服务。

糖无氧酵解能力受以下几个方面的因素影响：

（1）体内糖原的含量：当肌糖原的消耗超过一定限度时，糖酵解速度迅速下降，可以说，糖酵解潜力的大小在很大程度上取决于肌糖原含量的多少，因此，要想提高健美操训练者的糖酵解能力，增加体内肌糖原的含量是一个快速有效的方法。

（2）人体对酸性产物的缓冲能力：在竞技健美操运动中，由于体内酸性产物过多而引起 pH 值（酸碱度）下降幅度过大时，可导致糖酵解的关键酶的活性降低，从而使糖酵解能力下降。维持 pH 值稳定的主要物质是体内的 $NaHCO_3$，当无氧酵解产生的酸性物质进入血液，与血浆中的 $NaHCO_3$ 发生作用，形成碳酸（弱酸），碳酸又解离为二氧化碳由呼吸器官排出，从而减低了酸度，维持了血液的酸碱度。在健美操训练过程中，可以通过在训练过程中补充碱性饮料、增强机体对酸性产物的缓冲能力来提高无氧酵解的能力。

（3）脑细胞对酸的耐受能力：在健美操训练中，当体内 pH 值下降超过一定限度时，可导致神经细胞的兴奋性降低，运动能力下降。经过系统的健美操训练，可使人体脑细胞对酸的耐受能力大大提高，表现为随意停止呼吸时间延长，而随意停止呼吸时间的长短是评定呼吸中枢对缺氧和二氧化碳增多的耐受性的重要指标。笔者对不同健美操训练水平者随意停止呼吸时间长短以及随意停止呼吸结束时呼出气中二氧化碳含量的测试后发现，系统的健美操训练可使随意停止呼吸时间延长、呼出气中二氧化碳含量升高，说明训练可使脑细胞对酸的耐受能力提高。

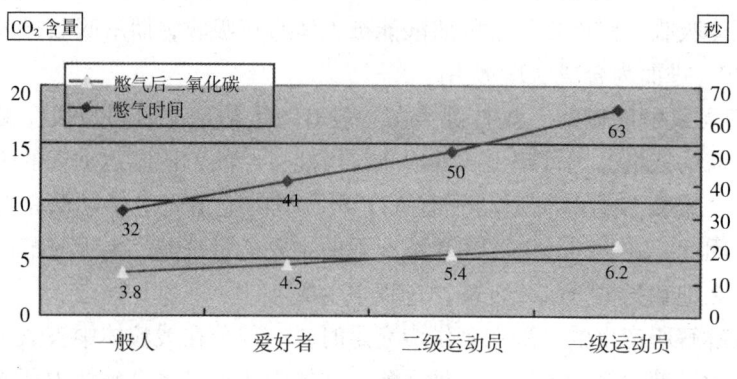

图6-4　不同水平人憋气时间和呼出二氧化碳含量

3. 糖和脂肪的有氧氧化供能：在有氧健美操运动中氧的供应能满足机体对氧的需求时，运动所需的ATP主要由糖、脂肪的有氧氧化来供能。有氧氧化能提供大量的能量，从而能维持肌肉较长的工作时间。例如，由葡萄糖有氧氧化所产生的ATP为无氧糖酵解供能的19倍。虽然磷酸原系统和乳酸能系统在运动过程中都供应一定的能量，但ATP和CP的最终再合成以及糖酵解产物乳酸的消除却都要通过有氧氧化来实现。高水平的健美操训练有氧能力可更快速、有效地消除无氧代谢过程积累的乳酸。可以说，有氧健美操的训练能力是竞技健美操训练能力的基础。总而言之，肌肉活动的直接能量来源是ATP，而肌肉活动所需能量的最终来源是糖和脂肪的有氧氧化。因此，有氧健美操的训练非常重要。下面我们了解一下有氧健美操训练的基础知识。

有氧健美操训练的最基本条件是充足的氧供应。空气中的氧首先经过呼吸器官而弥散入血液，红细胞内含的血红蛋白随即与氧结合，而后再经循环系统使血液沿血管流到肌肉组织附近。这时红细胞释放出氧，氧又经过一次弥散进入肌肉组织，肌肉中的糖原、脂肪在酶的作用下利用这些氧进行有氧代谢，因此，氧从空气到肌肉的过程中，所经过的每一系统都可以成为对它的影响因素：

(1) 呼吸系统：肺通气量越大，吸入体内的氧量也就越多，这与呼吸频率和呼吸深度有关。由于解剖无效腔的存在，在健美操训练过程中主要以加大呼吸深度来消除解剖无效腔的影响，提高氧进入体内的效率。

(2) 血液系统：血红蛋白执行氧运输任务。血红蛋白的数量是影响有氧耐力的很重要因素。正常人血红蛋白的含量为 120~160g/L（男）、110~150g/L（女），如果低于这一限度，必将会影响到健美操练习者的有氧代谢能力。因此，在训练过程中进行定期的测量，了解血红蛋白的含量是必要的，能及时发现、解决，做到防微杜渐。

(3) 循环系统：心脏泵血功能的好坏是影响有氧健美操训练的一个十分重要的因素，有研究表明，在训练的初期有氧氧化能力的增加主要依赖心排血量的增加。

(4) 肌肉组织利用氧的能力：经过系统的健美操训练，肌肉组织利用氧的能力会明显增加，表现为动静脉氧差的增加。经过一段时间的健美操的训练，反应指标明显，由此可以判断健美操练习者的肌肉组织利用氧能力的高低。

（四）健美操训练对能量代谢的影响

通过系统的健美操训练，可以提高人体的供能能力，表现为在完成同样强度的健美操套路时，需氧量减少，能量消耗量也减少，也就是说，在完成同样的运动负荷时，有训练者消耗的能量较少。

系统的健美操训练，可使练习者进一步熟练掌握健美操的动作技巧，动作完成得更协调、自如，减少了多余动作，从而使能量的利用更加经济了。同时，系统的健美操训练也提高了呼吸、循环等系统的机能水平，工作效率的提高减少了消耗于供能器官本身的能量，节省下来的能量可以更好地发挥在强度的保证和难度动作的开发上。

健美操运动供能：ATP
- ◂ATP-CP 系统：竞技健美操开始的力量性造型高难度动作的完成
  特点：强度大、时间短
- ◂糖无氧酵解：竞技健美操训练
  准备活动不充分的前提下的强度训练
  特点：强度大、时间短
- 糖有氧氧化：健身健美操活动
- ◂脂肪有氧氧化　特点：强度小、时间长

第二节 健美操运动的心理学基础

一、健美操运动的心理学特点

(一)健美操运动对心理过程的影响

参加健美操运动的心理过程是指人参与健美操的心理活动从产生、发展变化到完善的过程。这个过程比较复杂,我们可以把这个复杂的心理过程分为确定的领域,即认识过程、情感过程和意志过程三个方面,健美操运动是如何对这三个方面起到影响作用的呢?

1. 认识过程

(1) 运动表象成熟:健美操运动是以身体锻炼为基本手段,在音乐伴奏下的一种增进健康、娱乐身心的体育运动项目。人们在参加健美操运动时,对健美操运动的音乐、练习的环境、指导员的指导水平(语言、表情等)等均表现出一种好奇,这种好奇在一定意义上使人们主动、积极地参加锻炼,使锻炼者产生正效应。经过长时间锻炼,锻炼者在锻炼时肌肉有了动力感、速度感、加速度感、方位感和节奏感,这就是运动表象成熟的体现。

(2) 想象力丰富:人们在认识健美操和参与健美操运动的过程中,不仅能感知到直接作用于感觉器官的动作、音乐和指导员给予的肌肉、神经等因素的刺激,而且在思维和指导员指导动作的共同参与下,还能在头脑中创造出某些没有经历过的动作形象来,重新创造出新颖的动作技术。还可以根据一定的目的、任务创造出新的动作形象。这种在运动中产生的创造想象能力为人们工作中的发明创造提供帮助。这种丰富的想象力可以使参与者产生对健美操运动的理解,推动他们进行长期的健美操锻炼,激发他们在健美操练习中的积极性,成为健美操练习甚至终身体育的执行者和受益者。

(3) 动作思维敏捷和形象思维丰富:这种动作思维过程是凭借实际动作才能进行的一种思维。健美操运动的主体是人,在整个活动过程中,身体四肢、躯干、头等部位不停地进行着活动,进行一种组合式的动作思维,这种借助动作进行的思维形式构成了丰富的动作思维。这种动作思维能解决健美操中的许多实际问题。形象思维的结果是具体的，并以此来反映健美操的科学健身的本质和规律。在健美操运动中，运动的环境、音乐、场地、指导员等运动的场面都是以形象为特征的，这些形象是通过练习者的形象思维而产生的，而形象思维又是运用直观形象去解决问题的。

2. 情感过程

情感是人对事物是否符合自己的需要而产生的体验。在此过程中我们主要介绍健美操运动对情绪的影响。情绪一般归类为心境、激情和应激。心境是具有感染的、比较微弱而持久的情绪状态。激情是迅速的、猛烈的、爆发的、短时的情绪状态。激情往往伴随明显的外部表现。如人们在参加健美操运动时，可以很高兴地发挥自己，表现为各式各样的状态。应激是出乎意料的紧张情况所引起的情绪状态。在突如其来的十分危险的条件下，在必须迅速地、几乎没有选择余地地采取决定的时刻，容易出现应激状态。经常参加健美操锻炼者就能在应激的状态下，进行非常迅速的反应，利用过去做动作的经验，集中意志力，果断地作出判断和决定。应激情绪状态惊动了整个有机体，它能很快地改变有机体的激活水平、心率、血压、肌肉紧张度发生显著变化，引起行动的积极化。

健美操锻炼是情绪的调节剂。耶鲁大学医学院门诊部的报告中指出，因情绪紧张而致病的占 70%，该院心脏病专家通过科学研究得出的结论是：心理紧张、压抑和烦恼的生活方式是引起人们心脏病的首要危险因素。另有资料报道，90%以上头痛的人得的是一种叫"紧张性头痛"病，可见人的情绪和精神状态对人的健康影响非常大。每个人体内都有一种最有助于健康的力量，这就是良好的情绪力量。美国心理学家德里斯考发现，有氧运动能成功地减轻大学生们在考试期间的忧虑情绪。有人还发现，有紧张情绪的人，只要散步 15 分钟后，紧张情绪就会松弛下来。在整个有氧运动中，有成功的喜悦，有进步的满足，还有胜利的欢乐；改变环境，精神束缚感消除；大自然优美环境的刺激，可以使人产生心旷神怡的愉快心境。这些对人的心理和整个机体的健康都是非常重要的。研究表明，女性的性格与运动能力有关，一般来看，运动能力高的女性比运动能力低的女性有"活动性""从容不迫""支配性大""社会外向性"等特点。健美操锻炼影响人的情绪，进而影响人的性格。研究人的行为的心理学家认为，如果一个人相信独立自主、最有高度自尊的良好自我形象是男子化的话，那么锻炼确实会使女子"男子化"，也就是说，锻炼可以使你增强自信，可以使你意志顽强，可以使你自尊、自立、自强，可以使你有一个好的形象。

下面我们来看对焦虑和抑郁的影响。焦虑和抑郁是普通人的两种最常见的情绪困扰。国外诺瑟等人进行的研究表明，一次性运动和长期的体育锻炼均能有效地降低抑郁，这种作用在需要得到特殊心理照顾的被试者身上体现得最为明显，即他们的抑郁通过锻炼得到了最大程度的改善。锻炼即可降低特质性抑郁（长期的、稳定的），也可降低状态性抑郁（短期的、波动的）；还可降低精神病患者的抑郁；有氧健美操（低强度、长时间）和竞技健美操等（高强度、短时间）均可降低抑郁；锻炼的持续时间（多少周）和频率（每周多少次）与抑郁降低程度有关；锻炼比放松练习和其他愉快活动能更有效地降低抑郁；锻炼与心理治疗相结合比单纯进行锻炼能更有效地降低抑郁。

1991年，彼特鲁茨罗等人（Petruzzello et al, 1991）对1960~1989年进行的104项有关体育锻炼对焦虑的控制作用的研究进行了多元回归分析，结果表明：运动活动量必须长于20分钟，才能有效地降低状态焦虑；渐进性放松练习同锻炼一样可以有效地降低状态焦虑（波动的、暂时的焦虑状态）；锻炼比渐进性放松能更有效地降低特质焦虑（长期的、稳定的焦虑倾向）；无氧练习不能降低焦虑；长期的和一次性的有氧练习均可有效地降低状态焦虑；锻炼必须坚持10周以上，才可能有效地降低特质焦虑。

锻炼对焦虑的控制作用一般是与对抑郁的控制作用同时产生的，但可能存在一点不同，这就是无氧练习可有效地降低抑郁，却不能有效地降低焦虑，这提示：如果希望改善整体的情绪状态，最好采用有氧练习。通过以上分析和资料研究，我们建议最好采用有氧健美操练习，它不仅可以改善整体的情绪状态，而且从全方位的角度来调整人的心态。

1992年，拉方丹等人（LaFontaine et al, 1992）对1985~1990年间涉及有氧练习和焦虑、抑郁之间的关系且实验控制十分严格的研究进行了总结分析，其结果同诺瑟等人1990年的研究和彼特鲁茨罗等人1991年的研究结果相似：有氧练习可降低焦虑、抑郁；有氧练习对长期性的轻微到中度的焦虑症和抑郁症有治疗作用；锻炼者参加锻炼前的焦虑、抑郁程度越高，受益于锻炼的程度也越大；锻炼后，即使心血管功能没有提高，焦虑、抑郁程度也可能下降。

总的来说，系统的健美操锻炼不但对生理功能有明显的促进作用，对心理健康也具有至少是同样的作用。

3. 意志过程

健美操运动对人意志品质的影响表现为坚强的意志品质。坚强的意志品质是克服困难、完成各种实践活动的重要条件。坚强意志的基本品质是：自觉性、果断性、坚持性。

(1) 意志的自觉性是对行动目的有明确而深刻的认识，并使自己的行动符合于行动目的。自觉性这种品质反映着一个人的信念和世界观，它贯穿于意志行动的始终，也是产生坚强意志的源泉。有自觉性的人，具有行动目标的明确性，不仅对行动目的产生动机的合理性有清楚的了解，而且对行动目的达成时所具有的社会意义也有明确认识。因此，他相信自己的目的是正确的，行动的前途是光明的。健美操运动是在音乐伴奏下进行的一种自觉行为的运动方式。因为健美操运动能增强运动系统的功能，经常进行健美操锻炼可以提高关节的灵活性，使肌肉的力量增强、体积大，使韧带、肌腱等结缔组织富有弹性。对青少年来说，由于做健美操对肌肉、骨骼、关节、韧带均有良好的刺激，持之以恒地锻炼可促进骺软骨的生长，有助于青少年身体增高，骨质更为致密、结实，促进心血管系统机能的提高。长期参加健美操锻炼，可以使心肌纤维增粗、心肌收缩力增强、心排血量增加，提高供血能力；有助于向脑细胞供氧、供能，提高大脑的思维能力。同时，通过循环系统向全身细胞提供更多的氧和养料，可改善新陈代谢，减少脂肪，延缓血管硬化，有益于健康，提高呼吸系统机能水平。人在进行健美操运动时，肺通气量成倍增长，肺泡的张开率提高，从而增大了肺部的容积和吸氧量。经常参加健美锻炼会使呼吸肌变得有力，安静时呼吸加深、次数减少，运动时吸氧量大，从而使机体具有较强的有氧代谢能力；改善消化系统的机能能力，加强了肠胃蠕动，增强了消化机能，有助于营养的吸收和利用。参加锻炼者通过活动使身体受益，产生良性循环，产生自觉行为。

(2) 意志的果断性是善于明辨是非，并能迅速而合理地采取决定和执行决定。深思熟虑和当机立断是果断性这种品质的特征，它以自觉性为前提，与思维的敏捷性有密切联系。具有果断性的人，能够清醒地、全面而又深刻地考虑行动的目的及其达到的方法和所决定的重要性及其实现的可能性。健美操运动能塑造健美形体，培养端庄体态。健美操是动态的健美锻炼，动作频率较快，有一定的运动负荷，因而消耗一定的身体能量，消除体内多余的脂肪，在减少多余脂肪的同时发展某些部位的肌肉，使人的形体按健美的标准得以塑造。此外，通过经常性正确的形体动作训练，能矫正不正确的身体姿势，培养正确端庄的体态，使锻炼者的形体和举止风度都会发生良好的变化，发展身体素质，提高艺术素养。健美操是一项要求力度和幅度的身体练习，经常参加健美操运动可使肌肉的力量得到增强，肌腱、韧带、肌肉的弹性得以提高，从而发展人体的力量和柔韧素质。健身性健美操持续时间长，竞技性健美操强度大，因此要求练习者具有良好的耐力素质。同时，健美操是由不同动作类型组成并在方向、路线、幅度、力度、速度等因素上有一定的变化。学习健美操能提高人的动作记忆和再现能力，提高神经系统的灵活性、均衡性，从而发展了人的协调能力，并能迅速采取行动，培养意志的果断性。

（3）意志的坚持性是善于控制或支配自己的行动。坚持性这种品质表现在两个方面：第一方面是善于迫使自己去执行已经采取的决定，即积极克服在实现决定中的一切困难。第二方面是意志的坚持性是在行动中坚持决定，百折不挠地克服一切困难去达到行动目的。坚持性这种品质的特征是在行动中不顾任何挫折与失败，不怕任何困难与障碍，总能以充沛的精力和坚韧的毅力顽强地坚持达到行动的最终目的。健美操运动能焕发精神面貌，陶冶高尚情操，同时，音乐给健美操带来了生机，使动作充满青春活力，人们在欢乐的气氛中进行锻炼心情愉快，不易疲劳，还可排除精神紧张。在这种使人的心灵和情操得到陶冶和净化、身体得到全面协调的发展、健康的娱乐消遣活动中，人的精神面貌和气质修养都会有所改善和提高，特别是集体配合练习还有助于增进友谊，增强群体意识，使人能严格要求自己百折不挠地锻炼。这种锻炼身心的双重功效又催化人们以坚韧的毅力达到健美的目的。

（二）健美操运动对个性心理的影响

1. 经常参加健美操运动影响着下一代的体育态度与行为的形成

家庭是社会的基本单位，既是社会的经济单位，又是社会中各种道德的集中点。家庭是儿童的性格形成起重要作用的最初环境，父母的态度和行为习惯等影响儿童性格的形成。父母经常参加健美操运动，对儿童体育运动的兴趣和体育行为习惯的养成起到非常重要的作用。我们可以从表6-4中看出双亲与儿童性格形成的影响。

表 6-4　双亲的态度与儿童的性格

双亲的态度	儿 童 性 格
支　配	服从、无主动性、消极的、依赖的、温和的
照管过细	神经质的、被动的、胆怯的
保护的	深思的、亲切的、情绪安定、缺乏社会性
溺爱的	任性的、反抗的、幼稚的、神经质的
顺应的	无责任心的、不服从的、攻击的、粗暴的
忽视的	冷酷的、攻击的、情绪不安的、创造力强、社会的
拒绝的	神经质的、反抗的、粗暴的、企图引人注意的
残酷的	冷酷的、神经质的、逃避的、社交的
民主的	独立的、爽直的、协作的、亲切的、社交的
专制的	依赖的、反抗的、情绪不安、自我中心、大胆的

双亲体育性格的影响是巨大的,这种影响可能是终生的,这样也给儿童带来终生体育的观念。比如,父母民主的态度能促使儿童产生独立的、爽直的、协作的、亲切的和社交的性格,这对今后儿童的成长起到很大的作用。

另外,在学校,传授健美操理论与实践知识的过程也是性格形成与发展的重要阶段。

2. 健美操运动能使人性格开朗、大方、乐观向上

性格是个人对现实的稳定的态度和习惯化了的行为方式。参加锻炼者在健美操活动的过程中,音乐、场地、动作等因素的种种影响,通过认识、情绪和意志活动在锻炼者的身体中保存下来,构成一定的稳定态度,并以一定的形式表现在锻炼者的行为之中,从而构成了锻炼者所特有的健美操参与方式。性格是人的独特心理特征的总和。经常参加健美操锻炼的人群一般比较勇敢,比较大方,具有开朗、热情、坚定、意志坚强和情感深刻、丰富等优良的性格特征。通过长期的实践锻炼、陶冶,人的性格特征是可以发生变化的。如对北京体育大学体育系健美操专选的学生进行的四年跟踪调查发现,胆小或是比较内向的人经过长时间的健美操训练和比赛,其性格发生了较大的变化,由原来的不爱说话到能流畅地表达自己的观点、主动地评述一堂课的人数比例增加了26%。

一般情况下,健美操锻炼人群的特性与气质主要表现在:(1)兴奋型(胆汁质):具体表现形式是精力充沛,情绪发生快而强,言语、动作急速而难以自制,内心外露,率直,热情,易躁,果断。(2)灵活活泼型(多血质):具体表现形式是活泼爱动,富于生气,情绪发生快而多变,表情丰富,思维、言语、动作敏捷,乐观,亲切,浮躁,轻率。

实验也证明了女性健美操锻炼能促使个性的形成与发展。(表6-5)

表6-5 妇女参加锻炼前后对体育活动态度的比较($X \pm SD$)

	身心健康	社 交	刺 激	审 美	精神解脱
锻炼前	58.43±3.30	25.39±4.07	37.52±3.30	42.26±4.17	27.87±2.60
锻炼后	62.00±4.45*	34.56±5.85**	40.16±5.95*	51.75±5.65**	31.04±5.79*

* 表示 $P<0.05$ ** 表示 $P<0.01$

(资料来源:马鸿韬,北京三所大学30~40岁女教师体育的现状及有氧健美操锻炼方案的研究)

表 6-6　妇女锻炼前后对吸引力和身体评价的比较（X±SD）

	吸引力	身体评价
锻炼前	19.2±4.3	9.8±3.6
锻炼后	21.4±3.5*	12.5±3.2**

（资料来源：同上。*$p<0.05$　**$p<0.01$）

个性是一个人在其生理素质和个性心理特征的基础上，在一定的社会历史条件下，通过社会生活的实践锻炼与陶冶，逐步形成的观念、态度、习惯。妇女参加健美操活动不仅有身体的参与，而且还有智力、情感的投入，其自我认识、自我意识、自我发现的过程恰恰是个性形成和发展的过程。经过三个月有氧健美操的锻炼，妇女对审美、社交的追求分值提高了，吸引力和身体评价的分值也有所提高。健康、长寿使人充满活力是妇女乃至全人类共同的愿望，妇女的身心健康意味着社会的文明程度进入一个较高的境界，是促进社会发展良好运转的"工具"，也是人与人交流的重要条件。健美操本身是一种社会活动，必然会涉及人际交往的变化。行为科学理论认为："人际交往是指个人与个人之间传递信息、沟通思想和交流感情的联系过程，是形成人际关系的手段，具有社会整合、行为调节、心理保健功能。"

3. 性格测定的方法

下面介绍一种性格测定方法，可以测定参加健美操活动前后性格的变化情况：

此方法是由内曼（Neymann）和科尔施太特（Kohlstedt）编制的命题表，也称内、外向人格调查表或称为向性检查表。有 50 题，如下：

能独断独行——————————————————————	是　（否）
快乐主义的人生观————————————————————	（是）　否
喜静安闲———————————————————————	是　（否）
对人十分信任—————————————————————	（是）　否
思考五年以后的事————————————————————	是　（否）
集体活动不愿参加————————————————————	是　（否）
能在大庭广众中工作———————————————————	（是）　否
常做同样的工作—————————————————————	是　（否）
觉得集会乐趣与个别交际无异————————————————	（是）　否
三思而后决定——————————————————————	是　（否）
不愿别人提示而愿自己做——————————————————	（是）　否
安静而非热烈地娱乐———————————————————	是　（否）

工作时不愿人在旁观看	是	（否）
厌弃呆板的职业	（是）	否
宁愿节省而不愿耗费	是	（否）
不常分析自己的思想动机	（是）	否
好做冥思幻想	是	（否）
自己擅长的工作愿意人在旁观看	（是）	否
怒时不加抑制	是	（否）
工作因人赞赏而改善	（是）	否
喜欢兴奋紧张的劳动	（是）	否
常回想自己	是	（否）
愿做群众运动的领袖	（是）	否
公开演说	（是）	否
使梦想成为现实	是	（否）
很讲究写应酬信	是	（否）
做事粗糙	（是）	否
深思熟虑	是	（否）
能将强烈的情绪（如喜、怒、悲）表现出来	（是）	否
不拘小节	（是）	否
对人十分小心	是	（否）
与观点不同的人自由联络	（是）	否
喜猜疑	是	（否）
轻听人言不假思索	（是）	否
愿意读书不愿做实际工作	是	（否）
好读书不求甚解	（是）	否
常写日记	是	（否）
在群众中肃静无哗	（是）	否
不得已而动手	（是）	否
不愿回想自己	（是）	否
工作有计划	是	（否）
常变换工作	（是）	否
对麻烦事情愿避免而不愿承担	是	（否）
重视谣言	是	（否）
信任别人	（是）	否
非极熟悉的人不轻易信任	是	（否）
愿研究别人而不研究自己	（是）	否
放假期间愿找一静地而不喜欢热闹场所	是	（否）
意见常变化而不固定	（是）	否

任何说话场合均愿意参加------------------------------------（是）　否

说明一：凡带括号（　）的代表外向，无括号的代表内向。

说明二：如果被试者不能确定（是）和（否），可以不答。

说明三：上面50个题目，25个属于外向，25个属于内向。如果被试者认为自己的情况符合于提问内容，就在"是"上画○；如果不符合就在"否"上画○。

评分公式：

$$向性指数 = \frac{外向性反应总数 + 1/2 没有回答的总数}{25} \times 100\%$$

所得向性指数如果大于115，定为外向型；所得向性指数如果小于95，定为内向型；所得向性指数在95~115之间，定为中间型。

二、健美操运动对人的美感的影响

美感是关于客观事物或人的言论、行动、思想、意图是否符合人的美的需要而产生的情感。健美操的优美、富有表现力的动作与强劲、富有节奏的音乐能使人产生美的情感。健美操运动能给人带来大方、自然、协调与健康的美。美感的成分非常复杂，从体验上看，它有两个明显特点：1.美感是一种愉快的体验。2.美感是一种倾向性的体验。美感表现为对于美好事物的肯定，促使人一而再、再而三地去欣赏它，对它感到亲切、迷恋。美感是在人的社会性需要的基础上产生的，是为人所独有的。这种情感在人的整个情绪生活中占主要地位，对人类生活起着十分重要的作用。健美操是一项艺术性较强的项目，长期从事健美操运动可以增强韵律感、节奏感，提高音乐素养，从而提高认识美、表现美和创造美的能力。

三、健美操运动对人际交往的影响

当代社会分工越来越细，人们之间相互依赖越来越紧密，人与人之间联系和交往越来越密切。但是与此同时，随着现代化的发展，人与人的隔离和孤独也在发展。实践证明，健美操运动在解决这些现代人类社会的特殊矛盾中有着独特的作用，健美操运动魅力能使人们冲破隔离和孤独，相聚在运动场，建立平等、亲密、和谐的关系，也可以建立起朋友、伙伴的关系。它不分地位、肤色、贫富、职业、年龄，任何人都可能参加，而且常超越世俗的界限，让人们平等而真诚地为一个共同的目标而运动、呐喊、兴奋、激动，使人们相聚在一起，重建新型的人际关系，并打开了人际交往的界限。在体育中，每个人所进行的都是生命本质自由发挥的身体创造活动，是生命活动和创造力的尽情展示。健美操运动能使人重新认识自己，成为有个性的人，进而调节人际关系。

第三节 健美操运动的损伤与预防

一、健美操运动的损伤

健美操运动损伤是指健身者在进行健美操练习中所发生的各种损伤。在健美操的练习中，伤害事故的发生往往与运动训练安排不当、技术动作错误、运动训练水平较低、运动环境不适以及自身所存在的某些生理解剖弱点等息息相关。

二、健美操运动损伤的分类

（一）按损伤后皮肤和黏膜的完整性分，有开放性损伤和闭合性损伤两种，有氧健美操的损伤多以闭合性软组织损伤为主，如肌肉与肌腱损伤、关节扭伤、腱鞘炎和骨膜炎等。

（二）按损伤病程分，有急性损伤和慢性损伤两种。急性损伤指在健美操运动中瞬间遭受直接冲力或间接冲力造成的损伤。慢性损伤指局部过度负荷、多次微细损伤和积累而造成的损伤，或由于急性损伤处理不当转化而来的陈旧性损伤。

据资料统计，健美操运动的损伤，急性的占55%以上，慢性的占25%，其余20%是急性和慢性损伤并存。

三、健美操运动损伤的原因

健美操对人体的力量、柔韧、耐力和协调等身体素质要求较高，其运动损伤的原因有以下几点：

（一）练习活动结构内容衔接不流畅。

1. 准备活动不充分，在神经系统及其他器官的功能尚未达到适宜水平时就进入运动状态。

2. 运动量过大，持续练习时间过长，超过身体的负荷能力。
3. 背面与镜面示范所造成的理解错误。
4. 练习方法不正确，没有针对性的力量练习，造成个体损伤。
（二）身体素质跟不上动作技术的要求，如肌肉力量和弹性不足。
（三）缺乏必要的运动知识，参加运动时生理和心理状态不良。
（四）场地、器材、保护用具、服装、鞋等不符合常规要求。

四、导致健美操运动损伤的常见因素

（一）极端动作

指在长度和方向上超出安全运动范围的动作。许多涉及过度弯曲和过度伸展的动作属于极端动作，它们具有潜在的危险性，负重练习时更是如此。例如体前屈，上体前屈手指触地，会使腰部处于极端伸展的位置。此外，锻炼本身是安全的，但快速进行时就不安全了。例如，快速摆动双肩，会使肩关节的结缔组织承受压力，却无法提高运动能力或灵活性。

（二）过度负重

健美操训练中，负荷过重也是导致受伤的常见原因。例如屈膝蹲，当膝关节角度小于安全角度90°时，膝部就会承受过度的负荷。

（三）持续运动

过多重复会导致疼痛、不适和受伤。例如连续踢腿动作不要超过32次，单腿连续踢腿不得多过8次。

（四）持续受压

使肌群或关节持续受压的动作或位置。例如，背部没有支撑的仰卧起坐，使骶骨持续受到较大压力。

五、常见的不适宜动作

（一）头部和颈部

1. 有控制地做左右或上下运动，避免快速或猛烈的动作。

2. 负重和极度侧屈会对颈椎过度压迫。

3. 双手交叉在头后用力牵拉头部前屈，来伸展背部和颈部。

（二）肩　部

1. 手臂侧提的小幅度动作。伸展、迅速摆动会使肩关节受压。

2. 手臂动作在同一方向多次重复（一般为 50 次以上），尤其是过头顶向前或向侧的不安全动作。

（三）躯　干

1. 仰卧抬起上体，腰背离开地面，采取这种姿势支撑上体重量会使脊柱和腰部承受很大的压力。

2. 仰卧双腿举起，支持腿部长杠杆会压迫腰部而导致腰背痛。也应避免如剪刀腿和抖动踢腿的动作。

3. 双脚定位快速转动上体，这样的动作会使腰部受到过度的旋转力矩。

（四）膝　部

1. 膝盖深度弯曲和其他极度屈膝姿势，会使膝关节受到很大的压力。

2. 从窄蹲改为宽蹲，脚尖由向前改为向外，膝盖要顺着脚尖的方向蹲。

3. 下蹲的动作不要太快，上身过分前倾或重新站起之间放松了身体，都会对膝盖和腰造成不好的影响。

（五）小腿和踝关节

1. 连续踢腿超过 32 次。

2. 用单腿方式做原地跑步姿势。

六、预防健美操运动损伤的方法

（一）加强身体的全面训练，提高机体对运动的适应能力。

（二）提高教练员的知识水平，积极开展预防健美操运动损伤的宣传工作。

（三）合理安排一节课的运动负荷，合理安排内容。

（四）加强医务监督，建立和健全自我监督意识，使健美操爱好者学会运动损伤的治疗方法和预防措施，学会自我保护。

（五）改善场地设备条件及周围环境，调整健身者的心理状态。

这些动作和练习内容对初学者是不适合的，但在竞技健美操中，许多训练内容和方法与上述动作相同，当然也是引起损伤的隐患。当身体素质达到一定水平以后，他们适应了这些动作，教练员或指导员也要根据运动员或学员的实际情况有针对性地进行训练，以全面提高身体素质，把任何损伤的发生降到最小的程度。

下面是一些正误动作的对比，在练习和训练中应加以注意。（图6-5）

第六章 健美操运动的科学理论基础

133

健美操

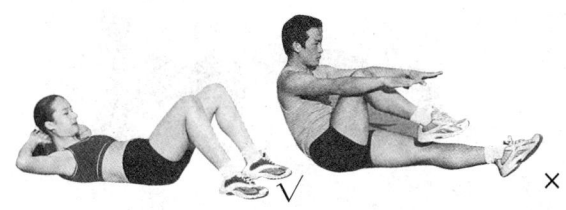

图 6-5

（马鸿韬）

第七章　健美操创编

《颜师古注》中的"创，始造之也"，是讲事物的诞生过程。人类的艺术与体育活动中的创编则是按事物的特点、规律与条件，在主观意识的指导之下的创造过程。

健美操的创编是依照健美操的特点、规律，据其目的、原则并在自身知识的依托下，将单个动作组织串联成为健美操锻炼与竞赛套路的过程。

健美操是一项综合性很强的体育运动项目，要有效地达到锻炼与竞赛的目的，简单地把动作串联起来是远远不够的，还要注重健美操的本质、特点以及健美操的套路结构、时间、空间运用的方式、风格特点、音乐等诸多因素的有机结合。

第一节　健美操创编中的重要因素

一、主体与客体（创编者与教学对象）

任何一个掌握健美操知识的人都可以进行健美操创编，但质量与效果却有很大差别。健美操的实践活动往往是以群体参与性为主要特征的，在整个创编与实践过程中，主客体是紧密相连的，体现了主客体的互补性、集体性、智慧性、创造性的交流过程，是在具有创造性主题的主导原则要求下，传递给教学对象丰富信息的一种磨合过程。因此，创编对主体与客体就会有特定的要求，这种关系我们可以从下图中了解清楚。（图7-1）

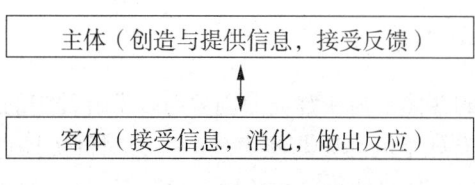

图7-1

（一）主体（创编者）

主体是指在健美操创编过程之中的主导者，也就是主要的创编人。主创人员在整个创编的过程之中应处于主导位置，他不仅要具有精湛的健美操专业知识，同时对健美操的相关领域也应有所了解，如：相关的体育项目、艺术领域等等。

作为创编过程的主体，应该具有主动精神及饱满的创作与参与热情，能积极地投入与钻研到这一领域当中，并具有坚强的毅力及百折不挠的精神。

主创者必须具有以下三方面的能力：第一，敏锐的观察能力。对事物的感知力，是了解事物的最初始阶段。我们不仅仅对事物的外在表象有细致入微的察觉，同时应该对其内在本质具有洞察能力。第二，具有较好的分析与吸纳能力。这是将外界事物转化吸收成自我储存为所需资料的重要环节。对事物的分析与思考主要依靠自身的知识基础，根据需要所进行的进一步认知过程，是进行创造新事物的"序曲"。第三，准确的充满激情的表达能力。在健美操创编与教学过程中的表达能力，是传递信息的至关重要的环节，再好的事物如果在信息传输中出现问题，都将导致偏离所要达到的目标。对于创编者应具有的这三方面的能力，我们可以用下面的图形（图7-2）表示：

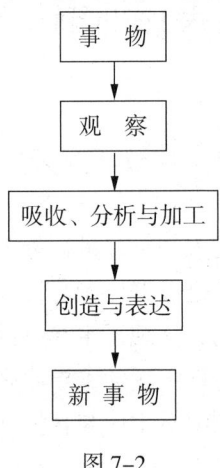

图 7-2

（二）客体（教学对象）

在这里我们所讲的客体是指在健美操创编与教学过程中的对象，作为创编活动的接受者，他们应具有如下的品质与能力：第一，对健美操这一运动项目的喜好、愿望是事物发展的前提，如果缺少这个前提，事物是无法向前发展的。第二，积极主动的参与精神,这一精神是事物向前发展的催化剂。第三,执行与操作能力,这是健美操活动的基础,缺少它就没有健美操的创编与活动。

二、动作与音乐

健美操是一项在音乐伴奏下,按特定规律、原则、载体,通过身体练习来达到其目的的体育运动项目,因此,动作与音乐是它的两个最基本的组成部分,这两个部分是相互独立、相互依存的。既有各自独特的表现形式,又相互联系。健美操的创编人员必须认清其基本表现形式与两者之间是以什么相通、相连的。

(一)动 作

动作是指物体的活动,健美操的动作是指人体在空间的活动。运动生理学中有"用进废退"的原理,健美操是利用这一原理,由人体的活动来达到影响身体健康水平的。在一定意义上讲,健美操是以身体各关节的灵活性、肌肉的弹性、韧带的伸展性作为基础,在身体各部位参与下的一种健身与竞技运动项目。从严格的意义上说,健美操是身体标准姿态控制基础上的有节律的弹动和速度控制技术。

动作作为健美操当中的首要因素,良好、科学的符合健美操要求的动作会使我们更容易接近乃至达到目标,反之则会事与愿违,甚至对人造成伤害。优美大方的动作可以使人赏心悦目,并给人们带来欢乐,从而延缓疲劳现象的产生,反之,则使人退避三舍,产生厌恶心理。

人体的运动主要为:从解剖的角度看是围绕着各个关节进行并由神经系统指挥肌肉收缩与伸张而产生运动,它的运动形式主要有屈、伸、举、绕、弹、踢、摆。由躯干、上肢活动与下肢活动配合而产生的各种姿态、步法、跳动、旋转等。健美操的动作是以步法为基础的,通过步法练习,提高心血管系统的机能,培养灵活性、协调性、节奏感以及下肢的爆发力等。

动作本身有很多的要素,其中三点是非常重要的:

动作位置——包括人体相对空间的位置,四肢相对躯干的位置等等。

动作节奏——主要指动作与动作串联之后的彼此之间的时间关系。

动作过程——包括两个方面,首先是路线与方向,指动作与动作连接过程中肢体的运动轨迹。其次是时间,在连接过程中所用的时间。

健美操分竞技健美操与健身健美操两类动作选择由于目的不同动作商业差异很大,竞技健美操主要为了展示自己的身体能力,因此在动作上幅度大变化快更有一些专门的难度动作，而健美操当中采用的动作是那些有益于健康、遵循人体的自然发展规律、安全可靠的动作，而易造成损伤的动作是被禁止使用的，如：头的快速360°转、背弓等。健美操的形式多种多样，但分主流与非主流。

科学地、有机地使用这些动作，会收到促进人体健康、变换无穷、优美绝伦的效果。掌握这些动作的规律、了解它们的功能是一个创编者所必需的，因为动作是健美操的核心。

（二）音　乐

音乐是声音的艺术。它作为完整的艺术形式，有着自己独特、系统、完整的表达方法与方式。健美操动作在音乐的伴奏之下，具有生命力与艺术性，可以说为健美操插上两只翅膀，使健美操扩大了表现空间。

音乐的节奏与速度，严格地控制着动作的节奏与速度，因此，在很大程度上控制着运动的强度。仅就速度与节奏而言，时间一定，节奏与动作越复杂、越快，强度就越大，反之越弱。

音乐的风格引导、控制着动作的风格。音乐风格受时代、民族地域、环境、作者等因素影响，因此我们应当尊重音乐的风格，唯有这样，动作与音乐才能协调，音乐才能有力地支撑起动作。

音乐的强弱变化直接影响着动作的力度与起伏，曲调与节奏的变化加之动作起伏从而产生韵律感，增加了健美操的韵律美，提升了健美操的美学价值。

音乐有调控脑细胞兴奋的作用，因此在音乐伴奏下进行锻炼可以延缓疲劳现象的出现，同时音乐的节律同样可以影响人的情绪，这也是健美操多选择曲调欢快、节奏强劲的音乐作为伴奏音乐的重要原因之一。欢愉明快的音乐可以更快地调动人的兴奋性。正像苏联健美操专家在《健美操》书中指出的那样："'音乐'能激发练习者的情绪，并使其在练习过程中获得乐趣，在音乐的伴奏下做动作才能培养运动员的节奏感和韵律感。"

第二节　健美操创编的目的

人类的活动是围绕着自身生存与发展而进行的，健美操运动是为了提高人自身的健康水平与人体各种机能与能力而进行的，从而达到提升人们生活质量的目的。创编是这一活动的开端。因此，唯有明确目的才能更好地完成整个活动过程。

健美操运动的发展随着时间的推移已经形成多学科交叉、多任务、多内容、多方法的综合性体育运动项目，目前来看主要有两大类，一个主要为竞赛目的的竞技健美操，而另一类则为健身性的健美操，主要目的为提高人的健康水平。

一、提高并改善人体在生理上的健康水平

大量的研究表明，长期从事有氧运动可以使心肺功能得到改善，呼吸肌增强，肺活量增大，呼吸次数减少，并使肺功能加强，提高肺部的氧供应能力。从心血管循环系统来看，有氧锻炼可使心肌纤维增粗、收缩及扩张加强，从而增加每搏输出量，使心血管系统处在一个良好的状态下。

有氧运动可以增强胃肠蠕动，增加消化液的分泌量，从而加强消化与代谢功能，同时使肾脏供血充足，代谢加强。

有氧锻炼可增加淋巴液的分泌，从而加强了人体的免疫功能，提高人体抵抗疾病的能力。

人体运动系统能力的强与弱取决于人的神经、骨骼及骨骼肌的发达程度。健美操通过人体各关节及肌肉练习，促使骨骼肌与神经系统得到发展。值得提出的是，青少年时期是骨增长期，到了成年，骨骼的增长会减缓并停止下来，但骨质变化却没有停止，因此，适当地科学地锻炼对骨的造血能力及骨密度的程度有着积极的影响，而肌肉在人的一生中都可以变化，通过锻炼可使肌纤维增粗，从而加强肌力及改变肌肉形态。此外，通过简单至复杂的身体练习，可以提高人的协调性及反应能力，增加韧带的柔韧度，扩大人体的活动范围及灵敏性。

人体运动需要大量的能量供应，这就需要人体本身提供所需的能量。人体的"燃料库"是血糖及皮下贮存的脂肪。如果皮下脂肪贮存过多，不仅影响体态，同时还会引发多种疾病。北京体育大学柏晓玲教授对 120 名 40 岁、平均每天每人进行 1~1.5 小时的健美操锻炼者的实验中发现，有 20 人体脂百分数由原来的 29.3% 下降为 25.6%，平均每人减少体脂 0.7%。由此可见，健美操锻炼在改变肥胖体重中起着很大的作用。

由于健美操的练习手段与方法是由针对肌肉的练习内容及训练时间所决定，因此，在发展肌肉的抗阻能力及提高人的耐力方面起着积极的作用。

综上所述，健美操创编在影响人生理方面的目的有如下几个方面：

（一）提高各循环系统的功能

（二）改变身体成分

（三）使骨骼与肌肉得到发展

（四）提高人的协调性

二、改善人体精神状态

现代社会人类活动更多地由单纯的体力变为脑力活动。高密度的人群与现代化的大工业生产模式给人们精神上带来了越来越大的压力与负担，一方面是体能活动的减少，另一方面是脑力工作的加大与精神压力的增加，这些是造成现代人很多疾病与心理障碍的重要原因之一。现代的生活方式将人类从原来"大家庭"转变成为"小家庭"，钢筋水泥把人们禁锢在狭小的空间内，使人际交往减少，这是造成心理障碍的又一重要因素。

科学、适当的体育锻炼可以使人的机体疲劳得以缓解，优美动听的音乐可以愉悦身心，健美操综合了两方面的特点，因此能够使人的疲劳状况得以缓解，身心得以愉悦。

健美操通过热情奔放的动作与强烈的节奏、丰富的展现力使人们在锻炼的同时，释放心中的压抑与烦恼，从而使人们的心理压力得以缓解，集体锻炼的形式为人际交往创造了条件。

单一机械的重复性劳动可以使肌肉僵硬、神经抑制，而健美操多方面的综合练习，特别是伸展动作，可使僵硬的肌肉得以放松。

三、娱乐与表演

由于健美操综合了音乐、舞蹈、体操等项目的特点，因此它具有较强的艺术性及表现力，人们在从事这项活动的同时会感到身心娱悦，优美的动作、音乐的支持也会给旁观者带来美的感受。

把健美操的精华与艺术手段有机地结合，可以创编出艺术效果极佳的表演作品，同时把我们平时的锻炼套路加以提炼，也可以成为很好的表演内容，不但能给人们带来赏心悦目的感受，同时对项目本身也起着提高、带动的作用。

四、竞 赛

健美操作为一项体育运动项目，它体现了人体在爆发力、耐力、柔韧、协调、节奏感、审美及表现力等诸多方面的综合能力，我们称之为竞技能力。根据它的不同特性，按动作的难易、运动强度的高低区别出不同的层次，可以作为评价运动能力、健康水平等方面的标准。我国现已公布了评价运动等级的《健美操等级运动员规定动作》及评价健康水平的《健美操大众锻炼标准》，大部分为规定动作。我们也可以通过创编套路，达到或接近这些标准。

自 1984 年美国首创有氧操比赛至今，健美操已逐渐形成为竞技性的体育运动项目，各种赛事众多，影响日益扩大。竞赛是通过对各名运动员的健美操套路的艺术性、强度、难易度及完成情况的评价而进行的，套路的创编显得尤为重要。所谓套路创编一定是围绕着充分体现运动员的竞技能力而进行的。

第三节　健美操创编的指导思想与原则

要使健美操创编活动沿着正确的轨迹进行，仅仅了解相关知识与目的是远远不够的，任何活动都是按照自己的特定规律与原则进行的，不同类型的健美操在创编中有着不同的指导思想与原则。

一、健身性健美操创编的指导思想与技术性原则

（一）健身性健美操创编的指导思想

健身性健美操的宗旨是提高人体的健康水平，创编时除了把握住具体的操作外，首先要明确总体的指导思想。

健身是创编最重要的指导思想，我们的一切设计与动作都应该围绕着这一思想进行。人生在世的基本愿望之一是使人自身的健康得到保证与提高，健身性健美操的目的在于提高人的健康水平，发展人的运动基本素质，改善形体。

我们在创编中要使人的头颈、躯干、四肢都得到充分的锻炼。应当有意识地遵循各关节的不同运动形式（如：各种屈伸、摆动及绕环等），创编出各种类型的动作，从而促进肌力的增加、关节灵活性的提高以及通过改变运动位置、方向、节奏、路线，影响不同的肌群，并通过动作路线、节奏、位置、方向与单一动作、复合性动作的变化来培养人的协调性。同一动作重复越多对同一肌肉及关节影响越大，但并不是越多越好。因此，恰如其分地运用这些原理才能达到促进健康的目的。

作为一名健身的指导者，应该知道每一个动作对哪些肌肉或肌群产生影响、肌肉做功的基本原理等。如：通过手臂胸前屈肘来施加对二头肌的影响，通过提

膝对腹直肌及股四头肌施加影响等等。

安全性也是创编健身性健美操的重要指导思想之一，因为它是保证健康的前提条件。我们要坚持安全第一，避免采用那些容易对身体造成伤害的方法与手段，发展那些有益于身心健康的方法与手段。我们必须做到：第一，确保有氧，避免无氧现象的出现；第二，遵循人体自然运动规律，杜绝违反人体自然活动的动作出现；第三，减少运动对关节的冲击力，保护关节；第四，避免肌肉的过度牵拉，防止对肌肉造成伤害；第五，确保成套整体风格积极向上的精神，以带给人们朝气蓬勃、轻松愉快的精神状态。

注重身体的全面发展是健美操创编活动中必须重视的，它同样是保证人体健康，特别是均衡发展的重要条件之一。

娱乐与艺术性是创编活动中的另一个指导思想，健美操不同于其他运动项目的重要特性之一，在于它有很强的娱乐性与艺术性。人们在锻炼躯体的同时，仅仅获得生理上的健康已远远不适合我们今天的社会，身心也要得到愉悦。世界卫生组（WHO）发表的健康定义为："健康是一种在身体上、精神上的完满状态，以及良好的适应力，而不仅仅是没有疾病和衰弱的状态。"依据这一定义，我们把健康分为：第一生理健康，第二心理健康，第三良好的道德与适应能力。优美动听的音乐可以陶冶人的情操，舒展大方的动作使人有美的享受，人们在音乐伴奏下舒展身体，释放了压抑的情绪，从而获得良好的情绪与状态。

在设计动作之前，要反复地聆听音乐，感受音乐的内涵，分析音乐的风格、节奏、乐句与乐段等等。

（二）健身性健美操创编的技术性原则

1. 合理的成套结构

要创编出优质的健身性健美操动作与套路，仅仅具有正确的指导思想是远远不够的。"没有规矩，不成方圆"。在创编活动中遵循特定的规律与原则是保障动作与成套的科学性、时效性的必要条件，是通向设想目标的桥梁。

健美操的结构基本上分为三个部分，即准备部分、基本部分、结束部分。

准备部分的主要目的是为了使身体从相对静止状态开始，关节与肌肉得到一般性活动，加深呼吸，为进入应有的运动强度做准备，防止运动损伤，同时为下面的基本部分做好思想准备。这一部分可根据整套操的目的与结构而定，可以有呼吸、一般性伸拉与关节活动等内容，同时要注意培养动作与呼吸协调配合的良好习惯。

基本部分是锻炼的主要部分。主要练习有关节的活动、肌肉的练习、耗能，形式以操化动作、垫上练习、步法、跑跳等为主。这一部分的目的是加强运动负荷，通过耗能而减脂，提高人体运动的基本素质，使内脏器官得到锻炼。值得提出的是在创编肌肉练习动作时，应注意练习与伸拉交替进行，以防止肌肉变得僵硬。

结束部分主要以放松、伸拉为主，目的是放松机体，逐渐降低运动负荷，从而尽可能地恢复并达到锻炼前的状态。

在每个部分运动强度之间的过渡不要忽然加大或减少，而要注意连接动作的设计，使运动强度逐渐变化。

我国健美操的形式多种多样，在学校体育中，我们常常可以见到 5~10 分钟的短小健美操套路练习，但它们在结构上依然包括准备、基本、结束三个基本部分；在内容上，它们更侧重关节练习。由于目前各学校的训练条件有限，所以一般没有垫上练习。此外还有一些特殊功能与形式的健美操练习，例如：手指操、太极健美操、中老年健身操、青少年健身操等等，这些操主要针对人们日常生活中的具体问题与具体对象而设计。不论它们的形式差异如何，结构上的三个部分是基本不变的。

2. 鲜明的针对性

在健美操的创编中，创编者首先应该了解练习对象的具体情况。不同人群的具体情况与要求各不相同，所以，在创编健美操时要对接受者的具体情况进行分析，最基本的是身体情况有无严重的疾病，特别是不适合运动的疾病，如：严重的心血管疾病，运动功能上的疾病与缺陷等。身体素质（力量、耐力、速度、柔韧、灵敏）、运动经历、心理状态和周围环境等因素都是我们应该考虑的。

3. 动作有序性及流畅性

健美操锻炼者往往流动性强，业余练习者居多，教练员常常采用连续不断的带领法练习健美操。我们在创编这类操时应注意有顺序地安排动作，使动作与动作之间不连接，有一定的规律并连贯，这样便于锻炼者最快最顺利地掌握动作。特别是步法的有序流畅，合乎规律的步法是锻炼顺利、不间断的有力保证，同时也可以减少运动损伤的出现，从而更好地达到锻炼的目的。

所谓有序流畅，是指活动部位的有序以及动作与动作前后连接的流畅。如按解剖的位置由上至下或由下至上，由外向内或由内向外，从一种步法连接至另一种步法，由局部至全部，由单一至综合与复杂。为了有利于教学的顺利进行，我们在创编中可以有意识地分解复合性动作，并对动作进行分析。健美操的动作是由下肢——步法配以上肢、躯干的运动而成，在学习一个复合性动作时，我们可以把这一动作分成若干个单一动作，然后逐步加以组合，如：先做下肢动作再做上肢动作，最后组合成一个完整的动作，或先做动作原形，再在原形动作上加以变化等等。

要使动作连贯合理，创编者应了解动作的基本类型：

第一，步法。步法流畅的主要保证在于运动中对身体重心的把握，如果能够在运动中使身体重心平稳，做到步法流畅就不难了。步法的主要形式有以下几种：双脚同时运动、双脚依次运动、同脚多次运动。不同形式步法的转换为重心的变化所致。如重心在中间，双脚同时运动，这样的步法有双脚弹动、开合跳等等。像这类的步法可任意连接下一个步法。又如重心偏离人体中心，倒向某一侧，连接下一步法最常见的是，使用身体的另一边（也就是使用另一只脚）。除非你要有意多次使用同一侧脚时可以不变化重心。

第二，手臂动作。手臂动作的运动形式与运动范围比较复杂、多样，但归纳起来有对称运动、不对称运动、单手运动（单手依次、单手单边多次）、双手运动，运动形式有伸、举、摆、绕、振等等。对于一般人来讲，对称运动比不对称运动容易接受，上下之间与左右之间在胸前停留一下更容易接受，我们要有规律有目的地使用这些形式。

当整套操编排就绪后，形成一定的规律，可以使锻炼者尽快地掌握动作，以加强锻炼的实效性。

4. 运动负荷的合理性

创编一套操调控运动负荷是非常重要的。健身性健美操要严格地把运动负荷调控在中小强度，使之确保运动中的呼吸供氧。为了有效地达到最佳锻炼效果，应把负荷调控在能达到最佳效果的范围之内。日本神户女子大学补园一仁教授在《关于长寿与健身，增强体质新理论》一文中，把心率作为衡量运动负荷的一种方法。他把同年龄组运动最高心率和实际运动心率进行比较，把运动强度划分为3个区。

他认为，"当运动者的平均心率达到此运动者最高心率的60%~80%时，为健身区，此时心率越高对身体的影响越大，锻炼的效果越明显。高于80%为强化训练区，这表明不但运动强度大，且影响身体更剧烈。当低于60%，为消遣区，只起到一般性活动的作用"。

在健美操中常用最高心率公式为：

220−年龄=最高心率

通常，运动负荷受下列因素影响：动作速度、重复次数、时间、动作幅度、肌肉用力。相同的时间内，动作速度越快，重复次数越多，幅度越大，肌肉用力越大，运动负荷就越强，反之则越弱。保持动作速度、幅度、肌肉用力时间越长、重复次数越多，运动负荷越强，反之越小。

在设计健美操运动负荷时应注意负荷逐渐上升与下降，并使之呈波浪式曲线上升与下降，总体上呈正向曲线。在一套健美操中，可出现1~3次高峰值，在出现多次峰值时每次的强度应有所区别，不应相同，可递增或递减。锻炼时间越长，出现多高峰的可能性越大，相反则越少。通常，国际流行俱乐部锻炼时间控制在45~60分钟。在我国有些俱乐部为60~90分钟。学校体育教育中常用的操每套在5~10分钟。

步法的强度受如下因素影响：主力腿的腾空高度、动力腿的动作幅度、肌肉的控制力度、动作的速度。影响手臂的动作强度的因素是动作幅度，以肩为轴由下至上强度逐渐增强，同时动作速度也是控制强度的主要因素。（表7–1）

表7–1 健美操运动强度的控制因素

	动作速度	动作幅度	动作速度	动作用力	持续时间
+	↑	↑	↑	↑	↑
−	↓	↓	↓	↓	↓

5. 注重艺术性和创新性

健美操是一项结合了体操、舞蹈、音乐等项目特点的综合性体育锻炼项目，它的重要特点之一是带有强烈的娱乐性与表现力，因此有目的地吸收舞蹈动作与其他运动项目的动作，以及一些独特的动作，是创编中必不可少的环节。

现代健美操起源于20世纪60年代末70年代初的美国，在70年代，迪斯科舞蹈盛行于美国，后风靡全球。健美操最初把迪斯科与体操动作融为一体，并运用有氧运动的锻炼原则独树一帜，赢得了众多人群的钟爱。它之所以很快被人们接受，正是来源于它独有的娱乐性与健身的实效性。而后，健美操吸纳了越来越多的舞蹈动作，并加以创造，形成了风格各异、形式多样的健美操，如：爵士健身操、拉丁健身操、搏击健身操等等，健美操的锻炼者从中受益并感受到无比的乐趣。健美操是一项包容性很强的体育运动项目，它能够很快地吸收新的舞种与新动作。只要对身体锻炼有好处的动作都可以吸收。这和健身市场与人们的需要分不开，也是健美操向前发展的原动力。创编者采用哪些舞蹈素材和其他运动项目的动作，乃至独创性的成功与否，是衡量一个创编者水平的重要标志。

运用其他项目的动作素材，应注意以下几个方面：

第一，在一套操中，舞蹈或运动项目的动作风格尽可能地统一，以便形成独特的鲜明的风格。舞蹈是一种艺术形式，往往与时代、文化等有着密不可分的联系。一个时期往往有其代表性的文化特征。我们在采用舞蹈素材时，应考虑接受对象的文化背景。只有尽可能被人们所接受，才能达到最佳效果与影响力。如果我们把过多的舞种混杂其中，会使人们感到杂乱无章。要把地域跨度过大的文化形式区别开来。如果有必要采用，一定要经过"吸收→消化→改变"的过程。借鉴其他的运动项目也是如此。

第二，采用舞蹈或其他的运动项目动作应与健美操的特点相结合。任何一个来自其他形式与舞蹈的动作，都不应该不加考虑与不加改造地使用。健美操的特点之一是节奏强烈、奔放与热情，同时要求有一定的节奏及频率，它应保持一定的律动性以及韵律性，其特点是步法保持弹性，动作清晰有力，动作与动作连接快。我们应依据这种特点进行选择，避免使用那些易造成损伤及违反人体自然形体与运动规律的动作。

第三，音乐的风格与动作的风格应该统一。一个舞种往往都伴有相应风格的音乐，只有这样才能使人们去接受和谐、完整的文化熏陶，从而达到身心的完美统一。

二、竞技性健美操创编的指导思想及技术性原则

我国的竞技性健美操作为独立的体育竞赛项目，正日趋成熟并与国际同步。创编作为竞赛活动的先导环节，直接影响着竞技水平、动作及套路创编的优劣，最终将直接关系到运动员的比赛成绩。所以，明确创编的指导思想、研究并遵循竞技性健美操的创编原则至关重要。

（一）竞技性健美操创编的指导思想

规则是竞技比赛中的法规，是每一位参赛者都必须遵守的。规则是衡量动作编排及完成情况的标尺，它判断成套动作的艺术、完成、难度等各个方面的好坏与高低。规则又是指南针，它为创编者与参赛者都指明了方向。研究并执行规则的条文不仅仅是运动员与教练员的天职，同时也是创编者创编动作的依据。

由于竞技性健美操从诞生至今时间较短，因此国内外各地区发展情况各异。

我国自 1987 年举行第一届"长城杯"健美操邀请赛，至今国内制定的规则已有五六个版本之多。从最开始的只有规定动作，到今天直接采用国际规则，变化之快之大是惊人的。目前，国际上具有影响力的健美操国际组织有三个，制定的规则各异。1998 年 8 月国际体操联合会成立了竞技健美操委员会（FIG），并在法国举行了第一届"世界健美操锦标赛"之后，这一世界性比赛每两年举行一届。

1994~1996 年，竞技健美操规则要求创编套路的时间为 2 分 50 秒~2 分 10 秒，并取消了其他国际组织当时通用的规定动作，即 4 次俯卧撑、4 次仰卧起坐、4 次大踢腿，取而代之的是两个规定的两个 8 拍组合动作与六大类难度动作。两个规定组合是一组对称动作，另一组由五个基本步法、三个连接步法的动作组合。六大类难度为静力性力量、动力性力量、平衡、跳跃、踢腿、柔韧动作。1997~2000 年规则取消了对称及组合性动作，保留了六大类难度，发展为七个层次，并对难度数量加以限制。一个成套动作中最多出现 16 个难度，以 12 个最高难度计分。除此之外，对动作的连接、操化动作的运用、场地空间的运用、艺术性、创新与动作变化都有具体的规定。2001~2008 年的规则，又把六类难度合并为四类难度，即俯卧撑类、支撑类、腾空跳跃类与柔韧类。难度动作数量限制为 12 个，只能出现两次腾空成俯撑动作，地上动作不得超过 6 次，并取消艺术加分。在竞赛过程中对成套动作的评判是依据规则进行的。因此，创编者在创编前，首先明确的是要遵循规则。

竞技健美操作为一项竞技体育运动，最终目的是要通过比赛区分优劣，运动员则是通过比赛来检验自己训练的水平，并在比赛中取得理想的成绩。那么要提高竞技能力，成套动作的创编非常重要。

国际体联健美操委员会主席约翰·艾特肯森（JION.ATKESION）于国际体联会议上指出："我们要严格维护健美操特色。"什么是竞技性健美操主要特征与竞技性健美操在竞赛中所特有的比赛内容呢?健美操的特色是在身体姿态的控制技术（ALIGNMENT）的基础上的有节律的弹动控制技术（BOUNDS），它的竞技特征表现为动作的难度与配合、动作形式的多样性与连贯性、运动负荷的高强度等。这些都是围绕着体现运动员的身体素质（力量、无氧耐力、速度柔韧、灵敏、协调、平衡能力）、独特的吸引力（动作设计、动作表现、表情与气质）、智慧（战略战术、成套动作的不同层次表现）、心理素质（情绪的稳定性）而进行比较的。所有这些综合能力的优劣，直接反映出竞赛当中的竞技能力，因此，体现竞技性健美操的竞技能力是我们创编中的另一个十分突出的指导思想。

（二）竞技性健美操创编的技术性原则

1. 多样性原则

国际体联竞技健美操竞赛规则中指出"成套动作必须表现出健美操动作类型、风格和难度动作的均衡性"，即成套动作必须表现不同的风格、节奏，成套动作的操化动作与难度动作的选择必须均衡。关于多样性，竞赛规则从如下几个方面作了明确的规定：

第一，"动作组合的多样性的每次相同的动作将被扣分"。这就意味着在1分45秒的成套动作当中不能有任何的动作是相同的。

第二，"作为难度和支撑的准备的过渡动作的多样性，只有作为难度的准备的过渡动作才允许重复相同的步法组合，但手臂动作组合必须不同"。

第三，"空中到地面及其相互转换的过渡动作的多样性。运动员每次从一个平面转换到另一个平面时完全重复相同的动作，将被扣分"。

第四，移动路线的多样性。连续使用相同的移动路线将被扣分。

第五，动作节奏的多样性。在一套动作中至少出现一次节奏的变化。

从上述规定看出，对多样性有那么多的规定其目的在于增强健美操的可视性与观赏性，同时全面反映运动员在各方面的能力，并使成套动作的内容丰富全面。成套动作的多样性是目前国际健美操比赛的潮流，在进行任何类别竞技健美操套路的创编时，都应掌握其潮流以及发展趋势。

应当注意成套动作的均衡。不论是操化动作的各个类别还是难度动作的规定动作，要注意两个方面，一是类别数量的均衡，即在动作中尽可能地把动作的类别及数量做出适当的安排，根据目前动作的发展及运动员个人的特性而定，并不是难度动作越多、动作难度越高越好（参见《PIG竞技健美操竞赛规则》中难度类别数量表及难度动作数量表）。从各类比赛中也可以看到成绩的好与坏并不与难度数量及级别成正比。均衡是指在成套动作中，各类难度能够达到一种最佳组合状态。二是指结构上的均衡，是对成套所有动作的前后安排的均衡，不能使某一类动作特别是难度动作过分地集中出现。

目前难度动作分为四个组类、十个级别，即0.1~1分，每上升0.1则升高一个级别。从0.1向后，难度价值越来越高。所谓高难度、高价值取决于两方面，一方面是参与动作的身体部位越多，复杂程度越大，难度越高；另一方面是人体运动围绕人体垂直轴进行，人体垂直轴又分为垂直地面转动（TURN）与偏离垂直地面的人体的非垂直轴（TWIST），一个动作参与的垂直轴转动越多，难度分值越高，但不是无止境的，规则目前准许的范围是720°以内的旋转。同样值得注意的是创编中要强调高难度动作，但不是难度越高越好，而应充分考虑运动员所具有的运动能力及动作特点、风格等综合因素。在运动员能够优美地完成动作的前提下，对难度动作进行选择与创编。

操化动作是指从传统健身操中发展而来的健美操固有的动作。操化动作的难易与难度价值、难易程度分析基本相同，但在《FIG竞技健美操竞赛规则》中每个操化动作没有具体分值，对它的评价是依据运动员的完成情况及创编的多样性及艺术性。《FIG竞技健美操竞赛规则》中指出：多样性并不意味着不允许重复基本步法或其变化，而是运动员应避免做相同的动作组合。动作的变化应综合考虑，上肢与下肢配合及前后连接上应尽可能多地进行变化。我国的一些比赛，特别是行业或基层比赛，目前还没有过高的难度，对难度动作数量也有所限制，有些对操化动作有具体的规定，并有相应的分值。在创编这类操时应考虑具体的原则与规定。我国不同级别的比赛很多，创编时除了要尊重规则要求外，还应尽可能地使动作产生变化。

2. 流畅的连接与过渡性原则

连接与过渡动作是指重点动作与重点动作或重点段落与重点段落之间的动作。连接与过渡可能是空中及地面的转换或是路线的变化，这些在比赛套路中运用得好坏是成套动作优劣的又一衡量标志。

《FIG竞技健美操竞赛规则》在第四章1、2过渡动作/连接动作中作了如下说明："流畅地连接健美操的基本步法、动作组合、难度和托举的能力；灵活和流畅的空中、地面相互转换。"

另外，在规则的《裁判员指南》中关于过渡与连接动作流畅说明是："不同的动作组成了一套动作的编排，健美操的动作组合、难度动作、托举和支撑，过渡动作或用于从一个平面转到另一个平面的动作。这些动作必须以动力性生动地连接在一起，而不能突然中断动作的连续性，一个动作必须轻松和自然地引导另一个动作。成套中的每一拍都应清楚。"

动作的流畅性可以从几个方面理解，首先是动作本身。创编组合动作时，要注意步法与步法的连接自然流畅，特别是各种移动与转体，应当左右腿交替运用，连续使用一条腿时必须恰当巧妙，可以配合节奏变化。上肢的连接同样要连贯自然。步法是健美操的基础，要做到连贯流畅，步法的重心处理十分重要。其次，难度动作与前后动作的连接必须自然顺畅，通常采用的基本动作类型有一般性的跳跃、前倒、滑动、滚动、翻转、小技巧等。当准备做一个难度时，应该先考虑它的难度类别与运动形式，所采用的前后连接应有利于难度动作的完成而又自然、完整。

在做集体项目的配合时应考虑人与人之间的相互关系，使他们从前至后连接自然顺畅，可以使用各种姿态与步法进行连接，上一个动作应是下一个动作的准备，一个动作的结束应该是另一个动作的开始，从而达到一种最佳的连接过程。创编配合动作，除了表现出相互依托与映照外，还应具有健美操特色，可以利用各种健美操的难度动作及操化动作进行结合。配合动作分为静力性配合与动力性配合两种。静力性配合需要为运动员保持足够的静止时间，而动力性配合要注意人与人之间的协调与运动感。

空间的利用与路线的变化是创造流畅性的另一个方面。空中、站立、半蹲与地面运动是运动员可运用的垂直空间，而同时通过运动员身体方向的变化可以在水平方向创造流畅。在做这些变化时，应避免生硬的死拉硬拽式的连接，而应利用健美操的特有的动作特性，如节奏快、变化多、步法变动快等，由一个动作或一个面变化成另一个动作或另一个面，充分运用人体的运动规律，尽可能地少出现中断、停顿的现象。

成套的运动路线主要有：直线、斜线、曲线、波折线、锯齿线、S线等。单一的线实际只有两种：一是直线，二是曲线，其他线条都由这两种线条变化或组合而成，如斜线是直线变方向而形成，S线由正反两个曲线组成。有目的、巧妙地使用这些路线可以增强成套动作的流畅感，使成套动作显得饱满与飘逸。不论比赛场地是什么形状，我们都可以把它划分为基本的五个区域，即场地的四个角半径1米的区域与场地中央。尽可能地利用步法移动至各个区域，避免区域的使用失衡，某一区域使用过多也会影响成套动作的均衡感。

在创编中，路线的使用应尽量避免多次使用一条路线，特别是连续使用同一路线。

3. 独特完美的艺术创造性原则

健美操是一项艺术性很强的难美项群类运动项目，它可以给人们带来很强的艺术享受，但就健美操项目特点而言，它的主要艺术特点是朝气蓬勃、欢乐向上。《FIG竞技健美操竞赛规则》中第三章的艺术性为："成套动作的艺术性要求是，充满活力，有创造性，以健美操的方式表现动作设计和流畅的过渡动作"；在第四章创造性中指出："成套动作必须是令人难忘的与众不同的，它必须是展现及音乐、动作设计和配合的独特的创造性的结合。"在规则的艺术裁判指南中指出"不欣赏表现悲伤、痛苦、烦恼或不快乐的表演，因为健美操的特色之一是活力、动力、趣味和快乐的外在表现"，"成套的主题不得体现暴力、色情与性爱"。

健美操的艺术创造具有两重性，首先是创编过程中的艺术创造，其次是运动员在完成成套动作过程中的第二次创造。创编中的艺术创造是基础，而通过运动员的第二次创造，升华与提高其艺术创造性，从而达到完美的境界，因此，创编中的艺术创造是首要环节，它直接影响着第二次创造，是第二次创造能否展示理想空间的前提条件。

在创编一套动作前，要了解运动员的习性、表达能力等因素，只有这样，在创编中才能有目的、有方向、有尺度，使成套动作的艺术性与艺术魅力展现得淋漓尽致。

健美操的艺术创造可以通过以下几方面进行。

主题：在成套中可选择一个表现的主要内容，如读书、欢聚等等，在成套中恰当地加以描述，使成套动作产生戏剧性效果，但不能过多地展现，因为每个动作必须为体现竞技能力服务。可通过短时间的两三个动作，也可在成套中反复出现同一主题（用不同的动作），但以不超过三次为宜，与此同时，要使主题与其他因素有机地结合，主题的出现要能够突出艺术性。如果没有具体的主题，则应该围绕着成套的风格与气氛来进行创编。成套动作的艺术气氛来源于个人的修养，特别是音乐给予创编者的启发与灵感。

音乐：优美、完整及独特的音乐风格是展现动作与艺术性的动力，音乐具有完美的表现形式，它可以为创编者提供创造的源泉，并使创编者产生灵感。恰如其分地运用这些表现手段，可以突出艺术效果，并给动作带来生命。在创编中，应对音乐的结构、节奏、旋律、配器等诸多因素进行分析，找出动作与音乐的结合点，特殊的音响效果会给动作带来意想不到的效果。音乐的选择必须有利于体现竞技健美操的竞技能力。

动作设计：在动作设计上，除了考虑那些传统的健美操动作，还应善于创造新颖的动作。独创新颖的动作使人们出乎意料，反应强烈，具有独特的艺术性与创造性。

上述三个方面在创编中应有目的地综合使用，特别在独创方面应狠下工夫，以求不落俗套，与众不同。

《FIG竞技健美操竞赛规则》有关艺术创造性中指出："表演是与众不同的、独特的和非凡的"，在论述完全新颖的音乐和独特的动作时指出："当所有的因素被编排和融合一起时（动作设计、表现力、音乐、配合），才能形成一套与众不同的独特的和令人难忘的成套动作。动作设计、健美操组合的编排、过渡动作、不同的队形,这些都是新颖的、与众不同的、不可预见的,并且通过运动员的动作和表现与音乐风格完美地结合起来,再加入一些以前无人做过的具有特殊感觉的小动作细节。在一套动作中可体现一个主题","动作设计、音乐、表现和服装都与主题密切联系。各种因素完善地结合在一起,使之具有独特的个性"。

4. 因人而异的创编性原则

运动员与运动员之间存在着各种差异,除了个性上的差异,还有运动能力、身体素质、技术、外形等方面的差异,在创编中应充分掌握运动员的个体特性及各方面的情况,并充分挖掘个人的特点,结合上述原则进行创编才能达到预期的目的。

三、表演性健美操的创编

表演性健美操是属于展示性与观赏性的健美操,它的主要作用是介绍、推广、传播以及带动健美操的发展,丰富人民大众的业余文化体育生活。由于其目的是展示与观赏,因此,在创编的原则、方法、内容等方面除了抓住健美操的本质特点之外,还要丰富其内容,突出其功能。

(一)表演性健美操的几种类型

1. 展示健身功能类

这类表演性健美操主要以常见的健美操种类为主,如:健身健美操、踏板操、搏击操等。这类操的创编要有意识地强调该类健美操本身特点的动作,尽可能地展示动作本身给身体带来的作用,集中它的精华部分进行展示。

2. 展示艺术美类

从人体美、健康美和运动的角度讲,健美操展示的是韵律美、动感美,从精神上给人们带来的是活力美、愉快美,从艺术的角度揭示了美好的生活与生命的力量美。这类健美操表现的空间相当大,不必约束太多,要尽可能地发挥想象力去表现健美操的这些美。

3. 展示技巧类

以高难动作等技术作为支撑的健美操基本上是竞技健美操,难度动作是体现竞技性的主要特征。这类健美操惊险复杂，观赏性也很强，可以直接表演，也可以结合上述两类的特点进行编排。它和上述两类的主要区别在于含有高难动作，在编排时可以根据需要，采用难度动作或者其他技术性强的动作。

（二）表演性健美操的创编原则

1. 展示健美操的项目特点

健美操的主要特点为动作的弹动性与特有的形态。弹动性在基本技术中已经作了详细的阐述，它源于膝、踝的协调屈伸。健美操的姿态除了躯干挺拔、有清晰的开始与结束外，动作有力度是它动作本质上的特点。另外，动作流畅、衔接合理、具有强烈的律动感也是它的主要特征。在编排表演性健美操时，主体部分要尽可能地保持这些主要特点，根据需要加入一些别的动作。

2. 以音乐为灵魂

音乐是健美操不可缺少的部分，可以为创编带来广阔天地与灵感。在创编中，要准确地表达音乐激情与内涵，在掌握音乐知识的前提下，在必要设备的支持下，也可以按自己的意愿首先创作音乐，再进行动作创编，这样就可以使动作与音乐结合得更加完美生动，充满生机。

3. 多样性

表演性健美操的观赏性是主要目标，很难想象人们会对平淡、没有变化的东西感兴趣。人们的注意力很容易被变化、冲突、优美、移动的事物所吸引。因此，应尽可能地减少动作的重复，只有需要呼应的情况下，才采用重复动作。

动作的多样性不是没有目的的动作累加，而是在风格统一的情况下加大信息量与丰富动作，避免不必要的重复动作，以使动作变化多端。

多样性不仅仅只限于动作，还包括空间利用、节奏变化、人员的组织与调动、路线等。

4. 强烈的艺术性

艺术性是健美操的主要特点之一，健身性健美操与竞技性健美操由于目的与条件等方面的限制，不可能把展示艺术性作为首先，而表演性健美操就不同了，在把握健美操特点的前提下，可以使表演性健美操充分展示健美操的艺术魅力。

创编者可以突出某一种风格，如：HIP HOP、拉丁等，也可以把其他项目融入表演之中,还可以把不同风格与不同的健身器械融入一套表演操中,但在编排这样的操时一定要注意音乐的协调。

主题的表现是展示艺术性的另一种手段,可以很具体地利用某一生活中或想象中的事物作为描述的内容,无论是动作体现还是音乐体现,都是很好的艺术体现,但在这类操的编排中,健美操应该是主体。

当然,如果在编排之前就将服装、灯光、舞台美术等因素全面考虑,那么艺术的美丽会更加完美地展现在观众面前。

5. 因人而异

无论是哪类健美操的创编都不能忽视对各方面条件的考虑,要从如下几个方面审视:(表7-2)

- 身体条件
- 专业技能
- 表演能力

表 7-2

身体条件	专业技能	表演能力
柔韧、力量、灵活与协调性格	操化动作、转体、跳跃、舞蹈	激情、吸引力、形体与面部的表达

第四节 创编方法

所谓方法是在明确目的、遵循原则的基础上采用的创编途径。这些途径不是唯一的,但是对创编却起着事半功倍的作用。

一、加减法

加减法主要运用于健身健美操。所谓加法就是在基本步伐的基础上加上手臂动作和身体动作而变化出来的动作。而减法是把反复重复的动作减去一定的次数,使动作与动作之间的变化能加快成为新的动作组合。

加法举例：

八拍	第一			
拍节	1-2	3-4	5-6	7-8
步伐	开合跳	后踢腿	弓步	吸腿
手臂				
躯干与头				
变化后				
八拍	第一			
拍节	1-2	3-4	5-6	7-8
步伐	开合跳	后踢腿	弓步	吸腿
手臂	侧举	摆臂	前举	抱肩
躯干与头	直立抬头			

减法举例：

八拍	第一	第二	第三	第四
拍节	1-8			
步伐	开合跳4次	后踢腿8次	弓步4次	吸腿4次
手臂	侧举4次	摆臂8次	前举4次	抱肩4次
躯干与头	直立抬头			
变化后				
八拍	第一			
拍节	1-2	3-4	5-6	7-8
步伐	开合跳1次	后踢腿2次	弓步1次	吸腿1次
手臂	侧举1次	摆臂2次	前举1次	抱肩1次
躯干与头	直立抬头			

二、变换法

变换法是在基本动作上使用节奏、方向、幅度、次数变化的一种方法。这种方法的最大优势是只要我们掌握了基本动作并熟悉变化的基本规律就可以变化出无穷无尽的动作。

（一）节奏变换

在基本动作上采用不同节奏的变化，如：原有动作是一拍一动，改为一拍两动或两拍一动。

（二）方向变换

在基本动作上使肢体的方向发生变化而产生新动作。如：踏步——向侧左右依次 45°迈腿，再收回而产生 V 字步。向前踢腿改为由下向异侧摆腿，而产生蹁腿等。

（三）幅度变换

采用不同幅度的动作而产生视觉新感觉。如：同样的动作一个幅度小一点而另一个大一点而形成轻重对比。

（四）次数变换

同样的动作做不同的次数同样可以得到新的视觉效果。上述方法往往可以交叉混合使用，而产生丰富多彩的动作组合。

三、重新排序

这种方法对于那些接触健美操时间不长，没有很多动作素材的人来说是很有帮助的，所谓重新排序，是把已经掌握的动作组合或套路顺序打乱。用已经有的若干个动作，在遵循音乐给与我们的提示下，按照自己的意愿重新组合新的动作组合。

重新排序举例：

原有动作组合：

A+B+C+D+E

新组合：

B+D+E+C+A 等。

四、启发法

启发法是借助音乐为我们提供的结构、风格、意境、节奏等，启发我们想象力，丰富我们的素材，从而产生灵感而进行创编的一种方法。音乐是一门独立的艺术学科。它有着自己完整的表现形式与体系，它能够很好地表达人们的情感，展示出特有的文化特征与内涵，而每一种文化是多角度、多形式、多种类的表达和反映的，这就为我们进行健美操创编提供了共同的营养与血液。启发法对那些有着丰富的舞蹈素材和音乐涵养的人来讲是很有帮助的。

（一）结　构

一首动听的音乐一定是打动人心的、令人难忘的。而一套好的健美操动作也应该是优美的、赏心悦目的。音乐作品一定是由开始的主题而不断发展扩充的，我们得到一首音乐就应该反复聆听，考虑音乐是怎样开始、怎样发展、怎样结束的，与此同时我们仔细考虑我们动作怎样开始、怎样发展和怎样结束。如：一首音乐的开始部分像号角一样雄壮有力，我们就应该使动作具有冲击力与动感。音乐的结构从乐思、乐句、乐段直至乐章都有着自己显著的特性，而这些节、句、段、章，为套路与动作段落的划分提供了有利的启迪。

音乐除了段落还有高潮，高潮也可以划分出次要高潮与主要高潮而形成乐曲的跌宕起伏，这就为我们安排动作的起伏提供了依据。因此我们在分析音乐时要特别注意音乐高潮的分布与处理，如果是做健身健美操我们要特别考虑运动量强度与音乐的起伏相协调。而在编排竞技健美操时就应该考虑成套动作起伏与音乐的起伏吻合。同时还可以考虑我们难度动作的分布。

（二）风　格

音乐风格与地域、时代等有着密不可分的关系，一种音乐风格往往和一种风格的舞蹈相对应，因此这对我们采拾动作素材起到了极大的帮助，我们很难想象在典型西班牙风格音乐的伴奏下去跳中国秧歌动作。因此就要求我们尽可能地使动作风格与音乐风格相一致。

（三）灵魂撞击法

所谓灵魂撞击是指仔细聆听音乐感受音乐，感悟音乐为我们带来了什么样的感受。当我们听到一个音符、一个声响、一个乐句……它一定会触动我们的神经，给我们造成印象，我们应该抓住这些印象，发挥我们的想象使一个音符、一个声响、一个乐句变化成一个人的动作。

如：一声号角，不难记我们想象出战士出征，而出征就有典型的动作与队形，双脚并拢、昂首挺胸、迈开大步、指引方向这些都是生动的动作。

值得注意的事，在运用这种方法时我们不可以把生活中的动作直接运用在健美操当中，而是应该把这些动作经过改造使得它们符合健美操的项目特点。

以上几种方法在实际当中不会是孤立的运用，而常常是综合交叉的运用，应该多使用，多操作才能达到出神入化的地步。

第五节 健美操的创编过程

创编的过程是指创编健美操时的先后步骤与流程。有序地进行这些步骤，可以提高创作的效率及质量，也有利于我们对其结构及形式进行分析，以便下一步的修改工作。

创编过程可以有多种，但主要有两种：

第一种：制定目标
　　　　↓
　　　音乐的选择与剪辑
　　　　↓
　　　素材的选择与确定
　　　　↓
　　　建立基本结构
　　　　↓
　　　按创编原则组合动作与分段
　　　　↓
　　　按成套顺序完成成套动作的组合
　　　　↓
　　　评价与修改

第二种：制定目标
　　　　↓
　　　构思成套的结构
　　　　↓
　　　素材的选择与确定
　　　　↓
　　　按原则组合动作与分段
　　　　↓
　　　按成套顺序组合成套
　　　　↓
　　　音乐的创作与剪辑
　　　　↓
　　　评价与修改

一、制定目标与整体构思

创编的第一步应是制定目标，只有目标明确才能使创编具有目的性，才能尽可能地少走弯路或不走弯路。

制定目标时，首先要明确创编目的。思考这一问题，可先从健美操的分类开始。第一是为了比赛还是健身，第二是具体的目的，如：

健身→按功能选择→对象及客观条件等；

竞赛→竞赛类型→规则→对象→预期成绩。

第三是套路的风格，它决定着成套动作的个性与艺术价值。

准备创编或接到一个表演的任务时，应该先考虑自己最熟悉健美操的哪些项目，自己对哪类音乐与动作最有把握，然后根据表演的要求，反复思考操的开始——发展——结束，构造框架。有了比较清晰的想法后，就可以进行具体的操作了。

例1：

开始	发展	结束
造型——扩张	操化——表演	收缩——托举——造型

二、音乐选择与剪接

音乐应符合健美操的特点，节奏鲜明、热烈、蓬勃向上。根据创编的目标，选择音乐的风格，然后根据成套动作的结构或具体要求，确定音乐的长短、起伏，或根据音乐的长短、起伏，确定成套动作的结构与动作。

有了整体构思，便可以有目标地选择音乐。当听到一首乐曲时，应考虑它是否能够使你感动，是否能够激起你的想象与灵感。

选定音乐之后，要反复地聆听音乐，感受和体味、感悟乐曲的开始——发展——结束，不要放过音乐的过渡部分。

与此同时，着手划分音乐的段落，并进行筛选，在确定所需要的音乐段落后，思考如何使这些段落衔接与过渡，如何衔接自然、流畅、有特点。特别是要有一个激动人心的新颖的开始与结束。

最后进行剪接与编辑音乐的工作。

例2：

原创音乐：（假设时间2分28秒）

前奏（4×8）——A 段（8×8）——B 段（4×8）——间奏（2×8）——A 段（8×8）——B 段（4×8）——结束（2.5×8）

共计（32.5×8）

剪接后音乐成品：

前奏（2×8）——A 段（8×8）——动效音 0.5×8——B 段（4×8）——间奏（2×4）——结束（2×8）——动效音（0.5×8）

共计（19×8）

三、动作素材的选择与确定

动作素材收集工作主要靠平时的学习与积累。当目标确定后，创编者在素材库中选择那些适合目标的动作。如创编健身操，看哪些动作具有锻炼价值，同时又容易被接受；竞技性健美操选用哪些难度动作与过渡动作，哪些动作为个性动作，特别是哪些动作是独创动作等。选择往往不是一次性的。与此同时，如果有条件，应把素材拿到组合中先进行检验，看看是否可行、有效。通过这两个步骤，可以初步确定创编中所要采用的素材动作，例如：当获得了爱不释手的音乐，并且经过反复分析，对该音乐已经了如指掌后，首先应该考虑那些有代表性的、风格明显的动作。

其后是选择主体动作，把这些动作组成一个一个的动作组合，而这些组合应该是和音乐的段落相对应的。

例 3：我们选用示例 2 的音乐

前奏（2×8）——A 段（8×8）——动效音 0.5×8——B 段（4×8）——间奏（2×4）——结束（2×8）——动效音 0.5×8

前后除去两处动效音外（动效音我们要特殊地处理），我们把成套音乐共分成五段，即：前奏段+A 段+B 段+间奏+结束

我们先选择其中任何一段，如：

间奏段：

音乐：4/4 * * 0 *|* * 0 *|## * ## *|* 0 * —|

动作：踏步——弓步——踏步——弓步——恰恰步——恰恰步——提膝——开合跳

经过上面的步骤我们获得了一个动作组合，其他段落以此类推。

四、建立基本结构

结构好比骨骼,它支撑起整个成套动作。

健身性健美操的结构应当是科学的、鲜明的、有序的。健身性健美操的基本结构应遵循健身操的创编原则,而竞技性健美操的结构根据通常使用的三个基本部分而建立,只是与健身操的目的有所不同。通常,竞技性健美操的三个部分为:

开始→发展→结束

根据创编原则建立结构的同时,应考虑音乐对结构的制约。音乐应与成套结构紧密联系,有乐句、过渡、乐段及终止等因素。

在音乐开始部分的"序"和结束部分的"终止"中,音乐的节奏与配器往往是很独特的,具有吸引力,在这两部分中,我们要尽可能地发挥想象力去创造新颖的动作。

五、按创编原则组合动作

组合动作指的是把两个以上的单动作串联起来的动作组。在连接这些动作时,应按照创编原则去做。在组合动作时,可按成套动作的先后顺序,也可以打破顺序,按主次组合动作。还可以按创编者所感觉到的动作进行组合,再根据结构上的顺序创编其他动作组合。

六、按成套顺序完成成套动作的组织

当基本动作组合完成之后,可以按结构框架把动作组合排列起来,审视其中的连接是否顺畅,如有空缺,应用动作或组合来填充。

七、评价与修改

当一套动作初步完成之后,先进行初步的实践,然后进行评价与修改,从而使成套动作更趋于合理与完善。

评价工作可以是创编者独立完成,也可以请有关专家做。

健身性健美操的评价可根据规则和创编原则进行。通过生理指标测定,如:

心率、耗氧、肌肉与关节的活动量等等，对锻炼价值进行评价，同时，对是否可能造成损伤、前后动作是否顺畅，以及娱乐性、趣味性、艺术性进行评价。

如果存在不足，应参考创编原则进行修改。修改工作通常要在成套创编完成之后进行，但有时也与创编同时、同步进行。注意不要过多地在细节问题上纠缠，否则会使创编陷入困境。可以整体、全面地分析、比较，使成套动作更趋合理。

（孟宪君）

第八章 竞技性健美操训练法

本章通过对竞技性健美操训练过程规律的总结与阐述，使热爱和参与教学、训练工作的人们，更容易地达到自己的目的。《运动训练学》告诉我们："运动训练学的主要内容包括：运动训练的目的、任务、特点；运动训练中的适应过程；运动训练的原则、方法；竞技能力的训练；运动训练的结构、组织与控制；教练员与运动员；运动训练过程中的思想政治教育等。"

在我国，竞技性健美操训练是健美操体系中不可缺少的一部分，它与学校中健美操教育、健身健美操的大众锻炼与娱乐组成了完整的健美操框架。因此，了解与研究竞技性健美操的训练对整个健美操运动的发展是十分重要的。

第一节 竞技性健美操训练的目的与任务

竞技性健美操训练的根本目的与任务是通过教练员专门计划和指导，使运动员逐步提高竞技健美操专项身体素质、技术、技能、心理水平，使其竞技能力达到理想的状态，从而在各种赛事上取得优异成绩。

一、发展专项身体素质

竞技性健美操的专项素质主要包括有氧状态下及无氧状态下的代谢能力、肌体的力量与爆发力、各关节的柔韧性、身体的平衡与控制能力、肢体动作的协调能力及灵敏性、对空间位置和运动方向的敏感性、适应外界环境变化的能力。

专项身体素质是完成竞技性健美操成套动作的基础，只有具备高水平的专项身体素质，才能为高质量地完成动作提供基本条件。

二、提高专项技术水平

竞技性健美操专项技术包括弹性技术（缓冲的控制能力）、身体姿态（肢体与躯干在动作过程中的速度、幅度与控制能力)、重心的转换(身体重心在运动中的平稳控制)、高空落地(控制与缓冲)、转体技术(身体各轴面感知能力的建立与控制、旋转力的发动)、与同伴协调配合的技术(控制自己与同伴动作的一致)。(图8-1)

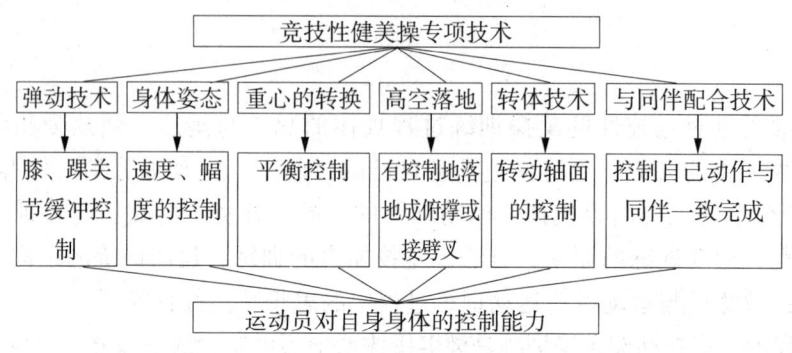

图 8-1

竞技性健美操专项技术是掌握和形成竞技性健美操正确身体形态的有效途径与方法,它主要是根据健美操的基本原理在长期实践中建立起来的,是形成竞技性健美操项目外在特征与内在价值的基本保证。健美操虽然种类繁多,但其基本的规律与原则是一致的,因此,从普遍的意义上来讲,只要掌握了这些基本技术,就基本地、较好地掌握了健美操。健美操的技术是要靠认真反复地实践、总结才能掌握的。

三、培养和提高运动员的心理与智力水平

由健美操项目特点所决定,健美操运动员的性格应该是外向并极具表现力的,他们能在复杂的情况下很好地控制自己,完成成套动作时尽可能地达到完美的境界,富有动感、朝气、健康和现代感。

竞技性健美操运动员的心理素质应该包括:健康的人格、良好的道德、稳定的情绪、灵敏的感知能力及富有逻辑的思维与表达能力。

竞技性健美操运动员的智力水平表现在成套动作的组织与编排、完成与表现、个人的道德与气质、对周围事物的适应力与处理能力。

上述这些心理素质与智力水平,直接影响到运动员的比赛成绩与日常处事,它不是运动员与生俱来的,必须通过教练员对运动员的训练、日常生活的指导与培养来提高,所以,培养和提高运动员的心理与智力水平也是竞技性健美操训练

的重要任务之一。

四、发展、推动健美操事业

竞赛活动能够带动相关的事业与产业的发展。竞技性健美操训练重要的任务之一是在训练中不断地发现问题，解决问题，同时还要不断地创新，通过比赛加以传播开来，使人们了解这项运动，从而推动整个健美操事业。

竞技性健美操比赛通过竞赛及此项运动本身所具有的独特魅力，能够起到推动整个健美操事业与市场发展的作用。运动员健美的体魄是众多人们追求的目标。优美、极富动感并具有强烈的艺术性的成套动作不仅给人们带来赏心悦目的感受，同时也吸引着众多的人参与此项运动，从而不断壮大健美操事业。

五、在竞技性健美操赛事中取得优异成绩

提高运动成绩是竞技体育活动的首要目的，也是运动训练活动的终极目标。竞技性健美操的竞技水平是运动员在赛场上力求完美地完成成套动作的能力水准，而运动员的竞技水准是以运动员的竞技能力的高低进行衡量的。竞技性健美操训练要使运动员在最佳时间区域内以最有效的方法提高专项技术水平，发展身体素质，从而提高竞技能力，在各个赛事中取得优异成绩。

第二节　影响竞技性健美操训练的因素

竞技性健美操训练是一个可控制的训练过程，系统控制是科学训练的指导思想和最佳方法。教练员、运动员、训练的内容与方法及训练的客观条件是构成这一系统控制的四个主要因素。

一、运动员因素

运动员是训练的对象，运动员的训练质量直接关系着训练的最终成绩。竞技性健美操运动员的个人因素包括：运动员身体健康、伤病状况及生理特点；身体形态的发展变化；运动员的一般身体素质；运动年龄；运动员的心理品质及个人行为特点；艺术表现力和创造力；对竞技性健美操的热爱与追求等等。

二、教练员因素

竞技性健美操比赛中编排占非常大的比重，这对教练员的要求很高。教练员因素包括健康状况、专业知识的深度和广度、掌握先进教学训练方法的程度；教练员的知识水平、经验及事业心；教练员的预见性、丰富的想象力、创造力及组织编排能力；教练员是否具有启发和调动运动员积极性的能力；教练员的说服教育能力和运动队的管理能力；教练员在比赛中的临场指挥能力等等。

三、训练的内容与方法

训练内容是指在运动训练过程中，为提高某一竞技能力、完成某一具体的训练任务所采取的练习手段。根据运动项目的特点科学地采用训练内容，才能促进竞技能力的提高。训练方法是在运动训练活动中，提高竞技运动水平、完成训练任务的途径和办法。竞技性健美操训练涉及的面较广，因此训练内容的选择要全面、系统，具有科学性和可接受性，训练方法的选择要先进、科学，合乎运动员的技术水平，切实有效，才能较好地完成训练任务。训练内容和方法的科学性、有效性，直接影响着竞技健美操训练的成绩。

四、训练的客观条件

训练条件包括国家对竞技健美操项目的重视与关心；国家制定的竞技性健美操运动等级制度、教学训练大纲、竞赛制度；业余训练的教练员与场地器械条件；科研工作者的积极配合；科学的管理制度；必要的经费、医务监督、运动后恢复手段；家长和学校对训练工作的支持。

以上四个因素必须处于正常功能状态，才能达到预期目的。

第三节 竞技性健美操训练的特点

一、训练内容专门性与多样性的对立统一

竞技健美操属于难、美技能类项目，提高专项技术和技能是训练的重点，提

高运动员的竞技能力是训练的最终目的，训练时必须体现训练内容的专门性，进行专门的专项技术和身体素质的训练。同时，竞技性健美操又是一项综合性的运动项目，它涉及体育与艺术两大领域，训练内容多样。它以体育为核心，带有强烈的艺术性，包括健身健美操、表演、音乐、舞蹈、健美等内容，体现了专门性和多样性的对立统一。

专项技术与身体素质的训练内容是依据《FIG竞技健美操竞赛规则》中成套动作的要求而制定的，竞技健美操的操化动作、专项素质与技术动作、难度动作是竞技健美操训练的核心内容。

竞技性健美操源于健身性健美操，它保留了健身健美操的基本特性，不同于健身性健美操的是竞技性健美操动作的幅度与力度，特别是对四肢动作线条有着相当高的要求，因此，健身性健美操的训练内容是竞技性健美操训练的组成部分之一。

竞技健美操以人体动作作为表情达意的艺术表现方式，以具体可视的形象高度显示出人的灵巧、力量、智慧，以及人对自然的征服和支配的创造能力，同时也表现了人的思想感情和精神风貌。在竞技性健美操比赛中，运动是内在精神气质和外在动作表现的统一，是表演艺术水平的体现。运动员通过面部表情和自身的表现力，融合音乐及形体动作来展示健美操项目的艺术内涵和意境，感染观众，体现艺术表现美。竞技性健美操发展到今天，要想在比赛中取得较好的成绩，就必须提高运动员的表现力，不仅对情感变换有极强的表达能力，同时对周围的事物也有超常的感知能力与表达能力。因此，要专门开设表演训练。

音乐被称为竞技性健美操的灵魂，音乐运用得完美与否直接影响着成套动作的整体效果。竞技性健美操的音乐不同于一般性音乐，具有本身特有的形式。音乐的主要作用是用来烘托成套动作的效果与气氛。音乐与动作是紧密结合的，动作既是对音乐情绪的一种表现，也是通过音乐的气氛对动作本身进行情绪上与力度上的烘托与渲染。任何一个动作的艺术性都存在于一种音乐情绪的表现之中。因此，了解必要的音乐知识，有利于运动员对音乐的理解与表达。

在动作连接上，竞技性健美操要更富有韵律感与流畅性，同时有相当多的动作是与舞蹈动作有密切联系的，或是从舞蹈动作演变而来的。舞蹈训练可作为培养运动员良好姿态与肌肉控制能力的辅助内容。

由于项目特点，健美操运动员应具有强健的肌肉、匀称的身材比例、优美的线条。成套难度动作要求运动员的肌肉抗阻能力超出常人，因此，肌肉健美训练十分重要。

二、体能与技术环节的紧密结合

竞技性健美操的快速发展和《FIG 竞技健美操竞赛规则》规定，运动员要在大于 24 次/每秒的音乐节奏下完成成套动作，即使是静力性动作也需要动用大量的体能来完成。科研人员对 20 名平均年龄在 21.5 岁的竞技健美操运动员进行即时心率测定，在完成 1 分 45 秒左右的成套动作后（采用《FIG 竞技健美操竞赛规则》），平均心率为 190（正负 5）次/每分钟，接近运动员的最大心率值，有个别甚至超出最大值，这证明竞技性健美操成套动作的强度是非常大的，需要运动员具有远远超出常人的速度、力量、能量代谢作为完成成套动作的坚实基础。因此，要重视运动员体能的训练。

要想准确地完成成套动作，除了需要体能作为保障外，在整套动作过程中，竞技性健美操动作过程自始至终需鲜明的节奏感，重心位置沿身体重心垂线上下移动起伏，动作节奏与音乐节奏相结合，通过髋、膝、踝的自然弹动，将身体与地面的反作用力柔顺地以步法形式表现出来。无论动作怎样复杂多变，整个身体始终要控制在正确的位置，即便在长时间的复杂多变的步法组合过程中或动作中，整个身体的正确姿态也不被破坏，为此，运动员要掌握良好的竞技健美操专项技术。在竞技性健美操训练中，体能训练和技能训练紧密结合是一大突出特点。

三、体能与智能的紧密结合

《FIG 竞技健美操竞赛规则》在第四章中指出，成套动作的艺术性应包括如下方面：动作设计、表现、音乐、配合、创造性。教练员在为单人项目运动员设计成套动作时，首先应考虑运动员的性格特点和气质。从运动心理学的角度看，气质上的差异是运动员在运动竞赛中的一个本质特征，它影响着个人情感的表现。表现力是健美操运动员精神气质和外在动作的统一。了解运动员的性格特点和气质，掌握运动员的表现风格，专门设计适合运动员表现的动作，是创编竞技健美操单人项目的前提，也是教练员首先要做的工作。成套动作的风格特色必须与运动员的性格、表现特长相一致。性格开朗、外向型的运动员可以选择较为热烈奔放的动作；性格较为内向的运动员可以选择一些较为小巧、细腻的动作。设计成套竞技健美操时还必须注意整套操风格特色的统一性，因为完成一套操的时间太短（1 分 40 秒~1 分 50 秒），风格特色展现太多，难免给裁判员、观众以目不暇接的忙乱感觉，如果重点不突出，风格特色动作就不能充分展示。风格特色动作应该贯穿成套动作的始终，前后呼应，突出动作的独特性，淋漓尽致地将运动员的风采展现出来。成套动作设计上要独具匠心，表现上要有强烈的自信、丰富的表现力和无可抗拒的吸引力。高超的创造能力是以灵感与知识水平作为铺垫的，自信是需要熟练的技术动作与自信心支持的，表现是靠理解力与表达力来展现的，由此而产生感染力。在成套动作中，体能是支持这些方面的物质基础。有些运动员在成套动作的前半部分有丰富精彩的表现，而后半部分则心有余力不足，这就是体能不足的表现。因此，在竞技性健美操的训练过程中，高体能与智能要紧密结合。

四、训练系统性与临时性的对立统一

由于竞技性健美操的发展现状，特别是国内的情况，每年的竞技性健美操赛事大致有：国家体育总局体操管理中心举办的上半年全国竞技健美操锦标赛，下半年全国竞技健美操冠军赛，教育部系统的大学生健美操，艺术体操协会举办的全国大学生竞技健美操比赛。这些赛事时间周期是基本固定的，它决定了竞技性健美操训练的系统性。由于每年的赛季不同，要针对每个赛期做准备，调整系统训练的内容。

我国目前正处于经济的转行期，市场与市场的运作还处于较低的水平，特别是体育市场更不成熟。在健美操训练方面，投资基本上以社会、集体、个人为主要形式，因此，客观上又一定程度地制约了大型竞技健美操赛事有规律地举行。随着专业化、职业化竞技健美操运动队的建立，竞技健美操运动员的培养途径会增多。与此同时，健美操市场多元化的管理与不同规格赛事的形成，使业余健美操队及自由健美操运动员在我国的竞技健美操队伍中占有相当大的比重，很难形成长期的有规律的健美操训练体系与周期。面对如此的现状，针对赛事的变更，应急性与临时性组队经常出现。在力所能及的前提下，建立适应具体情况的训练体系十分紧迫。那么，面对情况的变化，准备、基本、赛前、赛中、赛后等阶段训练经常变化。因此，我国竞技健美操训练既具有系统性，又存在着临时性。

五、普遍性与针对性的对立统一

目前，国际健美操的赛事种类多，要求各不相同，规则的运用也各有差异，但健美操的基本内容及基本特点却是一致的。训练围绕着竞技性健美操的基本特点展开，即动作的弹动与控制，这是竞技健美操训练的普遍性。但是，由于竞技性健美操比赛各个项目的设置主要从人数上与性别上加以区分，经常出现一名运动员身兼几项的情况，同时运动员的个人情况与参赛项目的差异决定了训练的统一目标与个人之间的差异，出现了集体项目与个人项目训练冲突，因此，有针对性的训练必不可少。于是，在竞技性健美操训练中，产生了普遍性与针对性的对立统一。

第四节 竞技性健美操训练原则

竞技性健美操训练原则是根据人体活动的客观规律，以教育学和训练学原理对竞技性健美操运动实践进行的科学总结和概括。它是竞技性健美操运动训练一般规律的反映，对训练工作起着非常重要的控制和指导作用。训练原则在一定的时期内具有相对的稳定性，但随着运动实践的发展，其内容又会得到不断的充实和完善。

一、训练原则的前提条件

《FIG 竞技健美操竞赛规则》是衡量与评价运动员在赛场上表现的唯一准则与裁判员执法的唯一准绳。只有很好地理解并遵循规则，才有可能在赛事中不出偏差。我国目前执行的是国际体操联合会下属的国际健美操委员会制定的 2001~2004 年版《竞技健美操竞赛规则》。

比赛中，依据规则对竞技健美操成套动作的艺术性、完成情况、难度三方面进行评价，因此，教练员必须准确理解规则，根据规则的要求进行成套动作的创编、创新，才能产生既符合规则要求又独特新颖的成套动作。运动员也必须了解竞赛规则，根据规则选择自己擅长的难度动作，力求完美地完成每一个动作。

二、一般训练与专项训练相结合原则

《运动训练学》指出"一般训练是指在运动训练过程中，以多种身体练习、训练方法和手段，全面提高运动员各器官的机能，发展运动素质，改善身体形态和心理品质，掌握一些有利于提高专项技术的其他项目的运动技术与理论知识。"

"专项训练是指在运动训练的过程中，以专项运动本身的动作，以及与专项

运动动作相似的练习，提高专项运动水平所需要的各器官系统的机能，发展专项运动素质和心理品质，掌握专项运动的技术、战术、理论知识。"

竞技健美操的一般训练包括体育项目中的常规练习内容，如：跑步、一般力量练习、一般柔韧练习、念动训练等等。专项训练包括：专项耐力、健身健美操、速度、力量、控制、激情、表演练习、模拟测验等等。

一般训练和专项训练有各自的目的、任务和相应的训练方法手段，既不能相互替代，又不能孤立进行，两者要结合，合理安排。

三、竞技需要原则

竞技健美操需要原则指根据提高运动员竞技能力及运动成绩的需要，从实战出发，科学安排训练的内容、方法、手段及运动负荷等因素。竞技健美操运动员的竞技能力体现在完成成套动作的质量、运动员的表现力等方面，训练过程应围绕着这几方面有计划有目标地进行。

竞技性健美操成套动作是难度动作和操化动作有机、巧妙的组合。动作过渡与衔接需要包括节奏、空间、路线等方面的变化。动作质量是由运动员对机体的控制能力来体现的。完美地完成动作的标准是操化动作准确、有弹性、连贯，肢体线条优美与自然、健康。运动员的专项耐力主要表现为轻松完成成套动作的能力。表现力是通过运动员生动有力、清晰的动作，富有激情的、丰富的、贴切的表情来展现。良好的心理状态能很好地把握自己在赛场上的稳定发挥。

四、合理安排运动负荷原则

运动训练的合理运动负荷直接关系到运动员竞技能力的提高，因此，在训练过程中如何掌握运动量与运动强度，设计竞技性健美操特有的训练内容，使运动员能够尽可能地轻松自如地承受竞技性健美操独特的运动强度至关重要。健身性健美操要在绝对有氧状态下进行训练，而竞技性健美操则处在无氧与混合供氧的状态下进行。竞技性健美操技术环节多，因此，在承担高强度负荷的同时，要求运动员对身体各部分的支配与控制能力强。在条件准许的情况下，尽可能进行系统训练，并在整个训练周期中安排不同的运动负荷：强度适应期——强度上升期——强度缓冲期——强度冲刺期——调整期，形成有规律的运动强度曲线，这是提高运动员专项耐力与承受负荷的最佳手段。

五、全面发展与针对性训练对立统一原则

竞技性健美操是一项综合性很强的运动项目，它不仅仅要求运动员在体能（力量、耐力、速度、柔韧、灵敏、协调）方面有扎实的基础，同时也要求运动员在心理、文化、审美上有超乎寻常的标准。训练中，除了安排竞技性健美操专项特有的内容外，还要有意识地安排相关的内容。如：健美、舞蹈、表演、美学、艺术鉴赏课等等，全面提高运动员的综合素质。

竞技性健美操是一项综合性很强的运动项目，要合理安排核心内容与相关内容的训练。运动员个体间既有共性也存在着差异，要解决好共性与差异的矛盾。在训练过程中，要遵循全面发展与针对性训练对立统一原则。

六、系统性原则

竞技性健美操虽然是一项年轻的运动项目，但竞技性十分突出，项目本身日趋成熟，国际赛事繁多，特别是国际体操联合会成立了健美操委员会，使竞技性健美操的竞赛规模空前壮大，竞赛内容与规则日趋规范。在国家体育总局的组织与领导下，国内竞技性健美操一年一度的锦标赛与冠军赛有秩序地进行。

竞技性健美操训练要有计划、有规律地在完整的训练体系下进行，以保证在竞赛中取得理想的成绩。其中训练的周期、任务与目的、不同内容的安排、合理的运动负荷，以及不间断训练等是保证系统训练的基础。

训练周期是根据不同赛事以及运动员的培养目标而建立的，首先要建立大型训练周期，也可称之为发展期。在不同的发展期（大周期）中包含着若干个相关周期。

最初阶段可以称之为入门期，时间约为两年，可以有目的地安排培养运动员良好体能、基本正确的姿态、正确的基本技术、稳定的心理状态、坚定的信念等相关内容，参加小规模的比赛或是在大赛之中设立阶段目标。动作的规范与完成质量是第一位的。教练员不仅要用语言指导，更要主动、频繁地示范；以鼓励为主，建立运动员的自信心；纠正运动员的错误习惯与动作，培养他们吃苦耐劳的品质与团队精神。训练中要注意动作的规范性，讲解健美操的规律、特性，打好坚实的体能基础（专项耐力与力量）。在这一时期，教练员要多让运动员观摩，并对观摩内容有针对性地讲解，提高运动员的认

识能力。

入门期之后为适应期,时间为三年,除了进一步安排体能、技术、心理训练的内容外,还应该增加表现力、动作变化规律、难度动作的发展等相关内容,以及一般性比赛、表演活动。教练员除了示范、讲解外,还应适当地给运动员自由发挥的空间,注意发现运动员的个体特点,扬长抑短,逐渐形成运动员的个性与风格。操化动作训练要强调动作的变化与不对称性,在完成普遍采用的难度动作时,有意识地发展有个性难度动作,探求难度发展的一般性规律。在表现方面,要进一步加强运动员的自信心,阐述动作表现与面部表现的一般性规律。教练员应培养运动员互帮互学的风气,培养他们的观察力,经常对动作、套路、比赛进行分析,从而培养运动员的逻辑思维能力。

成熟期需四年左右,主要是突出发展运动员的专项能力(体能、技术、智能、表现)及个人能动性,发挥团队精神,在平时的训练和大型赛事中冲击竞技健美操顶峰。这一时期的主要任务是,发展超强的健美操竞技体能和新颖的难度动作,使动作具有强烈的吸引力与表现力,形成鲜明独特的成套风格,具备成熟健康的心理承受能力。创新意识是至关重要的。教练员应与运动员进行频繁的思想交流,使他们建立广泛的兴趣、坚定的信念。在体能训练中,有目的、合理地安排超强度的体能训练内容,除了健美操组合动作之外,有目的地安排其他项目的内容,如舞蹈、技巧等等。要发挥运动员自身的创造能力,教练员把握方向,共同参与一般性的训练、难度动作的发展与创编、成套动作的编排、社会活动等。

每个发展期中存在着若干个周期,这些周期和整个发展期紧密相连,循序渐进。各个周期的任务要有明确目标,且是运动员力所能及的,在目标明确的前提下,合理安排内容与运动量。(表8-1)

表8-1 竞技健美操运动员系统训练计划表

训练阶段	训练目标	训练的主要内容	周训练次数	每次训练时间	训练的方法与手段	阶段时期
入门期	培养正确的身体姿态	1. 基本姿态的培养 2. 基本技术的学习 3. 适当的体能训练 4. 规范动作完成 5. 培养吃苦耐劳精神	3次	90分钟	1. 动作示范与讲解 2. 多进行观摩 3. 语言鼓励,提高运动员的训练兴趣	2年

续表

训练阶段	训练目标	训练的主要内容	周训练次数	每次训练时间	训练的方法与手段	阶段时期
适应期	达二级、一级水平	1. 难度动作训练 2. 表现力训练 3. 加大操化动作的复杂性训练 4. 心理训练 5. 加大体能训练	6次	180分钟	1. 多进行成套动作、比赛分析 2. 给运动员发挥空间 3. 鼓励运动员克服困难	3年
成熟期	达健将，在国内外比赛取得成绩	1. 创新难度动作训练 2. 突出表现力训练 3. 个性风格动作训练 4. 高体能训练 5. 心理承受能力训练	12次	200分钟	1. 经常进行思想交流 2. 成套动作训练 3. 其他相关项目训练	4年

七、小周期原则

我国竞技性健美操训练体系的建立及比赛、市场正处于建设时期，处于由无序至较有序至有序的发展阶段，一些计划外的赛事会对系统产生冲击。应急措施是指那些有针对性的短期训练行为，相对系统训练而言，为没有条件长期训练与赛事计划突变而进行的。小周期训练是指根据不同规格赛事以及不同赛事具体要求而进行的应急性训练。因此，在人员的选择、训练周期及计划、内容的安排上都应有不同的方式。总体上讲，应该选择那些有较好健美操基础、良好身体素质及协调性，特别是表现力较强的运动员，根据不同的赛事制定其训练计划，要极具针对性、有效性、有序性，以求取得接近理想的成绩。计划中要包含赛事规则中所要求的内容，尽量缩短准备时间，在训练中注意其特殊性。有效地实施训练计划是教练员的核心工作，根据不同情况与时间要求，周期安排应包括准备期、基本训练期、比赛期、恢复期。

准备期——主要任务为尽可能快地恢复与提高体能，学习并尽快地掌握健美操的操化特性，选择与练习难度动作，选择成套音乐，粗编成套动作。主要内容有身体素质练习、操化动作与基本技术练习、动作组合、难度练习、编排成套、恢复练习等。运动量应合理、适中。

基本训练期——主要任务为提高体能，适应赛事强度要求、修改成套动作、提高动作质量、熟练掌握成套动作、提高表现力、及时恢复体能。主要内容有：专项耐力练习、单个动作练习、动作组合（成套）、细抠动作、半套练习、成套练习、恢复练习与手段。运动量要有起伏，应在符合逐渐上升的前提下，冲击两次以上的大强度训练。

比赛期——应包括赛前、赛中、赛后三个阶段。主要任务为：适应比赛环境与状态、做好心理准备、调整体能、以最佳状态参加比赛、及时进行思想工作与赛事安排、总结。

恢复期——消除运动员生理上和心理上的疲劳，完成比赛任务，准备后期工作。（表8-2）

表8-2 小周期训练计划表

周期名称	训练任务	训练内容	运动负荷安排
准备期	1. 恢复体能 2. 初编成套动作	1. 操化动作训练 2. 单个难度动作训练 3. 身体素质训练	运动量较大，运动强度较小。时间安排为一周3次，每次180分钟
基本训练期	1. 修改并熟练掌握成套动作 2. 提高表现力	1. 半套、成套动作组合训练 2. 专项耐力训练	运动量和运动强度都较大，每周冲击3次大强度训练。时间安排为一周6次，每次200分钟
比赛期	1. 适应比赛环境和状态 2. 调整体能，准备比赛	1. 成套动作的操化动作训练 2. 成套动作的单个难度动作训练	运动量和运动强度都较小。时间安排为每天120分钟
恢复期	消除生理上和心理上的疲劳	1. 音乐欣赏 2. 录像分析	休息调整

第五节　竞技性健美操的训练内容与方法

竞技性健美操是一项难、美、高强度的竞技体育运动项目，内容繁多，不仅对人的一般身体素质（力量、有氧耐力、无氧耐力、柔韧、协调、灵敏）有极高的要求，同时在心理、韵律感、表现、审美、抽象思维等方面也有高水准的要求，因此，它的训练内容广泛，训练方法繁多。

一、一般身体素质训练与专项身体素质训练

竞技体育运动以人体的基本运动能力为基础。运动能力便是通常所说的身体素质。身体素质包括柔韧、力量、耐力、速度、灵敏等。

（一）柔韧素质训练

首先做好准备活动，运动量和强度不应过大，以身体微微出汗及自己感到身体机能已充分调动起来为度。活动全身大小关节，目的是促进关节及周围的血液流动和关节内滑液的分泌，使关节更加灵活，防止关节损伤，重复拉伸对抗肌、协调肌及周围的韧带。

1. 发展上肢柔韧性练习方法

（1）各种徒手体操中活动肩、肘、髋关节的动作。
（2）双手握肋木直臂压肩韧带。
（3）双手体后握肋木向前探肩。
（4）与同伴互扶俯身正侧压肩。

2. 发展下肢柔韧性练习方法

（1）正压腿：支撑腿脚尖朝正前方，膝关节伸直，髋关节摆正，被伸拉腿伸直，脚面稍外开，抬头、挺胸、屈上体。
（2）后压腿：髋关节摆正，屈支撑腿，被伸拉腿伸直，膝、脚面稍外开，抬头、挺胸，上体后仰压胯。
（3）侧压腿：支撑腿脚尖膝盖所朝方向与被压腿方向成90°，膝关节伸直，髋关节充分展开，被伸拉腿膝伸直，脚面向上，抬头、挺胸，侧屈上体。

(4) 劈叉控腿：左腿在前或右腿在前，以劈叉的姿势保持不动，控制 5 分钟，练习水平高的运动员可将两脚架高劈叉。

3. 发展躯干柔韧性方法

(1) 体侧屈：双脚并拢或开立、与肩同宽，双手举起于头顶上互握，由手带动躯干侧屈直到极限，保持该拉伸状态 10 秒钟。

(2) 体侧转：两脚并拢或开立、与肩同宽，两臂侧平举，向左转动时以左肩带动躯干左转到最大限度保持 10 秒钟，向右转动时以右肩带动躯干右转到最大限度保持 10 秒钟。

(3) 体后屈：两手正握肋木，两脚并拢或开立、与肩同宽，抬头，挺胸，上体后仰到最大限度保持 10 秒钟。

在进行柔韧性训练时不要用力过度，要循序渐进，伸展动作要缓慢，切忌匆忙。训练前后都要做伸展运动，训练前是为了热身，防止受伤，训练后是为了放松，消除疲劳。练习时要使被拉伸的肌肉有轻微不适感，然后完全放松。反复做几次。

（二）力量素质训练

竞技性健美操运动对运动员的力量素质有较高的要求，《FIG 竞技健美操竞赛规则》规定，运动员必须从列入表中的 A–D 类各种难度动作中选择 12 个难度动作，裁判员对达到最低技术要求的动作进行评分。如跳跃类动作的最低要求是：俯撑着地，除手脚外任何部位不得触地，这要求运动员具有良好的上肢力量和腰腹力量。另外，运动员在移动中完成创造性的各种托举、支撑配合动作不仅需要运动员具有较强的身体控制能力，而且对运动员的绝对力量也提出了较高的要求。

1. 上肢力量

(1) 一般力量练习——横握杠铃或握哑铃做臂屈伸（肱二头肌）、上举杠铃或握哑铃做臂屈伸（肱三头肌）、负重屈腕（前臂肌）、杠铃上举（三角肌）、撑双杠做臂屈伸（肱三头肌）等。

(2) 专项力量练习——基础训练阶段：俯卧撑、俯撑击掌、双杠支撑摆动、双杠支撑移动、双杠屈臂撑、倒立推、倒立爬行等。

专项提高阶段：计时的单臂俯卧撑、负重俯卧撑、自由倒地成俯撑等，各种跳起成俯撑的动作练习。

2. 下肢力量

一般力量练习——负重蹲跳（股四头肌）、负重提踵（腓肠肌、比目鱼肌）、立定跳远、跳绳等。

专项力量练习——基础训练阶段：原地连续纵跳、连续团身跳，10~20 米的单脚或双脚连续跳、原地屈体分腿跳等。

专项提高阶段——原地连续屈体分腿跳，负重屈体分腿跳，扶肋木前、侧、后方向快速踢腿，连续科萨克跳或连续吸腿跳等。

3. 躯干力量

一般力量练习——单杠引体向上（斜方肌、背阔肌、菱形肌）、硬拉（背阔肌、前锯肌）、仰卧两头起、悬垂举腿、仰卧起坐等。

专项力量练习——基础训练阶段：专门性控腹练习、分腿支撑、直角支撑等。

专项提高阶段——分腿支撑和直角支撑转体等。

4. 手腕关节的力量训练

在竞技性健美操成套动作中，有许多高难度的动作要求运动员从空中直接落到地面上，落地时用双手、单手或手脚并用的方式接触地面，这就增加了腕部损伤的可能，据统计，在竞技健美操训练中，腕部受伤是最严重的，占 86.7%。因此，加强手腕关节的力量训练是不容忽视的。常用的方法有：推小车、控倒立、倒立爬行、连续俯卧推跳及负重手腕屈伸练习等。

（三）耐力素质训练

竞技性健美操以无氧代谢为基础，机体在缺氧或氧供应不足的情况下，是由磷酸元系统供能和糖原酵解供能的代谢形式。运动刚开始时，肌肉的所有能量由 ATP、CP 分解供给，这一时期将持续十几秒钟，随着运动时间的持续，肌糖原分解为乳酸释放出能量进入糖原酵解供能阶段，此供能系统是持续进行 2~3 分钟大强度运动的主要供能系统。竞技性健美操是在 1 分 45 秒左右完成的大强度运动，因此是以无氧代谢为主的，从运动生理学角度分析，属于乳酸供能系统提供能量。训练时，我们采用 80%~90%的训练强度，将心率控制在 180~190 次/分，采用一次练习持续 1~2 分之间的计时跑、连续踢腿跳或连续完成成套动作的方式进行肌肉耐力训练。

(四)速度素质训练

竞技性健美操的速度素质主要体现在动作速度的快慢。动作速度是指人体或人体某一部分快速完成某一动作的能力。竞技性健美操运动员要高速完成复杂变化的各种动作。在进行动作速度训练时，必须注意提高动作速度与掌握和保持正确的动作技术紧密结合。在动作技术正确的前提下，提高动作速度。训练方法主要有：

1. 专门性动作速度训练：连续4×8拍快速大踢腿，连续快速屈体分腿跳等。
2. 反复完成某一操化动作：要求在动作技术正确的前提下尽可能快地到达动作结束位置，练习肢体的爆发力及控制能力。
3. 利用外界助力提高的动作速度：教练员给予助力让运动员体会快速完成动作的感觉。
4. 负重训练：运动员四肢负重进行训练，一段时间后，运动员的动作速度将有明显的提高。
5. 加快音乐节奏训练法：在较慢的速度下完成一段操化动作，随着动作的熟练加快音乐节奏，完成动作。这是竞技性健美操操化动作训练的特色内容。

(五)灵敏素质训练

灵敏素质在竞技性健美操中主要表现为身体的协调能力。协调能力是指运动时，机体各器官系统、各运动部位配合一致完成练习的本领。健美操是对人体协调能力要求极高的运动项目，在训练中以各关节的灵活运动为基础。

1. 步法训练：首先学习比较简单的步法，逐渐加大难度，增加更为丰富的步法动作，训练腿部的运动协调性，然后配合音乐进行步法训练。
2. 手臂训练：首先进行臂屈伸、内收和外展、臂旋转和环动、臂旋内和旋外、臂上回旋和下回旋、掌心向上和向下、拳与掌的变化等基本动作的练习，把手臂基本动作加以编排，连续进行整套手臂组合动作训练，最后通过音乐完成手臂组合动作。
3. 上下肢配合训练：将步法组合动作与手臂组合动作结合起来，通过上下肢协调配合完成动作。可采用逐步提高其协调性的方式，首先，步法动作保持不变，配合手臂动作，然后两拍一动完成步法与手臂的配合，熟练之后再一拍一动完成上下肢的配合动作。
4. 躯干及肩、髋关节的协调性训练：首先做左右依次提肩、同时提双肩、左右依次前后绕肩和双肩同时绕等肩关节运动，然后做顶髋、绕髋和移髋等髋关节运动，再做躯干前后左右的移动练习。三个部位先分别进行训练，然后编成组合动作同时训练，以提高躯干和肩、髋关节的灵活性。

二、专项基本技术训练

竞技性健美操的基本技术有弹动技术、身体控制技术、平衡与重心转换技术等。

（一）弹动技术训练

弹动技术是健美操最重要的技术之一，它体现健美操的最基本的特征，也是用以区别其他运动项目的重要特点之一。健美操的弹动主要依靠踝、膝、髋关节的屈伸缓冲而产生，它的作用是减少运动对关节的冲力，从而减少运动对人体造成的损伤。在屈伸的过程中，腿部的肌肉要协调用力控制才能有效地防止损伤与产生流畅的缓冲动作。参与运动的肌群在整个运动过程中要控制，使运动变得流畅。

在练习弹动缓冲动作时，我们可以先练习踝关节的屈伸动作，练习方法为：双腿原地站立，身体正直，立踵、落踵。在充分掌握了踝关节的屈伸之后是膝与髋关节的弹动练习，练习方法为：双腿原地直立，身体正直，屈膝半蹲，膝关节垂线不要超出脚尖，同时髋关节稍屈。在做髋关节运动时，身体稍向前倾，但臀部不要向后翘。这两部分的动作做熟练了，可以把两部分连起来做，使之形成完整的弹动与缓冲。在踝关节的缓冲过程中，主要参与运动的是小腿后部肌群，而膝关节、髋关节的运动主要由大腿、臀部、腹部、腰部肌群参加运动。在完成各关节原地的弹动训练后，再配合健美操的基本步法进行弹动训练。

训练方法：

1. 踏步训练：首先进行一般性踏步训练。上述直立，由脚尖过渡到全脚掌落地，支撑腿落地时膝关节伸直，两臂屈肘于体侧，前后自然摆动。再进行弹动性踏步训练，脚尖接触地面后，踝关节有控制地过渡到全脚掌，支撑腿落地时膝关节微屈，使两腿有同时屈膝的过程，两臂屈肘于体侧前后自然摆动。

2. 弹踢训练：弹踢时，支撑腿膝踝关节弹动缓冲同时弹踢腿经屈膝发力弹踢，按动作要领单腿不间断地弹踢，然后双腿交替练习。在两条腿交替弹踢的过程中，支撑腿踝关节始终保持不落地的状态，原地动作练得熟练且有一定弹性时，可以进行行进间的弹踢训练。

3. 吸腿跳和跳踢腿训练：主要训练支撑腿的膝、踝关节弹动性，支撑腿膝、踝关节发力弹动的同时，另一条腿提膝或大踢腿，支撑腿踝关节始终不完全落地，有控制地弹动，膝关节也没有完全伸直的过程，始终保持微屈的弹动状态。先连续吸或踢一条腿，之后再进行交换腿吸腿跳和跳踢腿。

4. 开合跳训练：两腿的弹动性体现在两腿分开与两腿并拢的两处弹动上。先做两腿分开位置的弹动训练，再做两腿并拢位置的弹动训练，最后做一开一合的连续开合跳练习。

以上4种髋、膝、踝关节的弹动性训练，都存在脚尖完全离开地面的状态，所以训练中应注意脚落地时的缓冲训练，以提高整体动作的弹动性。

5. 原地髋、膝、踝关节弹动性训练：两脚并拢，脚尖随着音乐节奏抬起落下，同时膝关节伸直、弯曲，脚跟始终不离开地面，两臂屈肘于体侧，前后自然摆动做踝关节屈的练习。

6. 原地连续小纵跳训练：两脚并拢，脚跟随音乐节奏抬起落下，脚尖稍离开地面，两臂屈肘于体侧前后自然摆动，做踝关节屈伸的练习。

（二）身体控制技术训练

健美操身体控制技术训练包括身体姿态控制训练、操化动作控制训练与难度动作控制训练三个部分：

1. 身体姿态控制训练

健美操的身体姿态是根据现代人的人体与行为美的标准而建立的。通常人体在运动中保持自然挺拔，头部稍稍昂起，颈椎、胸椎、腰椎在保持正常的生理曲线的情况下要挺拔（不包括特殊动作与难度缓冲等动作），四肢要按照具体的动作要求在相应的位置上。最常见的有站立——躯干保持上面所说的状态，双腿并拢伸直；蹲——躯干保持上面所说的状态，臀部收紧，整个身体垂直于地面，屈膝。手臂的基本位置同基本动作要求。健美操的动作千变万化，但每个动作都有具体的要求，从总体上讲，伸展时尽可能地平直，弯曲时有明确的角度。

身体姿态的训练方法一般是采用舞蹈训练，通常采用芭蕾的训练方法来培养运动员的躯干与四肢的正确姿态与控制能力。在采用芭蕾训练时，应认识到健美操与芭蕾的区别：芭蕾要求头部是昂起的，而健美操则要求头部与躯干保持在一条直线上；芭蕾要求手臂动作出现柔和的弧线，而健美操的基本动作则要求平直；芭蕾要求双腿外开，而健美操则要求双腿保持在正常的生理位置上。

2. 操化动作控制训练

在整套动作过程中，无论动作怎样复杂多变，身体始终要控制在标准、健康的位置，即便在长时间的复杂多变的步法组合过程中或动作中，整个身体的标准姿态也不被破坏，同时体现出操化动作的力度、幅度和速度。每一个操化动作有清楚的开始与结束。动作开始时位置准确，结束时有明显的停顿。肌肉的用力做到有力而不僵硬，松弛而不松懈。操化动作控制训练可以在基本步法的技术要领掌握之后，充分运用多变的形式来训练。

训练方法：

（1）原地纵跳训练：两脚并拢，屈膝发力向正上方跳起，两臂顺势从腰间向上摆动，落地于原起跳位置。此训练方法着重训练人体对身体重心上下移动的掌握与控制。

（2）剪刀跳练习：左右剪刀跳连续进行，身体重心始终保持左右平移而没有上下起伏。在练习时，首先两脚都不离开地面，通过两腿膝关节的依次屈伸向左右平移身体重心，然后加上跳步进行剪刀跳的训练。

（3）改变动作数量的训练方法：增加动作数量，要求每个动作做到最后一遍身体重心控制仍保持与做第一遍动作时一样。例如，训练时要求运动员做一组8拍组合动作，在运动员掌握动作的前提下先做两遍，如果运动员对身体重心的位置控制得很好，那么增加练习的组数、次数，连续做8拍组合四遍，后两遍组合动作的完成是为提高运动员对身体姿态的控制。

（4）改变动作幅度和方向的训练方法：通过改变动作的幅度和方向来提高对身体的控制。首先采用小幅度向单一方向进行练习，逐渐加大动作幅度仍向单一方向进行练习，在动作幅度的加大而不影响重心位置控制的情况下改变动作的运动方向。

（5）改变音乐节奏的训练方法：先采用节奏速度慢的音乐来完成组合动作，然后采用节奏较快的音乐完成同样的组合。另外，可采用音乐节奏不变，但加快动作速度的方法。例如，用某一音乐节奏完成1个8拍动作，然后加快动作速度，仍用原音乐节奏完成2个8拍动作，以此来提高对身体姿态的控制能力。

3. 难度动作控制训练

（1）俯卧撑类

这类动作主要的用力肌群在手臂、胸部、背部，用力时，肌肉要始终控制用力而把动作的起伏过程表达清楚。颈部、腰部、腹部、臀部、腿部属于辅助控制肌群，它们使身体保持正确的位置，肌肉的牵拉使机体保持一种平衡的状态。

（2）跳跃类

跳跃动作可分为三个部分：

第一部分——起跳。起跳时腿部的发力直接决定了腾空的高度与方向。腿部在瞬间屈膝蹬地，强力伸展，尽量使人体给地面的作用力到最大值，从而产生尽可能大的反作用力。

第二部分——空中姿态的控制。空中姿态是多姿多彩的，肢体运动部位的发力要与其他部位协调配合与控制，例如：转体540°成俯撑，在空中时手臂、肩、髋、腿、脚要同时向旋转方向内扣，使身体产生旋转力，同时也可以很好地控制转体的角度与方向。

第三部分——落地缓冲。主要目的是减少地面对关节、肌肉、内脏的冲力，避免造成损伤与动作失败。健美操的落地动作主要有：

①双脚同时落地或单脚落地。这类落地主要由腿支撑与缓冲，落地过程为脚尖——全脚——屈膝——屈髋，在瞬间依次完成，用以分解地面对人体的反作用力。同时，躯干与手臂保持好姿态，肌肉用力控制以保持动作的正确与稳定。

②落地成俯撑。这类动作必须手脚同时落地，以加大支撑面，同时手臂从手指——手掌——肘——肩弯曲缓冲。胸、背肌的用力收缩在缓冲中的作用是不容忽视的。

③落地成叉。双腿由脚带动向两侧快速分开，腿必须伸直，有控制地滑叉，以免对膝关节造成损伤，绷脚可减少摩擦力，同时手臂可以辅助支撑加大支撑面，保证落地的稳定性。

（3）平衡动作：平衡动作主要有静力性平衡与动力性平衡两种，无论是哪种动作都是由主力腿（支撑腿）与动力腿（运动的腿）为主参与动作。主力腿在动作中起着稳定重心与支撑身体的作用，重心和主力腿的纵向保持一致，用以稳定身体保证动作的平衡。动力腿是展示动作的部分，它的形态要正确与完美，且两条腿协调配合。

（4）转体翻转动作：技术环节是身体垂直轴与水平轴的建立与控制，转体的轴主要是腿、躯干、头部的组合，这些部位应该始终保持在一条直线上。转体与翻转的动力来自身体两侧（左、右），这些部位包括手臂、胸、背、髋、腿，它们同时反向收缩并带动产生旋转力。

（三）平衡与重心转换训练

人体运动的过程要稳定。在进行竞技性健美操练习时，人体的平衡是保证运动安全与平衡、流畅的重要因素之一。重心随着人的运动产生变化，运动中应该尽可能地保持重心平稳。保持重心平稳的训练方法为：

1. 加大支撑面积

利用支撑面的变化加大支撑面积，双腿比单腿稳定，双腿开立比并拢稳定，双臂与双腿同样的宽距离支撑比窄距离支撑稳定。

2. 降低重心

运动中重心越低稳定性越强，直立比腾空稳定，半蹲比直立稳定。

3. 重心偏离的稳定

运动中人体重心不可能是永远平稳的，它随着运动方向的各种力而变化（包括人体本身的发力与外力），而人体在生理机能上有着平衡的补偿功能。在运动中重心偏离时，可以利用人体本身的"配重"进行调节，即当重心偏离一方时，可以利用肢体的伸展与收缩来使重心发生变化，同时可以利用运动机能肌肉的发力与控制来进行调节，如肌肉的反向用力与肌肉的收缩产生的牵拉等等。在某种意义上，人体的平衡——失衡——再平衡的过程，造就了竞技性健美操的惊险美、运动美。

（四）与同伴的配合与交流训练

1. 配合训练

训练方法：在集体项目中，成套动作必须体现动力性的身体配合和托举等配合动作，在进行配合训练时，首先采用一些比较简单的专业辅助性练习，增加运动员之间的默契感，例如先做简单的舞步配合练习和简单的动力性配合，然后逐渐加大难度进行训练。默契感的形成依靠运动员平时的相互了解。

训练要求及注意事项：配合训练前期，主要进行运动员间的默契感训练。当运动员之间的默契感形成后再进行专业的配合训练。在进行配合训练时，教练员应注意保护和帮助，首先在垫子上完成，直到运动员配合成功率较高时再到地面上完成，以防运动员受伤。

2. 交流训练

训练方法：首先进行音乐情绪表达的一致性训练。运动员们听到音乐后，通过自己的理解用与音乐情绪相符的目光将音乐的内容表达出来，尽可能达到目光与音乐情绪相一致。然后进行运动员之间的目光交流，运动员们相互观看表演，了解同伴的特点，统一表演风格。在进行成套动作训练时，加强运动员间的目光交流，以丰富成套动作的动作内涵。当运动员间可以进行一定的目光交流时，可组织观众观看，训练运动员与观众的交流。

训练要求及注意事项：在竞技健美操的比赛中，要求运动员能够持续通过目光，以真诚自然的面部表情和身体的活力与观众交流，重点强调运动员目光表达的一致性和真诚。教练员也要对音乐的理解给予一定的揭示及引导。

三、难度动作训练

竞技性健美操成套动作所选择的难度动作必须体现出空中、站立和地面三个动作空间的均衡性，必须包括以下四组难度动作中的各一个：
- 俯卧撑、倒地、旋腿与分切
- 支撑与水平
- 跳与跃
- 柔韧与变化

1. 俯卧撑类难度动作的训练方法

加强上肢及腰腹躯干的力量训练，例如，做标准的俯卧撑30个，接着保持俯撑姿势控制1分钟，然后了解俯卧撑类难度动作的动作要领，根据不同的动作要领进行学习和训练。一般要由易到难。例如，训练单臂夹肘俯卧撑，要使运动员了解整个身体由单臂和双脚支撑，双脚之间距离不大于肩宽，支撑臂的肘关节对准脚尖方向。可先做标准俯卧撑，再用一臂协助完成单臂三点俯卧撑、一臂协助完成单臂夹肘俯卧撑，最后不用协助臂完成单臂夹肘俯卧撑。

2. 倒地类难度动作的训练方法

首先训练着地的控制与缓冲。双腿屈膝跪立地面，上体直立前倒，屈肘，五指着地过渡到手掌缓冲落地。然后练习双脚并拢直立前倒，同样体会落地时手臂的控制与缓冲。最后练习加转体成俯撑的落地动作，在腾空落地时，手脚必须同时落地。

3. 旋腿与分切类难度动作的训练方法

做髋部挺伸的练习时要抬头挺胸，掌根撑于地面，髋部挺伸，脚跟触地。然后做利用爆发力摆腿的练习，协调发力完成动作，最后完成完整的旋腿与分切动作。

4. 支撑类难度动作的训练方法

加强上肢及腰腹、髋、腰肌力量的训练。臀部着地，双腿并拢举起，胸部尽力往膝关节处靠拢，在极限位置保持不动，然后做简单的分腿支撑和直角支撑练习。尚不能完成者，可用脚尖着地先撑起臀部，然后再训练支撑转体的动作。先练习分腿或直角支撑左右手倒重心，再由脚尖摆动带领腿转动，然后左右手倒重心完成支撑转体。在此基础上发展新难度。

5. 跳跃类难度动作训练方法

先在地面上进行空中姿态的练习，再进行起跳训练，发展踝关节的爆发力，做原地纵跳练习。然后收紧全身肌肉，立直脊柱，进行空中转体训练或接各种跃起后的空中动作训练，再进行从并步起跳接空中动作到落地的完整练习，最后做空中动作成俯撑的练习。此类难度动作多采用分阶段练习，各阶段练习成功率较高时再进行下阶段训练，以免受伤。

6. 柔韧性与变化类难度动作训练方法

首先发展身体各关节的柔韧性，然后根据不同动作的要领进行训练。例如，依柳辛的训练方法是，先做后踢腿练习，然后做垂直劈腿练习，要求髋关节展开，膝盖伸直，脚尖带领腿往后上方摆动，然后支撑腿脚尖立踵，摆动腿摆动带动身体转动，上体尽量靠近支撑腿膝盖，完成依柳辛动作。

竞技健美操难度动作的完成依靠良好的身体素质，因此我们在进行难度动作训练时，首先应抓好运动员身体素质的训练，同时也必须掌握每组难度动作的要求和每个难度动作的动作要领，科学地进行训练。

四、过渡与连接动作的训练

竞技健美操成套动作通过过渡与连接动作灵活、流畅地展示空中、站立、地面动作的相互转换。过渡与连接须体现成套动作的整体连续性。

（一）单个的空间地面过渡动作训练，要注意对身体重心转换时的控制。进行跳跃类难度动作的特殊过渡动作训练：一个并步跳接两步跑，再一步接双脚起跳。

1. 进行爆发力及力量与柔韧的过渡动作训练。注意训练起跳时不同的手臂动作。

2. 难度动作的起跳逐渐向无准备过渡。
3. 过渡动作体现身体平面变化的训练。

五、集体项目的一致性训练

集体项目成套动作的训练要突出一致性。

(一) 口令训练法

按照教练员的口令，使运动员在集体项目中从各个方面做到一致。

1. 目光的一致性训练

运动员同时注视一个目标，进行目光定位的一致性训练。运动员要用同样的眼神，表达同样的感情。然后进行目光移动速度的一致性训练，要求运动员注视同一个目标，而后用口令要求运动员同时移动目光注视另一个目标。

2. 动作幅度和角度的一致性训练

按照教练员的口令指示，在镜子前，几位运动员同时开始做动作，一拍一停顿，固定每一拍的动作，包括从起始位置身体各部位的形态，到结束位置身体各部位的形态，使运动员有良好的动作空间感。然后加快口令速度，四拍一停顿，要求每位运动员的动作与每拍口令相吻合，训练运动员动作幅度和动作速度的一致性。而后离开镜子，按教练员的口令做动作，最后配合音乐完成动作。

3. 动作速度的一致性训练

通过教练员的口令提高运动员的反应能力，要求运动员听到口令后同时开始做动作，即训练动作开始的一致性。如教练员喊"1"时，运动员同时快速做两臂前平举，教练员喊"2"时，运动员同时快速做两臂侧平举等。而后加强运动员控制能力的训练，即动作结束的一致性。控制能力的提高以身体素质的加强为基础，特别是对四肢的力量训练。通过训练开始动作和结束动作的一致性来提高动作速度的一致性。

4. 位置的一致性训练

在集体项目中，位置的一致性指的是在成套动作训练时运动员之间身体距离一致性。先做一些简单的步法移动，规定运动员之间的间隔距离，要求运动员始终保持这一距离。比如，在做动作前确定运动员之间的相对位置，规定运动员之间间隔一臂距离，在运动员做完步法组合动作后再测量运动员之间的相对位置，看是否仍保持着一臂距离。反复进行练习，直到运动员能有效控制相对位置，然后再进行复杂的步法移动训练，最后完成集体项目的动作组合。

5. 手型、脚位的一致性训练

竞技性健美操动作包括许多手型和脚位的变化。先进行单个动作的姿态训练，再将成套组合动作中的手型和脚位单独提取出来进行训练，直到每位运动员都能准确完成，再结合成套动作进行训练。

6. 腾空高度的一致性训练

腾空高度的一致性是体现运动员难度动作完成的一致性中最重要的环节。先进行起跳动作的训练，统一支撑腿、发力腿，保证运动员一致的发力方式。教练员运用口令指挥，做上步起跳的练习。然后进行原地纵跳训练，要求运动员同时尽力向上跳。运动员的弹跳能力存在差异，可要求弹跳能力较强的运动员稍做控制，弹跳能力较差的运动员尽力，以减少运动员之间腾起的高度差，保证腾空高度的一致性。最后完成有腾空高度的难度动作训练。

7. 转体速度的一致性训练

难度动作中有许多转体的动作，要注意起动及转体频率的一致性训练。以并腿直角支撑转体的训练为例，先做并腿直角支撑动作一致性训练，要求运动员同时撑离地面。然后做原地支撑倒换手移重心的频率训练。当运动员能同时同步完成倒换手时，再进行支撑转体训练。训练时，规定转体360°换手4次，每转90°换手一次。随着运动员训练水平的提高，可减少倒换手的次数。

训练要求及注意事项：教练员要掌握运用口令训练的技巧，同时运动员要听从教练员的口令指挥。开始运用口令时速度稍慢一点，一拍一拍地细化每位运动员的动作规格，然后再逐步加快口令速度，使运动员的动作与每拍口令吻合。

（二）录像分析法

训练方法：用录像机将运动员成套动作拍摄下来，然后组织运动员观看，让运动员直观了解自己完成动作的情况、自己与他人的动作差别，以加强训练的针对性。教练员应运用自己的专业知识分析运动员们在集体项目中的表现、个别运动员与其他运动员动作不一致的原因，包括动作角度、速度、幅度、腾空高度及转体速度等。

训练要求及注意事项：在运用录像分析法时，教练员必须注意观察运动员的每一个动作规格及与其他运动员的动作差别，运用专业知识分析原因。每隔一段时间进行一次，比较每次训练的效果，直至达到理想的效果。

六、性格、心理、表现力的培养与训练

健美操起源于 20 世纪，发展于 20 世纪末期，它具有极强的时代气息。它的个性表现与团队精神、主流化与多元化是相互交融的。竞技性健美操具有非常高的艺术性与感染力，因此，运动员要有外向型及乐观的性格、百折不挠的精神与丰富的表现力。

这方面的训练内容正在探索中，大致可分为几个方面：第一，培养善于表现与迎接挑战的性格；第二，提高自信、稳定的心理状态；第三，提高吸引能力与表现力。

（一）性格培养：在日常学习中培养独立思考的习惯，建立逻辑思维，鼓励运动员勇于承担责任、发表个人意见及相互合作，有意识地让运动员自己完成一些事情。在需要帮助时给予他们适当的协助与支持，要求他们善始善终，建立自信心，尽可能地挖掘主观能动性，经常进行考核小竞赛，及时总结并肯定每位运动员的具体进步与收获，提出希望，使他们具有成就感，从而建立自信。教练员要经常与运动员进行交流，创造轻松的氛围。

（二）心理训练：自信是表现与提高稳定心理状态的前提。运动员在做任何事情时，教练员先提出要求，并以鼓励为主，批评为辅，提出批评时要使他们感受到善意。要及时鼓励，及时提出新要求。将运动员的优势尽可能地展示在众人面前，使他们建立自信心。改变环境以提高适应力；提出口号以建立自信与稳定的心理状态；采用集体练习使他们具有安全感与依托感；个人单独练习培养挑战心理与适应能力，请专家评审、打分；参加表演以提高心理稳定值。

（三）表现力培养：朗诵、小品、哑剧、舞蹈、组合、套路。其中有肢体表现与表情表现两类。

1. 肢体表现的训练

成套动作是表现力的载体与基础。没有竞技性健美操肢体动作就根本谈不上表现力。专门的长期基本功训练能使竞技性健美操动作达到一定的力度、规范、协调，但关键是训练运动员的专业技术和身体素质、扎实的基础动作。

2. 表情表现的训练

表情是表现力不可缺少的部分。一名优秀运动员的临场表现是精心训练得来的。人的表情分布在面部的眼、耳、鼻、口周围，表情肌的运动变化构成了喜、怒、哀、乐。

（1）多观看舞蹈、艺术体操等相关项目的表演，吸取有利于自身表现力的技巧和方法。

（2）进行专门表情肌的训练，通过听音乐、理解音乐，将想表达的内容表现于面部。

七、成套动作训练方法

（一）先分解后完整训练法

训练方法：先将成套动作的难度动作和操化动作分开训练，然后进行完整的成套动作训练。以首先进行难度动作再进行操化训练为例。

1. 难度动作训练：一般采取由易到难的原则，即在一堂训练课上先进行难度动作训练，使运动员巩固已掌握的难度动作，再进行还不完全熟练的难度动作训练，掌握技术要领，具备身体素质训练，直到运动员能够独立完成成套动作中的所有12个难度动作。

2. 操化动作训练：教练员根据运动员自身特点及表现风格编排适合运动员的操化动作。首先训练运动员对操化动作的熟练性和动作规格的标准性，然后进行对该套操化动作的内涵风格的理解训练，使运动员能够更好地表现操化动作的风格特点。

3. 难度动作与操化动作结合训练：首先进行12个难度动作与12×8拍操化动作结合的训练，即做1×8拍操化动作接1个难度动作。将这种结合训练完成后再进行成套动作的训练。

4. 配合音乐完整训练：先配合一般的健美操音乐进行成套动作训练，可以选择速度适中的音乐，主要训练运动员动作的熟练性，待运动员动作熟练性提高后再配合竞技健美操音乐进行训练。

训练要求及注意事项：

1. 在进行第一步难度动作训练时，运动员练习已能熟练掌握的难度动作，着重体会和巩固动作技术要领，保存一定的体力进行不能熟练完成的难度动作训练，训练中注意保护和帮助，以防受伤。

2. 在进行第二步操化动作训练时，先进行动作规格和熟练性训练，包括动作的速度、力度、幅度及角度等，对运动员的不足进行动作细化训练。运动员要理解、体会动作内涵，然后进行操化动作的表现训练。

3. 在进行成套动作完整训练时，运动员要先在教练员的口令指挥下完成动作，然后再配合音乐进行训练。

（二）先分节后成套训练法

训练方法：将竞技性健美操成套动作分成若干段进行训练，然后再进行完整的成套动作训练。

1. 4×8拍为一段的训练：将成套动作划分为4×8拍一小节，运动员在教练员的口令指挥下只做4×8拍动作，第一个4×8拍动作熟练完成后，再进行第二个4×8拍动作的训练，依次类推，直到整套组合动作全部完成。

2. 8×8拍为一段的训练：当运动员完成4×8拍的训练、能够将整套组合动作完整完成后，再将成套动作延长为8×8拍进行训练。运动员在教练员的口令指挥下只做8×8拍动作，第一个8×8拍动作熟练完成后再进行第二个8×8拍动作的训练，依次类推，直到整套组合动作全部完成。

3. 16×8拍为一段的训练：当运动员完成8×8拍的训练、能够将整套组合动作完整完成后，再将成套动作延长为16×8拍进行训练。运动员在教练员的口令指挥下只做16×8拍动作，第一个16×8拍动作熟练完成后再进行第二个16×8拍动作的训练，依次类推直到整套组合动作全部完成。

4. 以此类推，将成套动作延长为32×8拍进行训练，直到一次性完成成套动作的训练。

训练要求及注意事项：此训练方法属于循序渐进训练法，在训练过程中不要急于求成，按照此训练方法一步一步地进行训练，教练员注意细抓运动员每个8拍的动作，要求运动员将每个8拍动作做准确。

（三）间歇训练法

训练方法：通常采用间歇训练法来提高运动员的动作熟练性和肌肉及身体各器官系统的耐受力。运动员在教练员口令的指挥下完成整套动作，此时教练员的口令速度可适当慢一点，在运动员完成全套动作后，给运动员2分钟的休息时间，马上进行第二遍的成套动作训练，第二遍成套动作完成后，给运动员5分钟的休息时间，马上进行第三遍的成套动作训练。当运动员适应了此练习强度后，采用健身性健美操的音乐节奏进行相同的间歇训练，以提高练习的强度。最后配合竞技性健美操的快节奏音乐进行相同的间歇训练。

训练要求及注意事项：运动员要尽全力完成所有难度动作以及操化动作，尽力表现动作，如同在进行比赛一样。同时也要求教练员准确把握间歇时间，如间歇时间太长则达不到体能训练的效果。

（四）念动训练法

训练方法：

1. 做成套动作前，在教练员的示范引导下，集中注意力在大脑中形成操化动作的动作形象和动作顺序、难度动作的技术要领、动作结构、发力顺序和方法，描绘自己在完成成套动作中的合理技术动作和注意力的分配，然后把自己想象的内容与实际训练结合起来，根据训练前想象的内容完成成套动作。

2. 想象在做成套动作时精力充沛，动作幅度大，到位、准确、能控制，姿态优美，动作干脆利索，有力度，感染力强，状态良好，周围的观众全被你的表现所吸引，全场的对手被你所超越，场外观众全为你"加油"，自己充满必胜的信心。

训练要求及注意事项：

1. 在进行念动训练时，运动员必须集中注意力，在大脑里形成一定的动作形象，能够对大脑进行一定的刺激才能产生训练效果。

2. 在念动训练后，运动员要充分放松思想，做几次深呼吸，不要对大脑形成太大的压力。

（五）模拟比赛训练法

训练方法：模拟比赛训练法是有意识地制造一些比赛场所喧闹的气氛，如击物、鼓掌、呼叫、吹哨声等，或模拟正式比赛的裁判员评分、组织观众参观等环境气氛，而且在模拟评分时有意识地压低评分，克服运动员的自满情绪。在模拟比赛中，如果运动员出现因紧张而遗忘动作时，必须训练运动员主动地以其他动作弥补，培养随机应变的能力。

训练要求及注意事项：在进行模拟比赛训练时，教练员应尽可能地想到真正的比赛场上可能出现的问题，提高模拟的真实性以及实效性。教练员应掌握好运用模拟比赛训练法的时间，一般在赛前两周进行，心理素质较差者可适当多进行几次模拟比赛训练。运动员应抓住模拟比赛的机会，充分表现自己的能力，仿佛在真实的比赛现场一样。

（六）信息反馈训练法

训练方法：在进行成套动作训练时，运动员要将自己的训练感受主动向教练员反映，包括训练的情绪状态、身体健康情况、受伤情况等影响进行成套动作训练的信息。教练员应对实际情况进行分析，然后制定适合运动员的训练计划。例如某运动员因为生活上的某些事情而训练情绪不高，教练员了解后，首先对运动员进行开导，并改用更有感染力、更激烈的音乐配合该运动员的成套动作进行训练，以提高运动员的训练情绪。再例如某运动员出现伤情，教练员可将训练计划作局部调整，以减轻受伤部位的负荷。

训练要求及注意事项：此训练方法要求运动员和教练员积极配合，运动员要将真实的情况告诉教练员，不可隐瞒或编造谎言欺骗教练员，教练员也应该相信运动员反映的情况，不可一意孤行，强迫运动员进行不科学的训练。教练员应掌握具体问题具体分析的原则，了解运动员的具体情况，用科学的训练方法进行训练。

（孟宪君　李沛　马鸿韬）

第九章　健美操的音乐

第一节　健美操音乐

音乐是声音的艺术，它作为完整的艺术形式，有自己独特的系统、完整的表达方式。健美操动作在音乐的衬托下，更具生命力与艺术性。可以说，音乐为健美操插上两只翅膀，使健美操扩大了表现空间。如果说，动作构成了健美操的锻炼与原始的冲动，那么音乐则为健美操注入了灵魂，并使内心的激动呐喊出来。

音乐的节奏与速度，严格地控制着动作的节奏与速度，并在很大程度上控制着运动的强度。仅就速度与节奏而言，时间一定，节奏与动作越复杂、越快，强度就越大，反之越弱。

音乐的风格指导着动作的风格。音乐风格受时代变化、民族地域、环境、作者等因素影响，因此我们应当尊重音乐的风格，唯有这样，动作与音乐才能协调，音乐才能有力地支撑起动作。

音乐的强弱变化为动作的力度与起伏造成了内在的条件，使动作与音乐在结构上产生联系，加之曲调与节奏的变化、动作起伏，从而产生韵律感，增加健美操的韵律美，使健美操的美学价值更高。

音乐的情绪有控制健美操动作与脑细胞兴奋的作用，因此，在音乐伴奏下进行锻炼可以延缓疲劳现象的出现，同时音乐的情绪同样可以影响人的情绪，这也是健美操多选择曲调欢快、节奏强劲的音乐作为伴奏音乐的重要原因之一。欢乐明快的音乐可以更快地调动人的兴奋性。

正像苏联健美操专家在《健美操》书中指出的那样，"'音乐'能激发练习者的情绪，并使其在练习过程中获得乐趣，在音乐的伴奏下做动作才能培养运动员的节奏感和韵律感。"（表9-1）

表 9-1

音乐	动作	联系	作用
节奏与速度	节奏与强度	正向	控制强度
风格	风格	文化	强化特点
结构	套路结构	段落与过渡	结构完美
情绪	表达	脑细胞	抑制疲劳

一、热爱音乐

音乐是一种完整的艺术形式，有着完整的表达方式，反映的是人们对周围事物的认识与感受。

一个身心健康的人对周围的事物有着浓厚的兴趣，因此，健身指导员必须是热爱生活与音乐的人。

（一）聆听音乐

这是培养音乐修养的初级阶段，耳、脑、神经的传导系统来完成这一过程。可以通过人们对音乐的喜好来建立他们对音乐的初步了解，如优美的旋律、震撼的音响、丰富的节奏等等。

在经过一段了解之后，应该有目的、有步骤地了解不同风格与形式的音乐，反复地聆听，感受音乐带给我们的美妙之处。这样有助于我们主动地选择那些美妙而恰当的音乐，为我们创编健美操、积累动作素材、建立灵感、表达内心激情服务。

（二）分析与理解音乐

了解了众多音乐给我们带来的听觉上的享受与内心的震撼之后，我们应该主动地理解音乐想告诉我们什么。通常，大部分健美操的音乐会选择歌曲，而歌曲是音乐与文学的结合体，歌词会直接告诉我们许多具体的内容。然而，音乐告诉我们的远远超出歌词告诉我们的。有位音乐巨人说："音乐——是人们用语言所无法表达的那一部分感情。"我们应该认真地思索，音乐真真切切地为你带来了什么？我们可以通过音乐旋律的起伏、和声的变化、高潮的迭起来联想，用自身经历体验并感受音乐表达的内在情感、事物的本质与精神。我们要问自己，它为何要如此表达？它用什么方式去表达？

在解答我们提出的疑问时，除了上述的旋律、节奏、和声等因素外，不妨从音乐的结构、音乐的高潮制作、音乐的风格与乐思、音乐的发展与过渡等因素中，选择健美操的结构、段落、运动强度、动作风格。

二、健美操教练员的音乐修养

声音是音乐的最基本元素。声音分为乐音与噪音，乐音是按照声音的不同高低排列成序，形成了为音乐创作所需要的基本音律。

音乐使健美操动作产生了新的生命力，生成了使动作向前发展的动力。作为健美操教练员，应该主动提高自身的音乐修养，丰富自己的音乐知识，从而使锻炼者在得到科学、安全、有效的躯体康健的同时获得精神上的快乐。如果健美操教练员既具备完成各种身体动作技能，又具备反映揭示音乐内涵的素养，那么他的动作将是何等的灵活、强健、感人与细腻啊！

第二节　健美操教练员应具备的音乐常识

一、音乐的基本表现手段

（一）旋　律

旋律即曲调。构成旋律的要素有：音的高低、音的长短、音的强弱，把这几个要素按创作者的意图组织起来，就会出现具有一定意义的一系列音乐线条，即旋律。这是创造音乐形象的主要手段，最能引起人们的注意，也是一般听众首先感受到的。

旋律进行是有方向性的，它的方向主要靠音的高低来区分。旋律的方向主要分为：上行——音由低向高进行，反之是下行；环绕旋律以一个音或一定的音区为轴上下反复出现，或在一定区域内反复循环；平行——音在一个高度上进行；波浪——音由低到高再由高到低的旋律线。

在音乐中，音高是由低向高排列的，这些音分成不同的区域（音区），低音区声音低沉浑厚，中音区柔和温暖，高音区明亮华丽。因此，旋律的进行就产生了不同的反差，加之旋律又利用不同音的长短组合与强弱变化，于是形成了丰富多彩的从低沉到明亮、从急促到舒缓、从弱到强的起伏变化。我们可以参考旋律为我们提供的风格、起伏、发展条件，选择动作风格、强度变化与动作连接。比如，音乐是爵士风格，就可以采用一些爵士舞的动作素材，音乐加速时，动作也随之加速等等。

（二）句法音

音乐像语言一样，旋律及其他组合因素必须是合乎条理、清晰的句法。它是从人们的生活与对话规律中产生的。

音乐的句子是靠小节组成的，一般两小节为一个乐节，两乐节为一个乐句（四个小节），乐句又分为前乐句与后乐句，前后乐句相加为八小节。前后乐句同时组成一个乐段。

乐句与乐段在音乐中很重要，它们往往可以形成一个音乐形象。大多数音乐是属于对称完成的，而健美操中同样也应该是八拍对称与完整的。我们要把操与音乐的句法对应起来，形成相辅相成的关系，切忌破坏音乐的句法而形成不协调的相互关系。

常见的破坏句法的错误有两种情况，第一种音乐是完整的，而教练员却听不出来，把音乐的开始与动作的开始分离开来。第二种是在剪接音乐的时候破坏了音乐的完整句法，使本身完整的动作组合与音乐相脱离，导致锻炼者的听觉感知、心理感受与动作本身的不协调或错位，从而影响了健美操本身的完成与完美。

（三）节奏与拍子

节奏的概念指时间长短的组织关系，它不但存在于音乐之中，同样也存在所有运动着的事物中。音乐的节奏给音乐以活力与动力。

拍子是指音的强拍与弱拍的组合方式。基本的拍子组合方式有单拍子、两拍子、三拍子，其他的拍子组合都是由这几种拍子演变而成的，又叫做混合拍子或复拍子。如：四拍子是由两个两拍子组合而成的。

一定的节奏型和拍子与一定的体裁有关联，比如健美操常用的迪斯科音乐常常使用单拍子，而进行曲常常使用双拍子。

健美操动作的节奏要遵循音乐的节奏，特别是重拍的处理，比如踏步，当脚触地的一瞬间，正是重拍出现的一瞬间。教练员应该知道动作的重拍在什么地方，使动作与音乐吻合。

通常，健美操的八拍和音乐的节奏是相对应的，一般是动作的一拍对应音乐的一拍。如果采用单拍子音乐，音乐的八拍与动作的八拍相吻合，但如果采用2/4拍的音乐，动作的一个八拍与音乐的四小节相对应，而四小节为一个乐句。用相同的方法，可以计算出其他节奏型与八拍动作的关系。

（四）和　声

音乐的和声是指三个以上的音按一定的规律结合。不同的和声结合方式与和声音响效果，在音乐中起着明暗、浓淡方面的对比功能，就像绘画中色彩对比的功能一样。和谐的和声与不和谐的和声组合方式产生的稳定与不稳定，把音乐从内在中向前推进。

实例：

```
2/4
  ·   ·       ·   ·      ·
  1   2   |   1   2  |   1   -   |
  5   4   |   4   4  |   3   -   |
  3   2   |   1   7  |   1   -   |
  1   6   |   6   7  |   1   -   |
  C大  d小     F大  G小    C大
  明亮  暗     明亮 不和谐   明亮
```

（五）调式与调性

调式是从音乐作品的旋律与和声中所采用的音高不同的音中归纳出来的较有代表性的音列，这些音保持相互联系并倾向某一中心。调式中最主要的音称之为调性。调式与调性在乐曲中往往发生变化与转换，这种变化、转换、对比，是表现音乐的气氛、情绪、形象变化的重要手段之一。

（六）织　体

一首乐曲往往不仅仅依靠旋律与和声来表现。由于音乐常常是多声部的乐曲，每一个声部都有各自的进行方向，彼此又相互联系，这样就产生了织体。

织体指多声部之间的结合方式，主要分为主调体、多调体、混合体。

主调体是以一个旋律为主，其他声部以长音、和弦或分解和弦的方式衬托而成。

多调体是两个或两个以上同等重要的旋律同时结合。不同旋律的结合叫作对比多调。同一旋律隔一定的时间先后出现称之为模仿多调。

混合体即几种织体同时存在。

(七) 音乐的其他表现手段

除了以上几种表现手段外，音乐还可以依靠其他的表现手段来增强音乐的表现形式。比如：速度的变化、力度的变化、音区的变化、演奏形式的变化、表情手段的变化、对比等等。

以上的表现手段极其鲜明地影响着音乐作品的形象、意境，是极有效的发展手段。

音乐的各种基本表现手段在作品中通常是综合运用的。如果掌握并了解这些表现手段，就会对音乐作品有较为清楚的分析，能够把动作与音乐融为一体，从而使动作更具生命力。

二、健美操中涉及音乐领域的其他知识

(一) 曲 型

曲型是音乐的结构形式，有一部曲、两部曲等多种形式。我们需要了解一般性原则。

主题：

主题是作为乐曲发展基础的有明确特性和相对完整的形式的音乐结构。教练员多是从歌词或音乐标题来了解音乐的主题的，但音乐所表现的往往不局限于文字的含义。音乐是抽象的艺术，需要想象去揭示它更新、更美、更深刻的内涵。

高潮：

高潮是乐曲中感情表达的最高点，是乐曲最感动人心的部分，往往要调动各种因素来实现。高潮有总高潮与局部高潮，以此形成乐曲的起伏。音乐的高潮为健美操的强度安排提供了参考条件，特别是为在竞技性健美操中完成难度动作与高难技术、达到全套动作的高潮创造了条件。

(二) 稳定与不稳定、终止

音乐的进展依靠音乐中许许多多环节的稳定与不稳定因素。音阶由七个音组成，其中音阶的主音（一般为起始音）最稳定，其次为属音（五度音），半度音的关系是最不稳定的。通常，音节大多结束在主音上。和声也存在着这种关系，由相对稳定的音程关系组成稳定（和谐）和弦，比如：大三和弦，由不稳定的音

程关系组成不稳定（不和谐）和弦，比如：属七和弦与减七和弦。人们的审美心理存在着由稳定至不稳定再至稳定的心理倾向，正如人们在欣赏戏剧时，从矛盾产生、发展激化直至解决一样。从艺术的角度欣赏健美操时也是如此，特别是竞技健美操，人们总是希望看到意想不到的动作，这种动作使身体从极度不稳定状态到稳定地结束，由此而产生美感。

我们在选择音乐、剪接音乐时，要注意音乐的结束方式，尽量保持音乐的完整性，对主音的处理应该是十分讲究的。

（三）过渡与衔接

绝大部分音乐的乐句、乐段是前后对称的，但是有些乐曲中段落之间有衔接或过渡的部分，这些部分一般是对称的，但有时也会按作曲家的意愿出现一些不对称或特殊的处理。常见的有散板、和弦的转换、比通常的四小节一个乐句多一至两小节等。遇到这种情况时，我们应该反复聆听，体会音乐给予了什么。为了使动作与音乐的节奏完整，在这些部分可以做些呼吸、调整动作。如果教练员实在觉得不好处理，也可以做简单的步法，而着重在口头上对动作提出要求并加以讲解。

第三节 健美操从业人员的音乐技能

很多健美操从业者他们没有进行过专业的音乐学习，但是他们却能够很好地掌控音乐，这主要归功于他们具备良好的音乐感知力与良好的专业行为能力，这些能力可以基本归纳为：合拍能力、合乐段的能力以及融合音乐风格与表现音乐的能力。

一、合拍能力

音乐的推动力重要因素之一是节拍，而节拍是强拍与弱拍有规律地交替进行，动作的合拍能力是强拍出现的瞬间，动作的发力也达到最大以及动作达到最完美的状态。仅就踏步而言，当强拍出现之时动力腿的脚应该恰巧落地。

在练习合拍的时候，首先应该使练习者清楚音乐的速度与拍子，清楚它有多快，清楚它什么时间出现，然后有目的的是用手、手臂、步伐等来练习合拍。合拍的能力是健美操从业人员在音乐方面最基本的能力。

二、和乐段的能力

乐段作为组成音乐结构的组成部分，使得音乐的章法规整与较好的表达音乐形象，由于音乐绝大部分都是对称的，这就给动作组成完整结构创造了极好的外部条件。要使自身的行为与音乐相协调对乐段的感知力就显得非常重要。我们知道乐段中含有两个乐句，前四小节为前乐句，后四小节为后乐句，而前后乐句组成乐段。通常一个乐段的开始有明显的呼吸与重音，而结束时又都会落到稳定音上。不懂音乐理论的人去感受音乐时，着重去感受音乐中的稳定、像诗歌中的拖腔与感叹时往往是乐段的结束，紧接着的就是新乐段的开始。我们综合呼吸、重拍、稳定、拖腔感，基本上可以找到乐段的开始与结束。要想很好地掌握这一技巧，还应该找到不同的音乐反复聆听比较，才能够较好地识别乐段，紧接着练习的内容就是编排好合乐段长短吻合的组合动作，合着音乐反复练习。

三、音乐的表现能力

要想较好的表现音乐，就必须去用心灵体验音乐给你的感受，这像创造一样，每个人都会有不同的感受，使得每个人做动作的感觉都有自己的个性。尽管细节上的感受与处理不同，但在大体上应该与音乐的起伏、强弱、松紧相一致的。

首先我们应该把音乐的总体情绪反映出来。你的音乐是热情、激昂、跳跃还是舒缓、阴霾，应该可以从你的动作中感受得到，这就需要做动作的人用心灵去感受，用心灵去舞动。第二是反映音乐的节奏，音乐的重拍在哪里？哪里有特殊的重音或是停顿？做动作的人应该从动作的发力、幅度、表情上反映这些音乐的变化。

如果你对音乐的文化背景以及相关的舞蹈又多少有些了解并能在动作中有所反映的话，你的成套动作就会别具风格，具有较强的艺术价值。

第四节 健美操常见的音乐种类

一、爵士乐

爵士乐产生于 19 世纪末 20 世纪初的美国，是欧洲文化与非洲文化的混合体。

爵士乐主要来源于黑人社会的劳动歌曲、婚丧仪式、社交场合上演唱或演奏的散拍乐，它吸收了欧洲音乐的和声手法，最初以即兴演奏为主，其独特的切分节奏贯串全曲。

爵士乐的主要特点：

（一）旋律由连续不断的切分节奏组成，这种特别的方式对全世界的流行音乐影响很大。

（二）即兴演奏。

（三）强有力的打击乐器。

（四）变化多端的节奏。

（五）音色鲜明而强烈。

（六）和声丰富，爵士乐常常是表现一种欢乐喜悦的气氛，just fun（意为："只是为了欢乐。"）是他们的格言。

二、迪 斯 科

迪斯科音乐由爵士乐不断演变而成，多带着唱，快节奏，重音不断地重复，主要表现的往往不是歌曲的内容，流行于20世纪六七十年代的欧美，源于美国。

迪斯科音乐的主要特点是它的旋律继承了爵士乐的切分节奏，更强调打击乐，多采用单拍子，重复不间断地出现，表现出旺盛的精神力量。

三、摇 滚 乐

摇滚乐又称滚石乐，是从爵士乐中派生出来的音乐。它有快有慢，往往反复出现一种节奏型，带有摇摆的感觉。它继承了爵士乐演奏的即兴性、打击乐的多样化及其在乐队中的重要位置。

四、轻 音 乐

轻音乐包括很多种类，上面提到的各类音乐都属轻音乐范畴。轻音乐至今没有一个固定的定义，通常指那些轻松愉快、生动活泼而又浅显易懂的音乐。它一般不表现重大的主题思想和复杂的戏剧性内容。轻音乐大致分为五类：

第一类　轻松活泼的舞曲；

第二类　电影音乐和戏剧配乐；

第三类　通俗歌曲及流行歌曲；
第四类　日常生活中的舞蹈音乐和民间曲调；
第五类　轻歌剧。

第五节　音乐选择与剪接

音乐作为健美操的组成部分，在创编中是不容忽视的。健美操的音乐应符合健美操的特点，节奏鲜明、热烈，具有蓬勃的精神。要根据创编的目标选择音乐的风格，突出个性，对锻炼者起到带动作用。根据成套动作的结构或是具体要求确定音乐的长短、起伏，或根据音乐的长短、起伏来确定成套动作的结构与动作。

首先，当我们选中一首音乐时，应该反复聆听，确定我们需要的那一部分或几部分。

第二，我们要用心去感觉，音乐给你了什么，想象用身体动作表达音乐的意境。当你能够触摸到音乐为你带来的感动时，你离成功的创编就不远了。

第三，考虑音乐的主体部分，主体部分的乐句一定要完整。

第四，考虑音乐如何精彩地开始与结束。

第五，考虑开始、主体、结束以及各个段落的衔接与过渡。

最后，按照自己的意愿把各个部分连接起来。当然，如果你有能力和设备自己创作音乐，那是最理想的。在使用已出版的音乐作品时，往往要根据需要进行剪辑。我们应尊重音乐原有的完整性，当我们决定取舍音乐的某一部分时，不能破坏音乐的基本结构形式。如歌曲往往有这样的结构 A+B、A+B+A、（A+B）×3、A+A+B，在剪辑时，可剪去某一整段或保留某一段，如果需要破坏乐段，音乐前后的连接要自然、完整。

（孟宪君）

第十章　健美操组合范例

本章共列举了十一个健美操组合范例，其中低冲击力组合三个、高低冲击力组合三个、高冲击力组合一个、踏板操组合三个及搏击操组合一个。通过组合动作的练习可使练习者了解、掌握健美操基本动作以及动作之间的变化规律。

一、低冲击力组合（一）　32拍×2×2

注：低冲击力组合共有两个32拍小组合动作，每个32拍的小组合均为右、左脚组合，即右脚先开始，32拍组合动作结束时的最后一拍动作落在右脚上，接着左脚开始完成反方向的32拍组合动作。

组合A：
第一个八拍

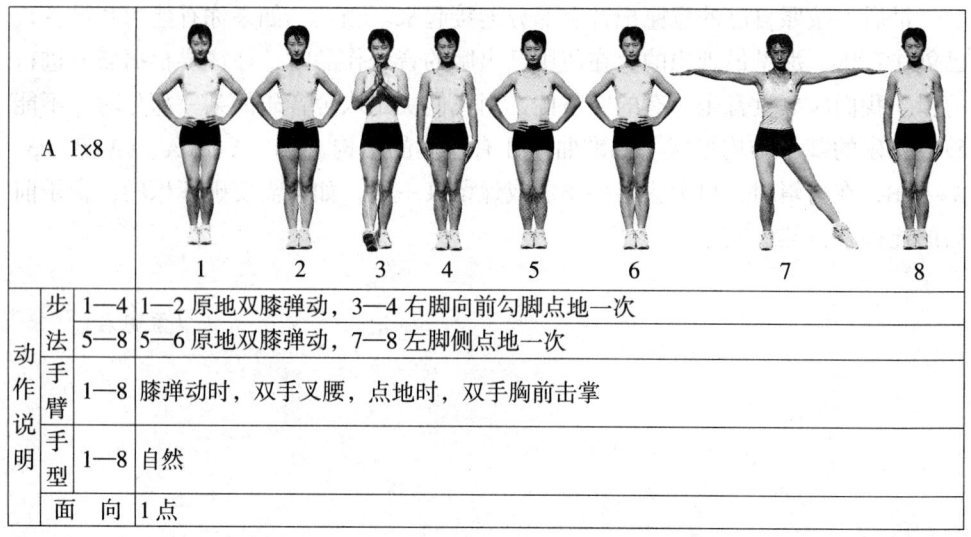

动作说明	步法	1—4	1—2原地双膝弹动，3—4右脚向前勾脚点地一次
		5—8	5—6原地双膝弹动，7—8左脚侧点地一次
	手臂	1—8	膝弹动时，双手叉腰，点地时，双手胸前击掌
	手型	1—8	自然
	面向		1点

第二个八拍

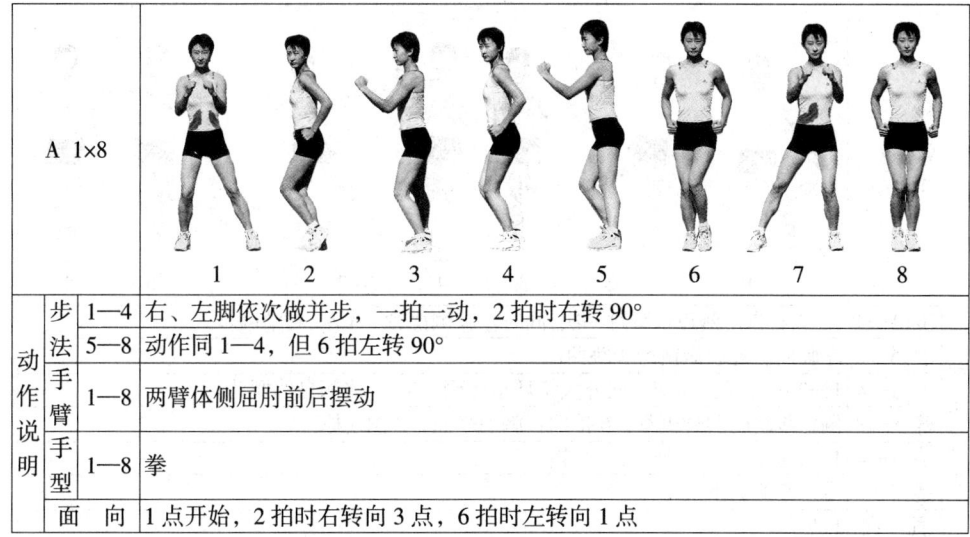

动作说明	步法	1—4	右、左脚依次做并步，一拍一动，2拍时右转90°
		5—8	动作同1—4，但6拍左转90°
	手臂	1—8	两臂体侧屈肘前后摆动
	手型	1—8	拳
	面向		1点开始，2拍时右转向3点，6拍时左转向1点

第三个八拍

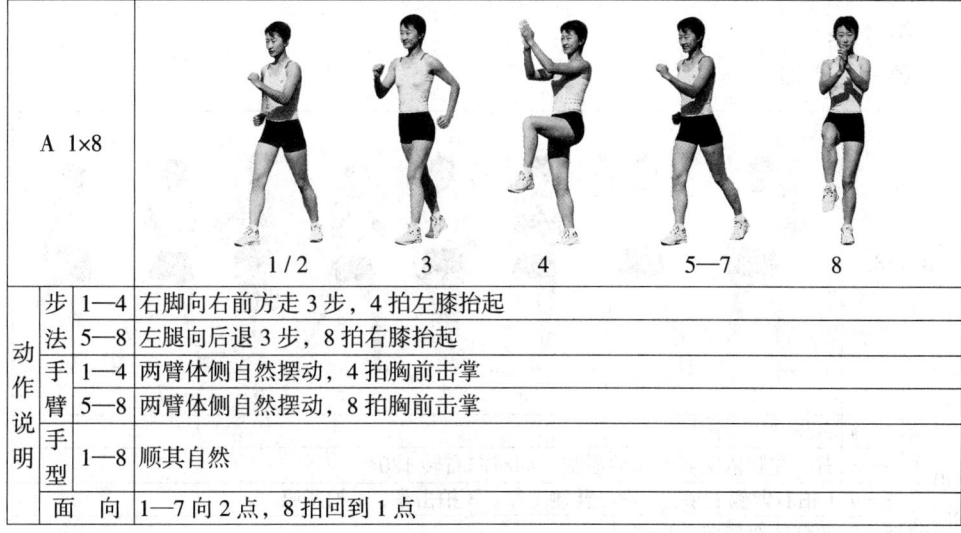

动作说明	步法	1—4	右脚向右前方走3步，4拍左膝抬起
		5—8	左腿向后退3步，8拍右膝抬起
	手臂	1—4	两臂体侧自然摆动，4拍胸前击掌
		5—8	两臂体侧自然摆动，8拍胸前击掌
	手型	1—8	顺其自然
	面向		1—7向2点，8拍回到1点

第四个八拍

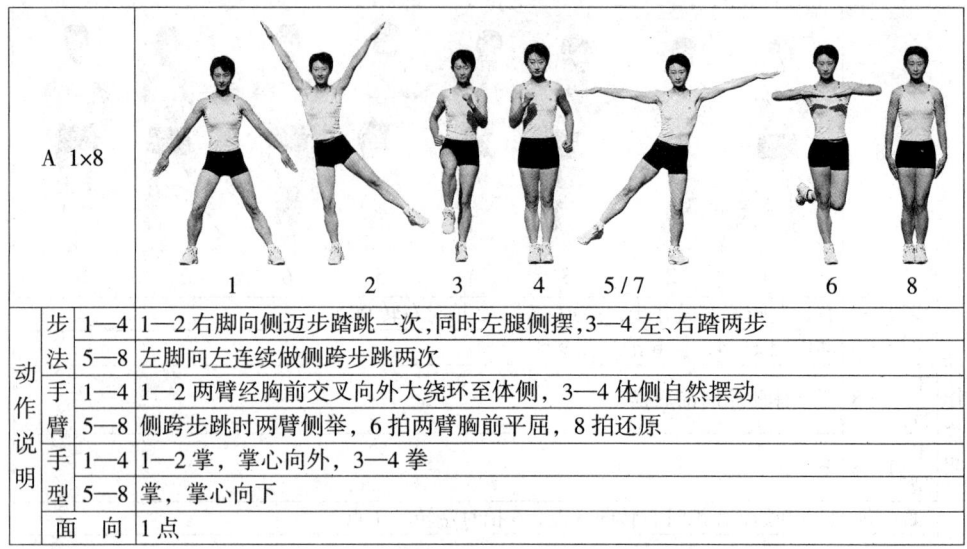

动作说明	步法 1—4	1—2 右脚向侧迈步踏跳一次，同时左腿侧摆，3—4 左、右踏两步
	5—8	左脚向左连续做侧跨步跳两次
	手臂 1—4	1—2 两臂经胸前交叉向外大绕环至体侧，3—4 体侧自然摆动
	5—8	侧跨步跳时两臂侧举，6拍两臂胸前平屈，8拍还原
	手型 1—4	1—2 掌，掌心向外，3—4 拳
	5—8	掌，掌心向下
	面向	1点

第五~八个八拍动作同第一~四个八拍动作，但方向相反。

组合 B：

第一个八拍

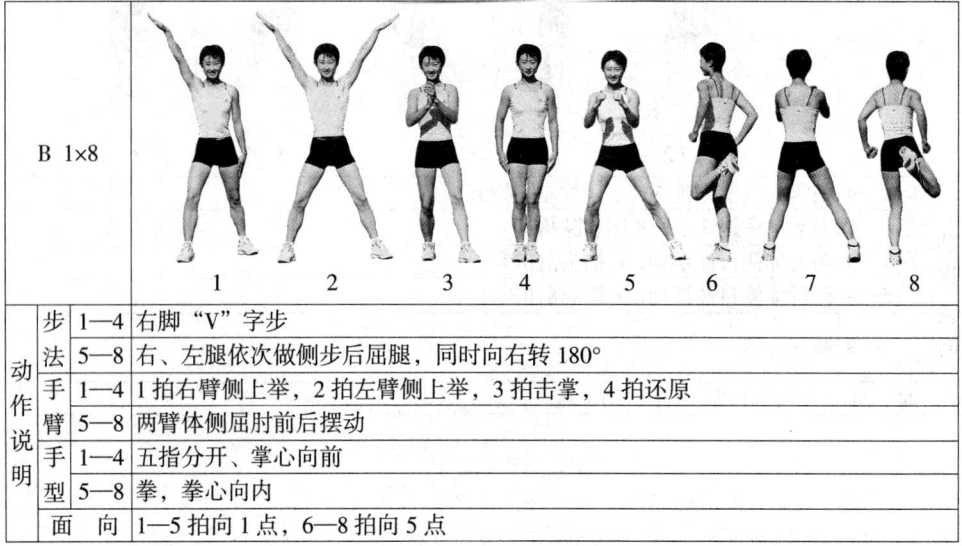

动作说明	步法 1—4	右脚 "V" 字步
	5—8	右、左腿依次做侧步后屈腿，同时向右转180°
	手臂 1—4	1拍右臂侧上举，2拍左臂侧上举，3拍击掌，4拍还原
	5—8	两臂体侧屈肘前后摆动
	手型 1—4	五指分开、掌心向前
	5—8	拳，拳心向内
	面向	1—5拍向1点，6—8拍向5点

第二个八拍

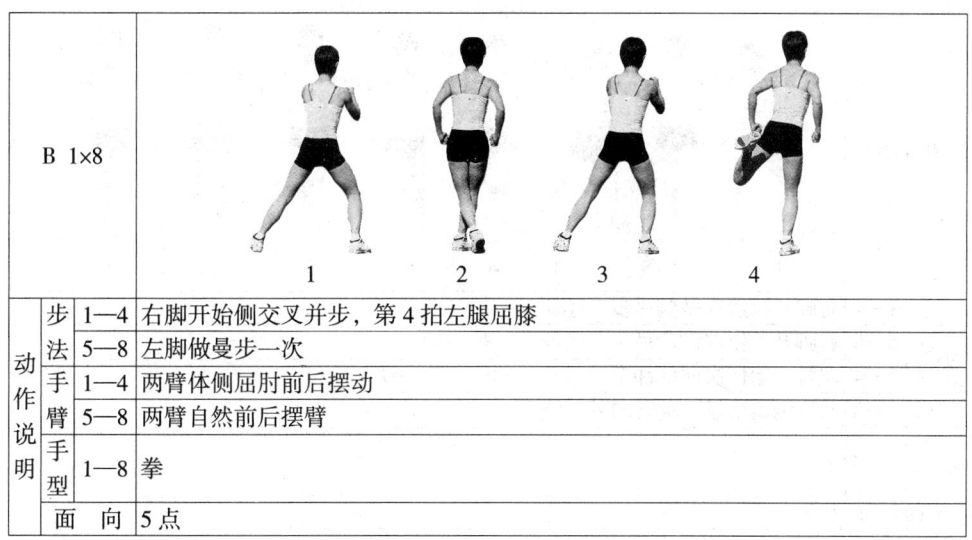

动作说明	步法	1—4	右脚开始侧交叉并步，第 4 拍左腿屈膝
		5—8	左脚做曼步一次
	手臂	1—4	两臂体侧屈肘前后摆动
		5—8	两臂自然前后摆臂
	手型	1—8	拳
	面向		5 点

第三个八拍

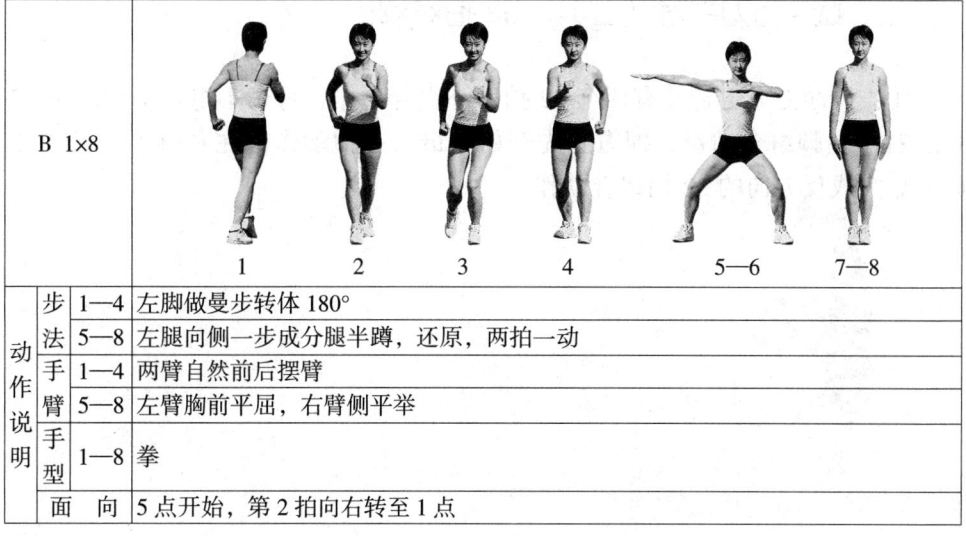

动作说明	步法	1—4	左脚做曼步转体 180°
		5—8	左腿向侧一步成分腿半蹲，还原，两拍一动
	手臂	1—4	两臂自然前后摆臂
		5—8	左臂胸前平屈，右臂侧平举
	手型	1—8	拳
	面向		5 点开始，第 2 拍向右转至 1 点

第四个八拍

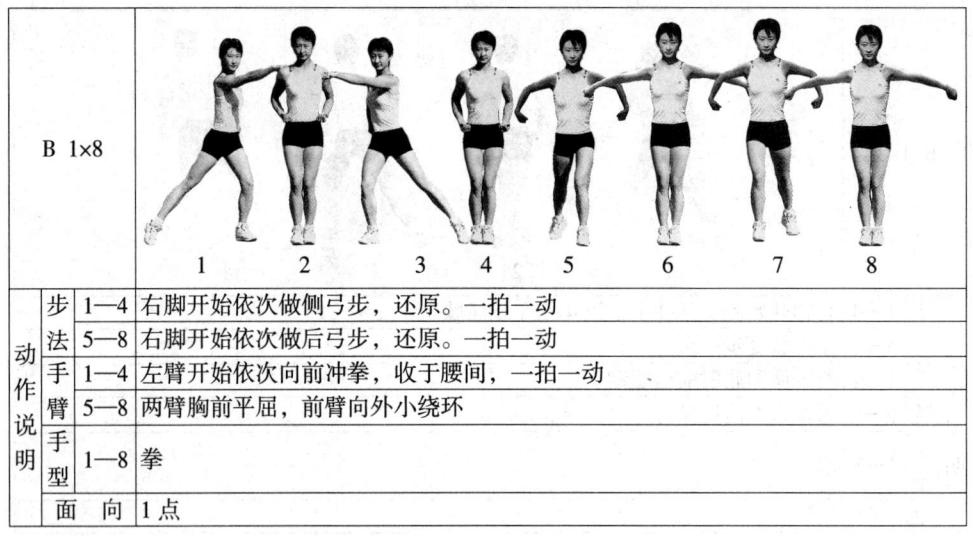

动作说明	B 1×8		
	步法	1—4	右脚开始依次做侧弓步，还原。一拍一动
		5—8	右脚开始依次做后弓步，还原。一拍一动
	手臂	1—4	左臂开始依次向前冲拳，收于腰间，一拍一动
		5—8	两臂胸前平屈，前臂向外小绕环
	手型	1—8	拳
	面　向		1点

第五~八个八拍动作同第一~四个八拍动作，但方向相反。

二、低冲击力组合（二）　32拍×4×2

注：低冲击力组合共有四个32拍的小组合动作，每个小组合动作均为32拍的右、左脚组合动作，即右脚先开始，最后一拍动作落在右脚上，接着左脚开始完成反方向的32拍组合动作。

组合A：
第一个八拍

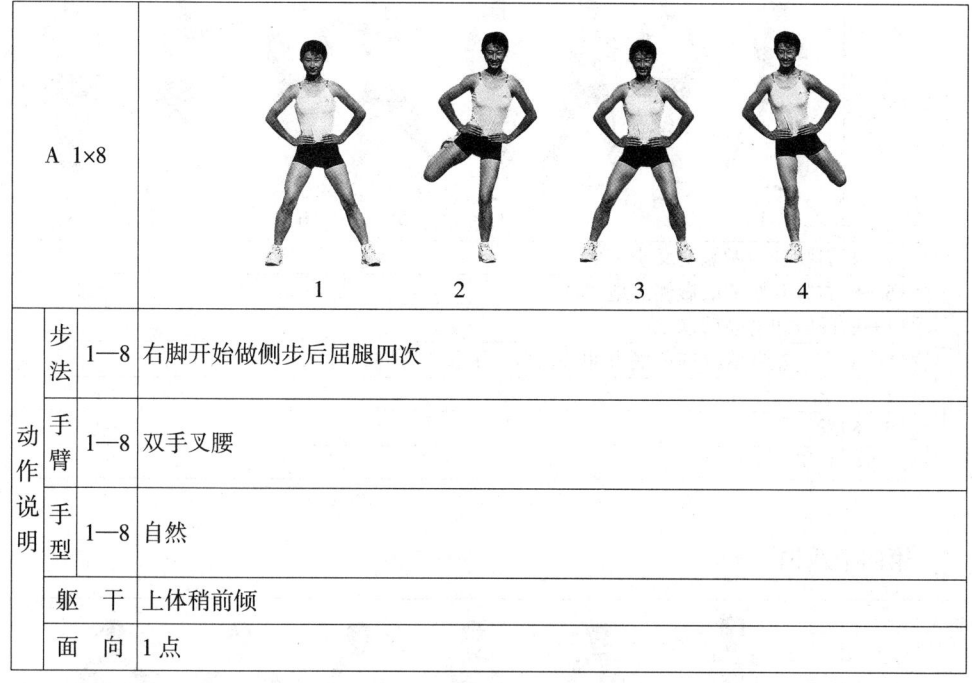

动作说明	步法	1—8 右脚开始做侧步后屈腿四次
	手臂	1—8 双手叉腰
	手型	1—8 自然
	躯干	上体稍前倾
	面向	1点

（A 1×8）

第二个八拍

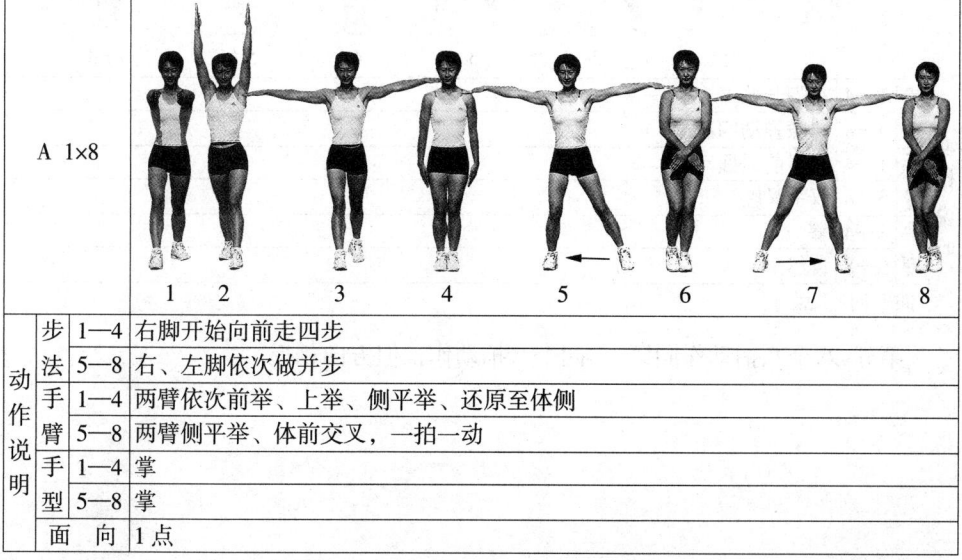

动作说明	步法	1—4 右脚开始向前走四步
		5—8 右、左脚依次做并步
	手臂	1—4 两臂依次前举、上举、侧平举、还原至体侧
		5—8 两臂侧平举、体前交叉，一拍一动
	手型	1—4 掌
		5—8 掌
	面向	1点

（A 1×8）

第三个八拍

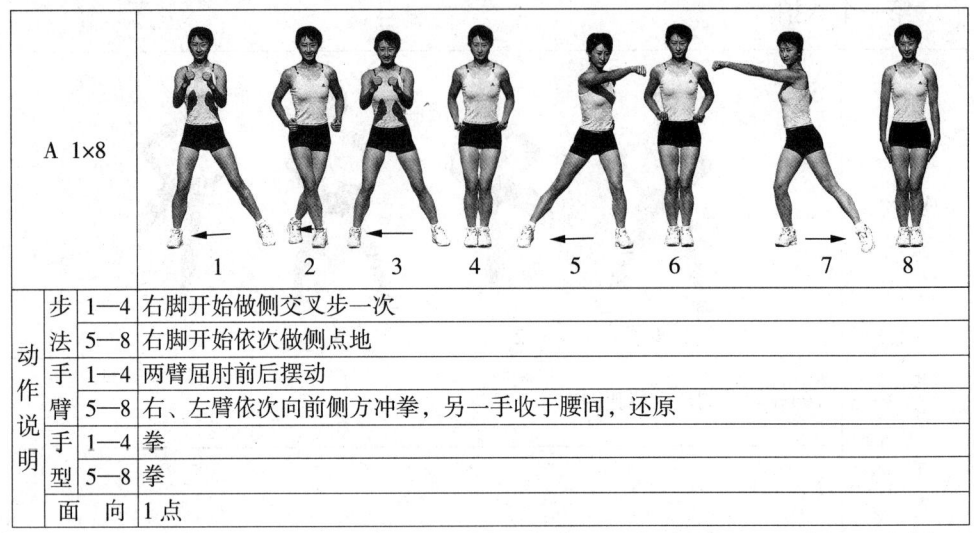

动作说明	A 1×8		
	步法	1—4	右脚开始做侧交叉步一次
		5—8	右脚开始依次做侧点地
	手臂	1—4	两臂屈肘前后摆动
		5—8	右、左臂依次向前侧方冲拳,另一手收于腰间,还原
	手型	1—4	拳
		5—8	拳
	面向		1点

第四个八拍

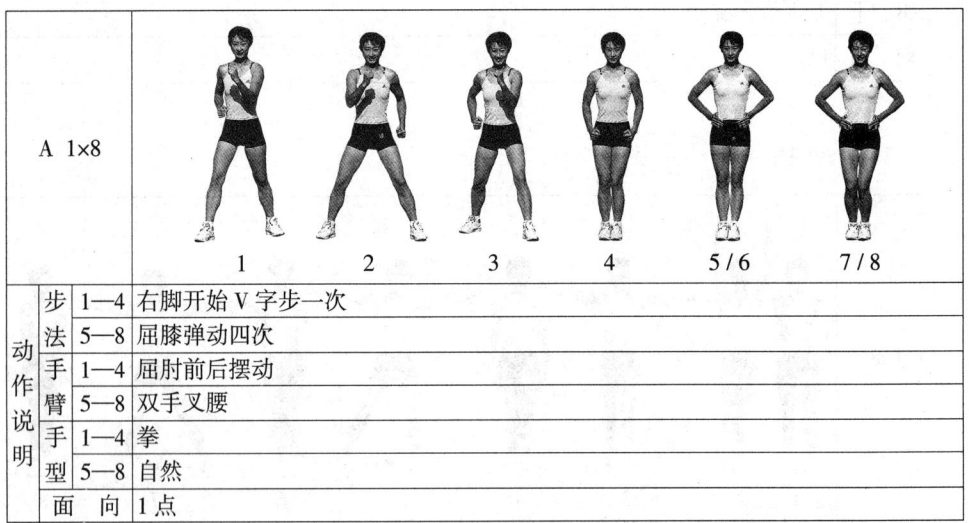

动作说明	A 1×8		
	步法	1—4	右脚开始V字步一次
		5—8	屈膝弹动四次
	手臂	1—4	屈肘前后摆动
		5—8	双手叉腰
	手型	1—4	拳
		5—8	自然
	面向		1点

第五~八个八拍动作同第一~四个八拍动作,但方向相反。

组合 B：

第一个八拍

B 1×8			

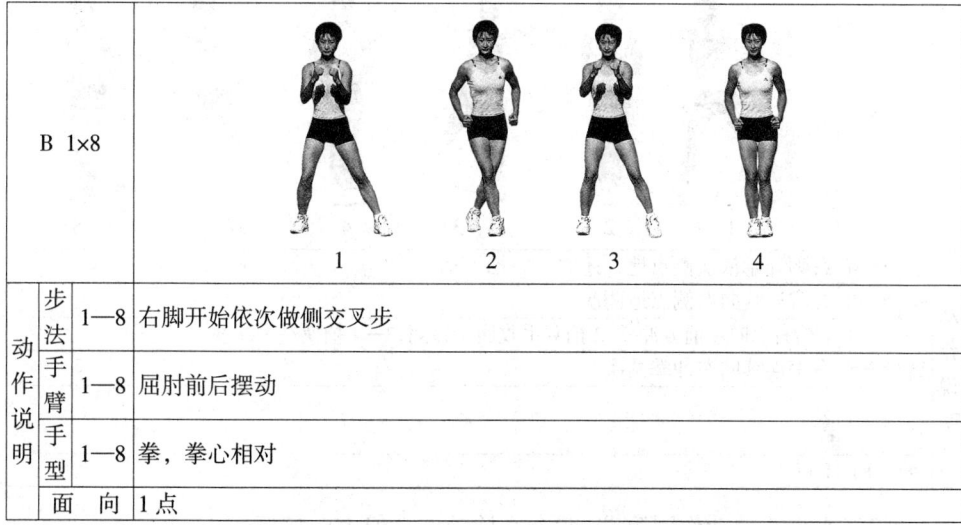

动作说明	步法	1—4	右脚开始向前走四步
		5—8	右脚开始依次打开，还原
	手臂	1—4	手臂屈肘前后摆
		5—8	5拍手臂经胸前交叉至侧平举，6拍双手臂收回于胸前交叉，7—8拍同5—6拍动作
	手型	1—4	拳
		5—8	掌，五指分开，掌心向前
	面向		1点

第二个八拍

B 1×8			

动作说明	步法	1—8	右脚开始依次做侧交叉步
	手臂	1—8	屈肘前后摆动
	手型	1—8	拳，拳心相对
	面向		1点

第三个八拍

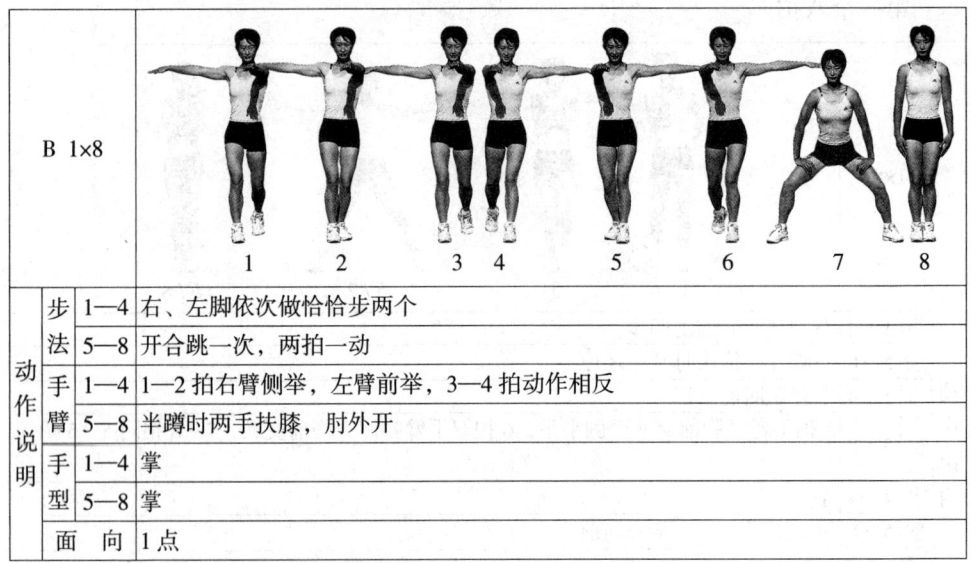

B 1×8		
动作说明	步法	1—4 右、左脚依次做恰恰步两个
		5—8 开合跳一次，两拍一动
	手臂	1—4 1—2拍右臂侧举，左臂前举，3—4拍动作相反
		5—8 半蹲时两手扶膝，肘外开
	手型	1—4 掌
		5—8 掌
	面向	1点

第四个八拍

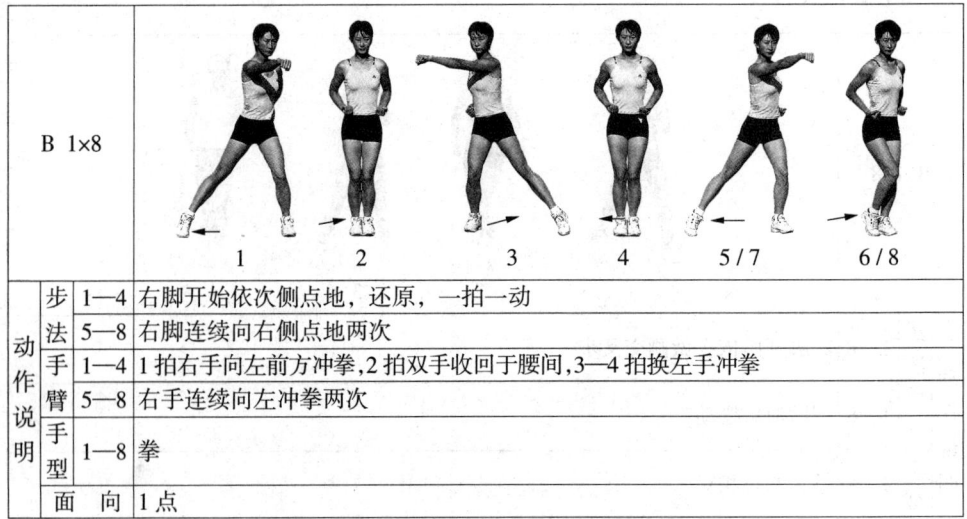

B 1×8		
动作说明	步法	1—4 右脚开始依次侧点地，还原，一拍一动
		5—8 右脚连续向右侧点地两次
	手臂	1—4 1拍右手向左前方冲拳，2拍双手收回于腰间，3—4拍换左手冲拳
		5—8 右手连续向左冲拳两次
	手型	1—8 拳
	面向	1点

第五~八个八拍动作同第一~四个八拍动作，但方向相反。

组合 C：
第一个八拍

			1—3	4/8	5/7	6
C 1×8						

动作说明	步法	1—4	右脚开始向前走三步，第 4 拍吸左腿小跳一次
		5—8	右、左腿依次吸腿跳一次，一拍一动
	手臂	1—4	屈肘前后摆，4 拍时体前击掌
		5—8	每次吸腿时体前击掌
	手型	1—8	顺其自然
	面向		1 点

第二个八拍

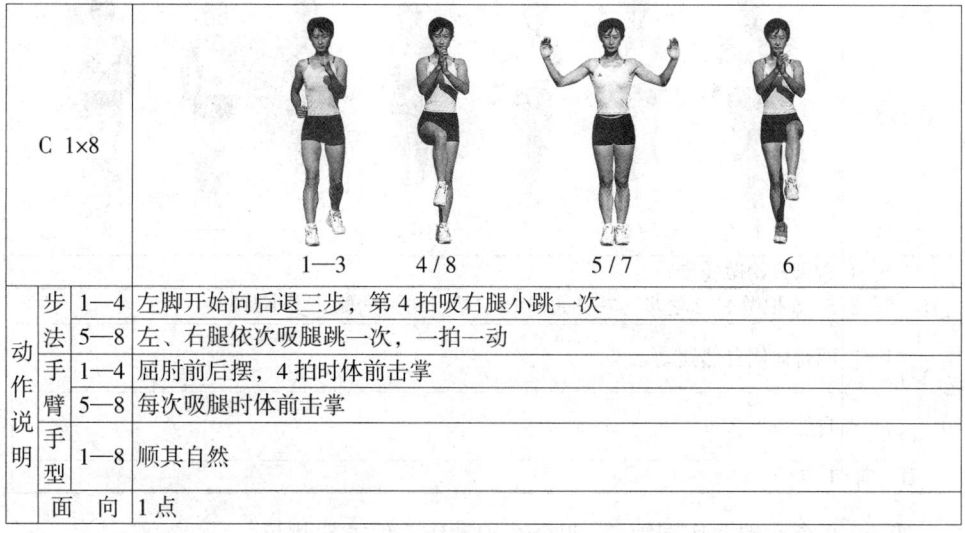

			1—3	4/8	5/7	6
C 1×8						

动作说明	步法	1—4	左脚开始向后退三步，第 4 拍吸右腿小跳一次
		5—8	左、右腿依次吸腿跳一次，一拍一动
	手臂	1—4	屈肘前后摆，4 拍时体前击掌
		5—8	每次吸腿时体前击掌
	手型	1—8	顺其自然
	面向		1 点

第三个八拍

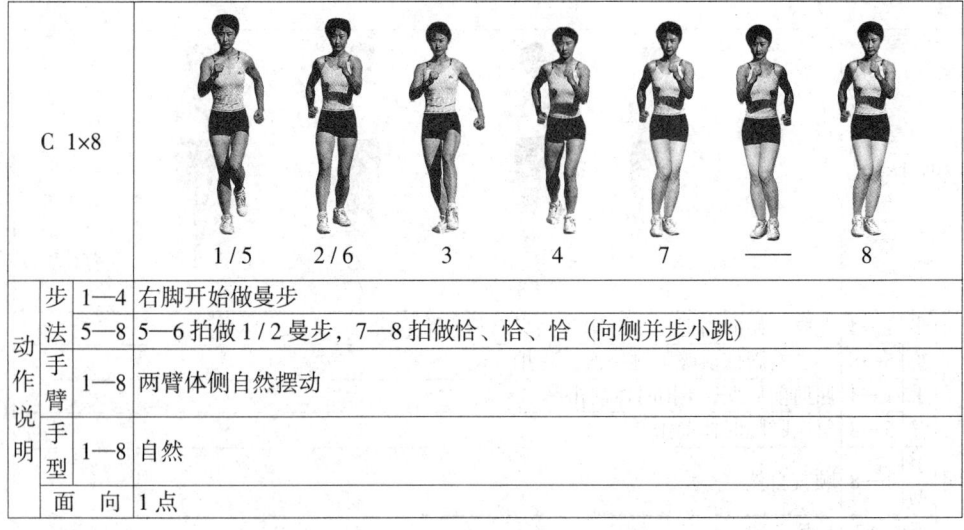

动作说明	步法	1—4	右、左脚依次做两次侧并步
		5—8	右脚开始做 V 字步
	手臂	1—4	1拍两臂侧平举，2拍体前交叉，一拍一动
		5—8	屈肘前后摆臂
	手型	1—8	放松握拳
	面向		1点

第四个八拍

动作说明	步法	1—4	右脚开始做曼步
		5—8	5—6拍做1/2曼步，7—8拍做恰、恰、恰（向侧并步小跳）
	手臂	1—8	两臂体侧自然摆动
	手型	1—8	自然
	面向		1点

第五~八个八拍动作同第一~四个八拍动作，但方向相反。

组合 D：
第一个八拍

D 1×8		

1/3　2/4　5　6/8　7

动作说明	步法	1—4	右脚开始原地踏四步
		5—8	右、左脚依次做脚跟前点地两次，一拍一动
	手臂	1—4	体侧屈肘摆动
		5—8	两臂胸前平推
	手型	1—4	自然
		5—8	立掌
	面向		1点

第二个八拍动作与第一个八拍动作相同。

第三个八拍

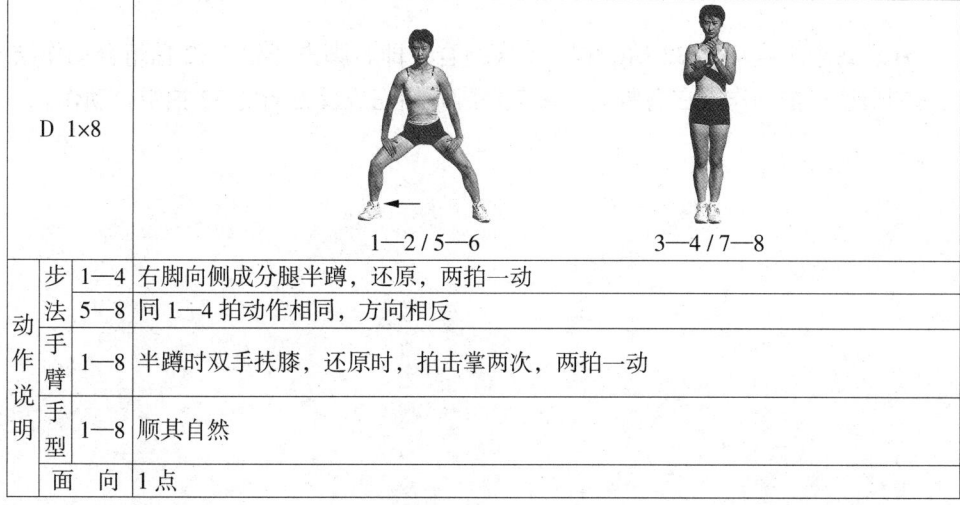

1—2/5—6　　3—4/7—8

动作说明	步法	1—4	右脚向侧成分腿半蹲，还原，两拍一动
		5—8	同 1—4 拍动作相同，方向相反
	手臂	1—8	半蹲时双手扶膝，还原时，拍击掌两次，两拍一动
	手型	1—8	顺其自然
	面向		1点

第四个八拍

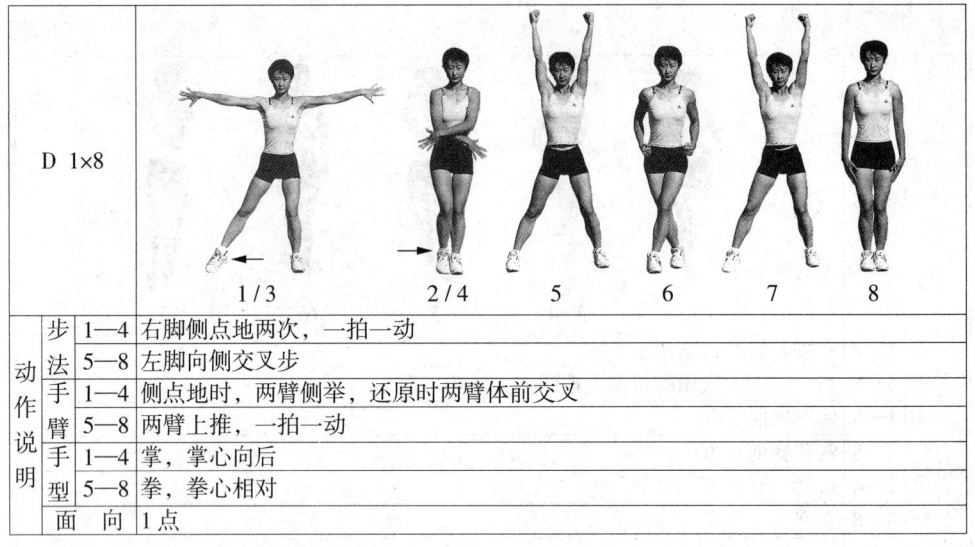

动作说明			
步法	1—4	右脚侧点地两次，一拍一动	
	5—8	左脚向侧交叉步	
手臂	1—4	侧点地时，两臂侧举，还原时两臂体前交叉	
	5—8	两臂上推，一拍一动	
手型	1—4	掌，掌心向后	
	5—8	拳，拳心相对	
面向		1点	

第五~八个八拍动作同第一~四个八拍动作，但方向相反。

三、低冲击力组合（三） 32拍×4×2

注：每个组合均为32拍的右、左脚组合，即右脚先开始，32拍组合动作结束时的最后一拍动作落在右脚上，接着左脚开始完成反方向的32拍组合动作。

第十章 健美操组合范例

组合 A：
第一个八拍

A 1×8		
		1—4　　5　　6　　7　　8

动作说明	步法	1—4	右脚开始向前走四步
		5—8	右、左脚依次向前点地一次
	手臂	1—4	两臂体侧屈肘前后摆动
		5—8	前点地时两臂向前冲拳，然后收至腰间，一拍一动
	手型	1—4	拳
		5—8	拳，拳心向下
	面向		1点

第二个八拍

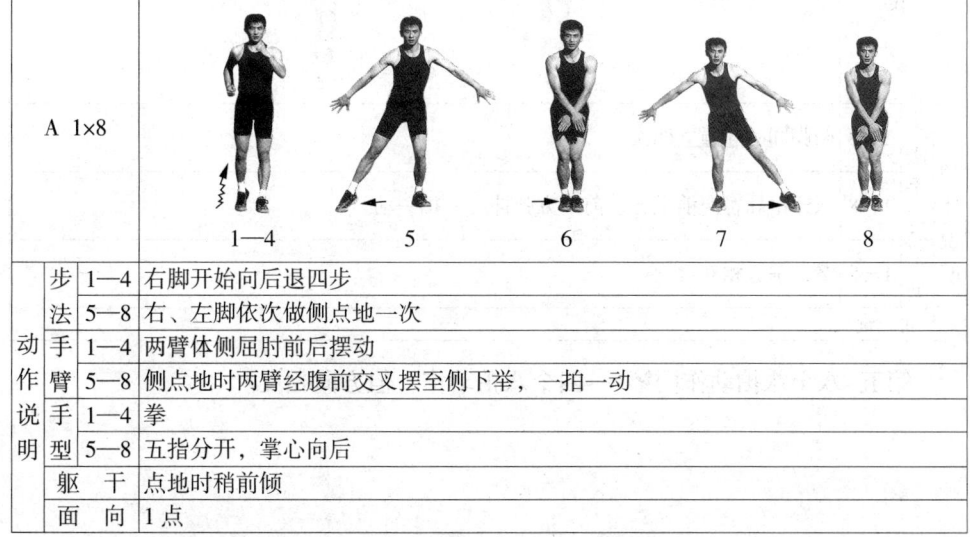

1—4　　5　　6　　7　　8

动作说明	步法	1—4	右脚开始向后退四步
		5—8	右、左脚依次做侧点地一次
	手臂	1—4	两臂体侧屈肘前后摆动
		5—8	侧点地时两臂经腹前交叉摆至侧下举，一拍一动
	手型	1—4	拳
		5—8	五指分开，掌心向后
	躯干		点地时稍前倾
	面向		1点

第三个八拍

A 1×8

动作说明	步法	1—8	右脚开始向右弧形走一圈
	手臂	1—8	两臂体侧屈肘前后摆动
	手型	1—8	拳
	面 向		从1点逆时针方向走一圈至1点

第四个八拍

A 1×8

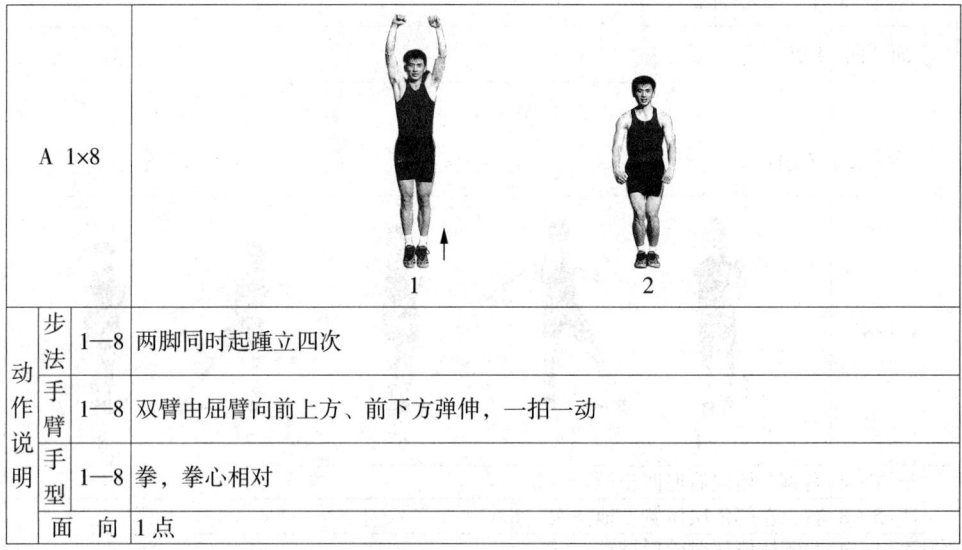

动作说明	步法	1—8	两脚同时起踵立四次
	手臂	1—8	双臂由屈臂向前上方、前下方弹伸，一拍一动
	手型	1—8	拳，拳心相对
	面 向		1点

第五~八个八拍动作同第一~四个八拍动作，但方向相反。

组合 B:
第一个八拍

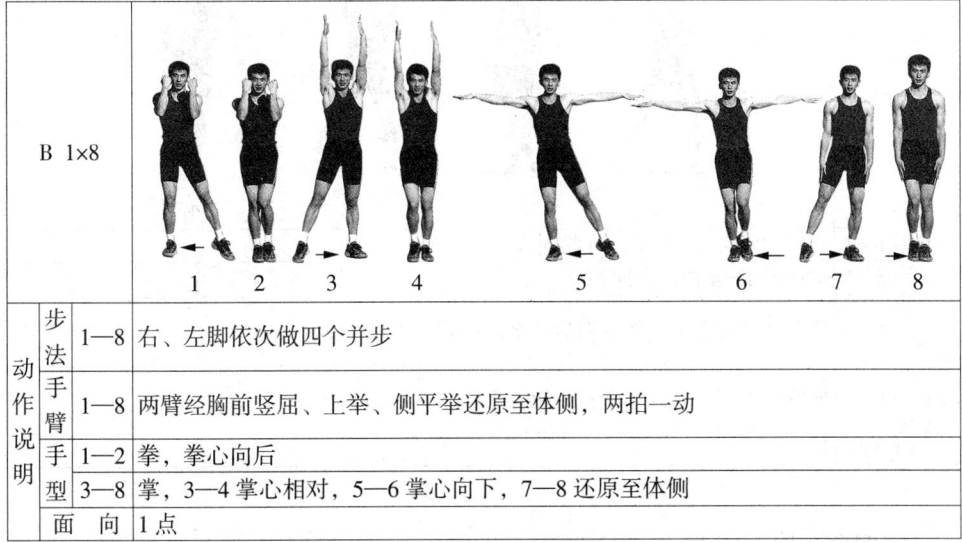

动作说明	步法	1—8	右、左脚依次做四个并步
	手臂	1—8	两臂经胸前竖屈、上举、侧平举还原至体侧,两拍一动
	手型	1—2	拳,拳心向后
		3—8	掌,3—4掌心相对,5—6掌心向下,7—8还原至体侧
	面向		1点

第二个八拍

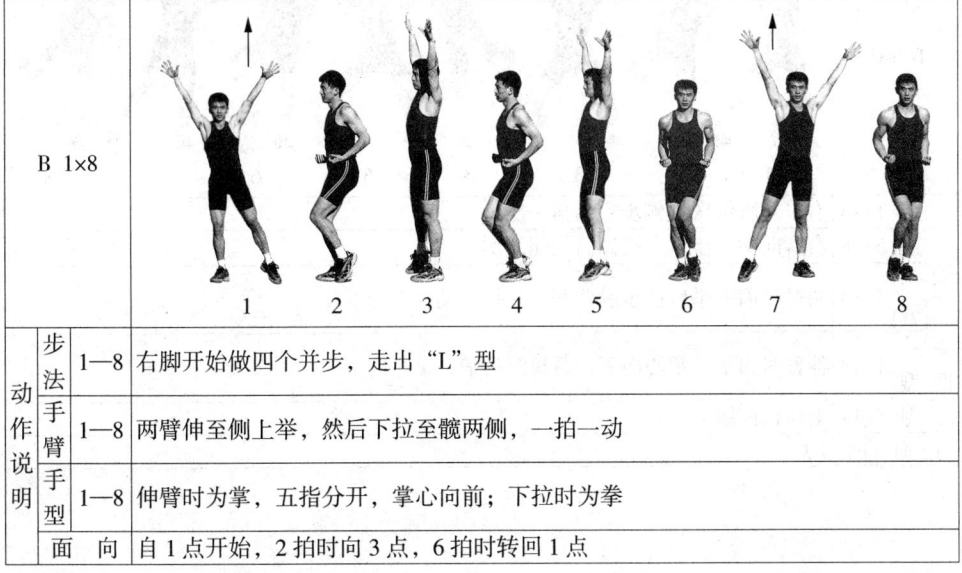

动作说明	步法	1—8	右脚开始做四个并步,走出"L"型
	手臂	1—8	两臂伸至侧上举,然后下拉至髋两侧,一拍一动
	手型	1—8	伸臂时为掌,五指分开,掌心向前;下拉时为拳
	面向		自1点开始,2拍时向3点,6拍时转回1点

第三个八拍

B 1×8

动作说明	步法	1—4 右脚做侧交叉步一次，4拍时左小腿后屈
		5—8 动作同1—4拍，方向相反
	手臂	1—8 两臂伸至前平举，然后向后拉至髋两侧，一拍一动
	手型	1—8 伸臂时为掌，掌心向下；后拉时为拳，拳心向上
	面向	1点

第四个八拍

B 1×8

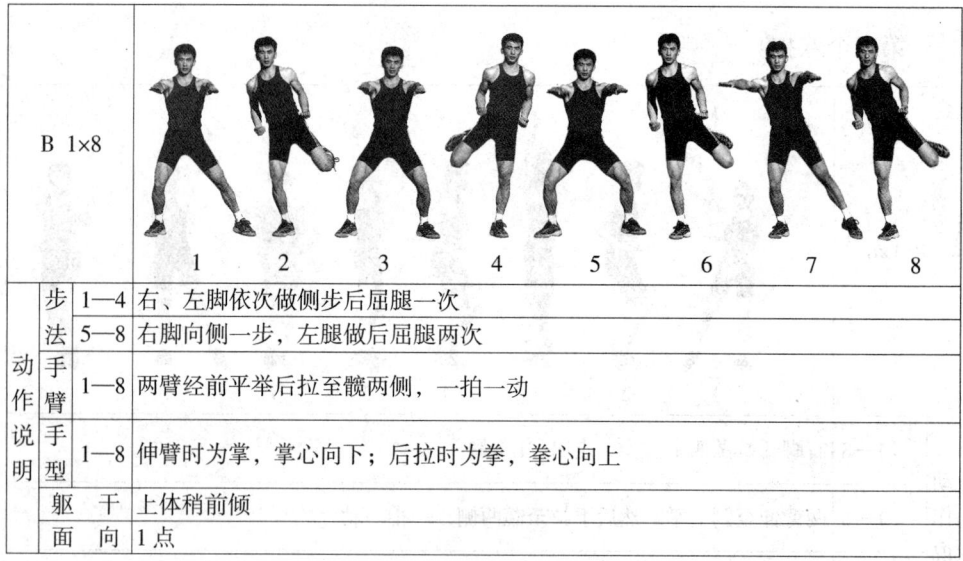

动作说明	步法	1—4 右、左脚依次做侧步后屈腿一次
		5—8 右脚向侧一步，左腿做后屈腿两次
	手臂	1—8 两臂经前平举后拉至髋两侧，一拍一动
	手型	1—8 伸臂时为掌，掌心向下；后拉时为拳，拳心向上
	躯干	上体稍前倾
	面向	1点

组合 C：
第一个八拍

C 1×8			
	1	2	3	4

动作说明	步法	1—8	右脚做两个一字步
	手臂	1—8	两臂胸前屈伸，一拍一动
	手型	1—8	拳，拳心向前
	面向		1 点

第二个八拍

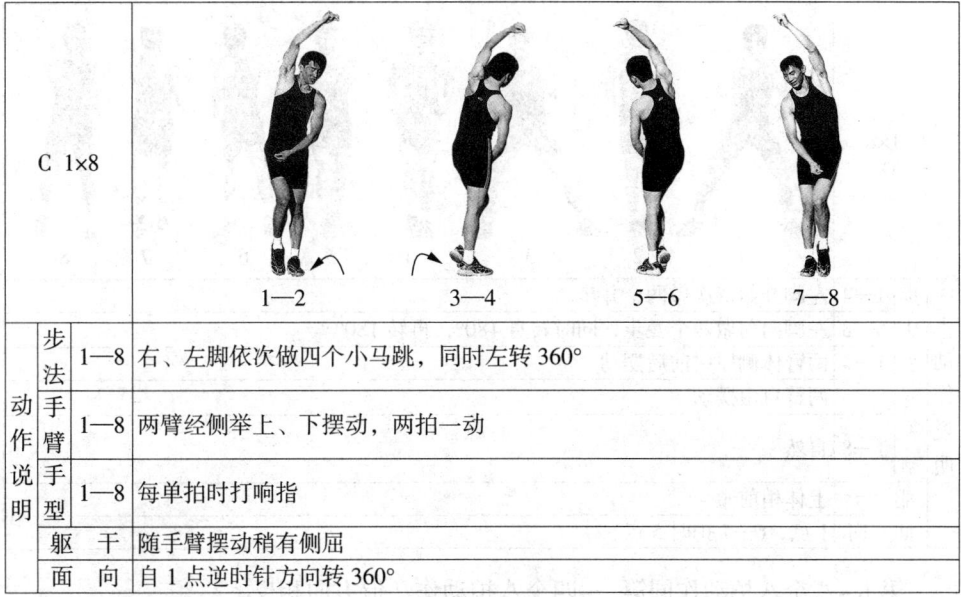

C 1×8				
	1—2	3—4	5—6	7—8

动作说明	步法	1—8	右、左脚依次做四个小马跳，同时左转 360°
	手臂	1—8	两臂经侧举上、下摆动，两拍一动
	手型	1—8	每单拍时打响指
	躯干		随手臂摆动稍有侧屈
	面向		自 1 点逆时针方向转 360°

第三个八拍

C 1×8		

动作说明	步法	1—8	右脚向侧一步，左脚做吸腿四次
	手臂	1—8	两臂伸至右前上举，然后向左下方下拉至髋两侧，一拍一动
	手型	1—8	右前上举时为掌，掌心向下；下拉时为拳，拳心向上
	躯干		上体稍前倾
	面向		2点

第四个八拍

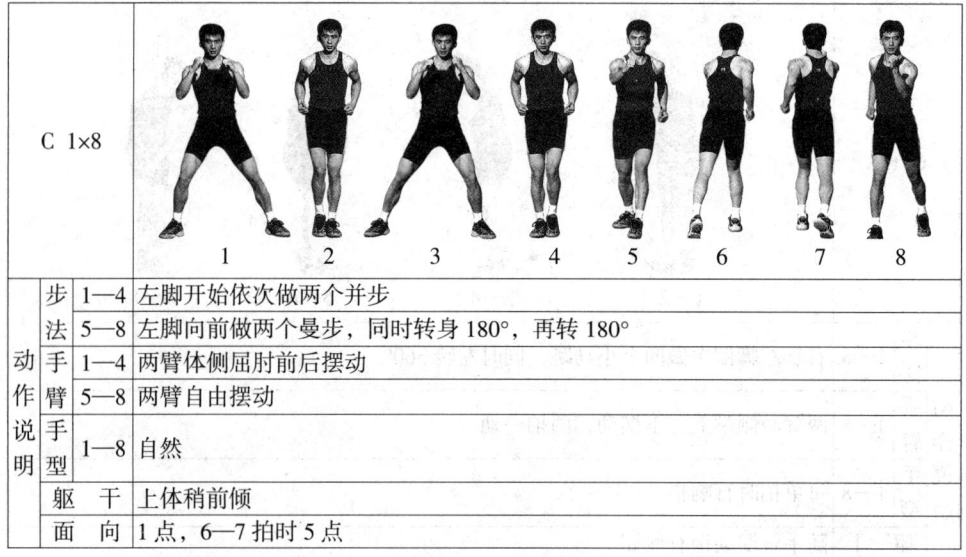

动作说明	步法	1—4	左脚开始依次做两个并步
		5—8	左脚向前做两个曼步，同时转身180°，再转180°
	手臂	1—4	两臂体侧屈肘前后摆动
		5—8	两臂自由摆动
	手型	1—8	自然
	躯干		上体稍前倾
	面向		1点，6—7拍时5点

第五~八个八拍动作同第一~四个八拍动作，但方向相反。

组合 D：
第一个八拍

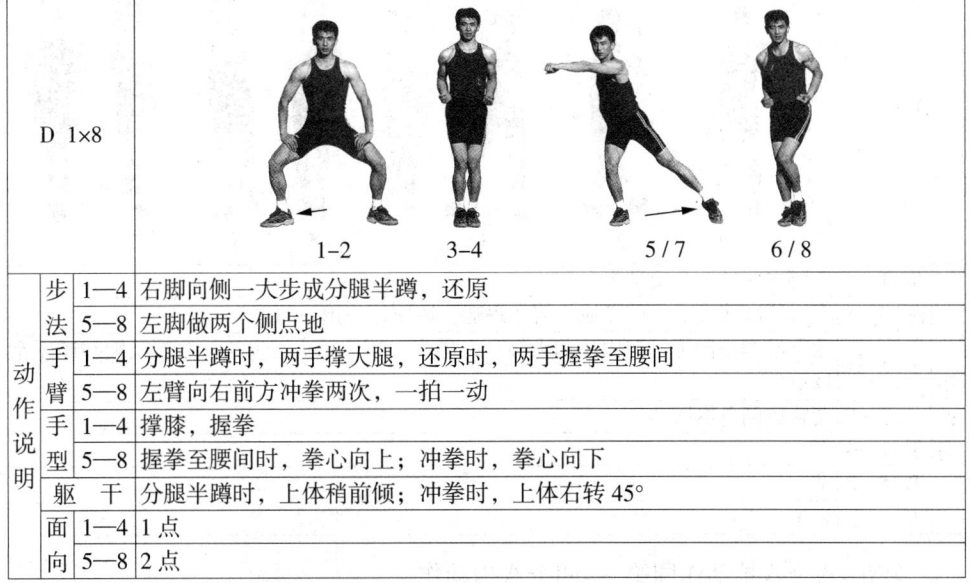

动作说明	步法	1—4 右脚向侧一大步成分腿半蹲，还原
		5—8 左脚做两个侧点地
	手臂	1—4 分腿半蹲时，两手撑大腿，还原时，两手握拳至腰间
		5—8 左臂向右前方冲拳两次，一拍一动
	手型	1—4 撑膝，握拳
		5—8 握拳至腰间时，拳心向上；冲拳时，拳心向下
	躯干	分腿半蹲时，上体稍前倾；冲拳时，上体右转 45°
	面向	1—4 1点
		5—8 2点

第二个八拍动作与第一个八拍动作相同。

第三个八拍

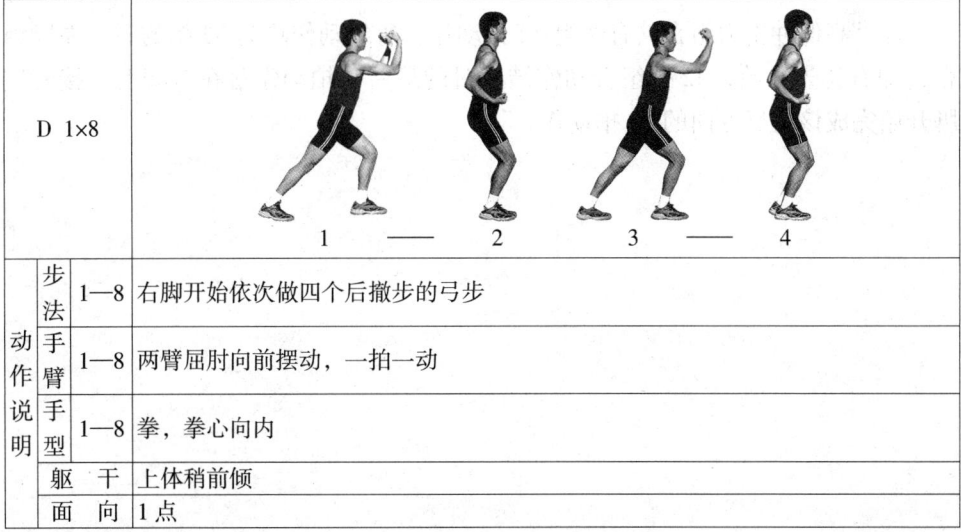

动作说明	步法	1—8 右脚开始依次做四个后撤步的弓步
	手臂	1—8 两臂屈肘向前摆动，一拍一动
	手型	1—8 拳，拳心向内
	躯干	上体稍前倾
	面向	1点

第四个八拍

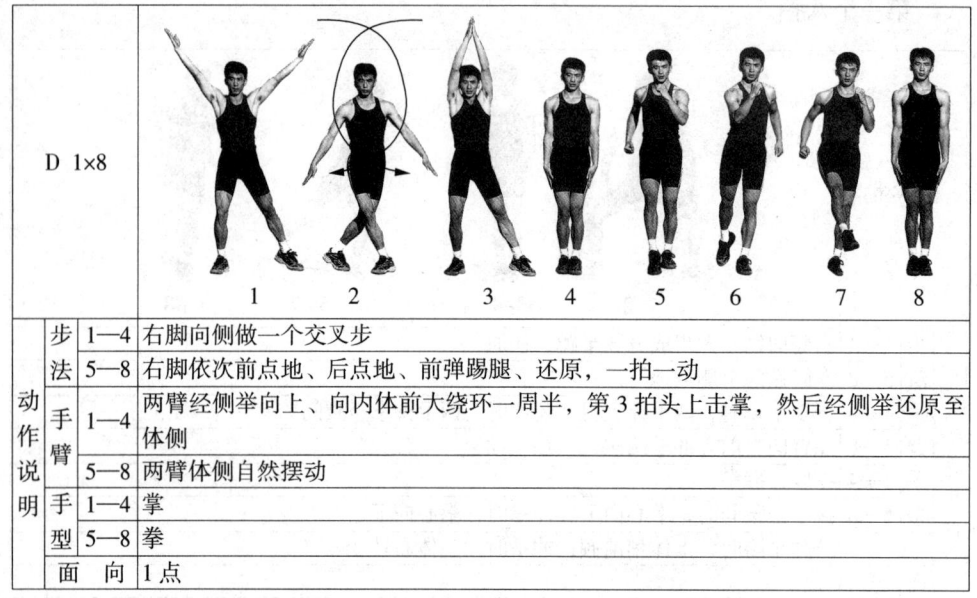

动作说明	步法 1—4	右脚向侧做一个交叉步
	步法 5—8	右脚依次前点地、后点地、前弹踢腿、还原，一拍一动
	手臂 1—4	两臂经侧举向上、向内体前大绕环一周半，第3拍头上击掌，然后经侧举还原至体侧
	手臂 5—8	两臂体侧自然摆动
	手型 1—4	掌
	手型 5—8	拳
	面向	1点

第五~八个八拍动作同第一~四个八拍动作。

四、高低冲击力组合（一） 32拍×2×2

注：高低冲击力组合共有两组32拍动作，每组动作均为32拍的右、左脚组合，即右脚先开始，32拍组合动作结束时的最后一拍动作落在右脚上，接着左脚开始完成该组反方向的32拍动作。

组合 A：
第一个八拍

A 1×8		

动作说明	步法	1—4	右脚开始向前走四步
		5—8	右脚开始依次做并步一次
	手臂	1—4	两臂依次侧上举、胸前交叉、侧平举、还原到体侧，一拍一动
		5—8	两臂上举，然后还原到体侧，一拍一动
	手型		五指分开，掌心向前，手型见图
	面向		1点

第二个八拍

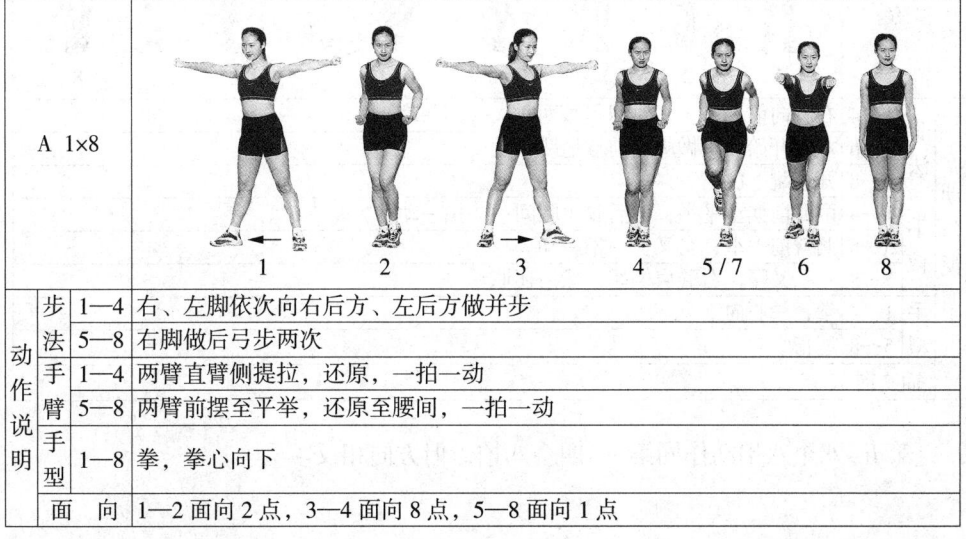

A 1×8		

动作说明	步法	1—4	右、左脚依次向右后方、左后方做并步
		5—8	右脚做后弓步两次
	手臂	1—4	两臂直臂侧提拉，还原，一拍一动
		5—8	两臂前摆至平举，还原至腰间，一拍一动
	手型	1—8	拳，拳心向下
	面向		1—2 面向2点，3—4 面向8点，5—8 面向1点

第三个八拍

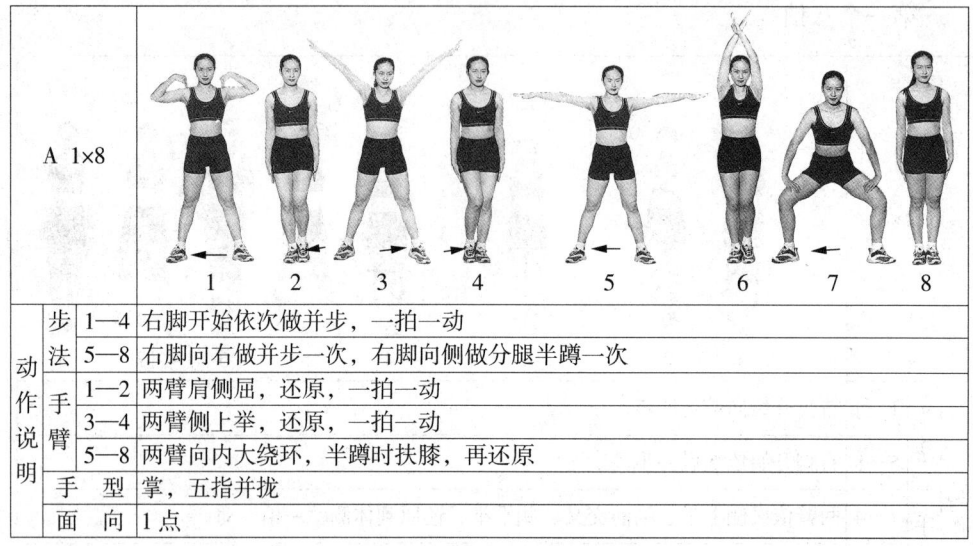

动作说明	步法	1—4	右脚开始依次做并步,一拍一动
		5—8	右脚向右做并步一次,右脚向侧做分腿半蹲一次
	手臂	1—2	两臂肩侧屈,还原,一拍一动
		3—4	两臂侧上举,还原,一拍一动
		5—8	两臂向内大绕环,半蹲时扶膝,再还原
	手型		掌,五指并拢
	面向		1点

第四个八拍

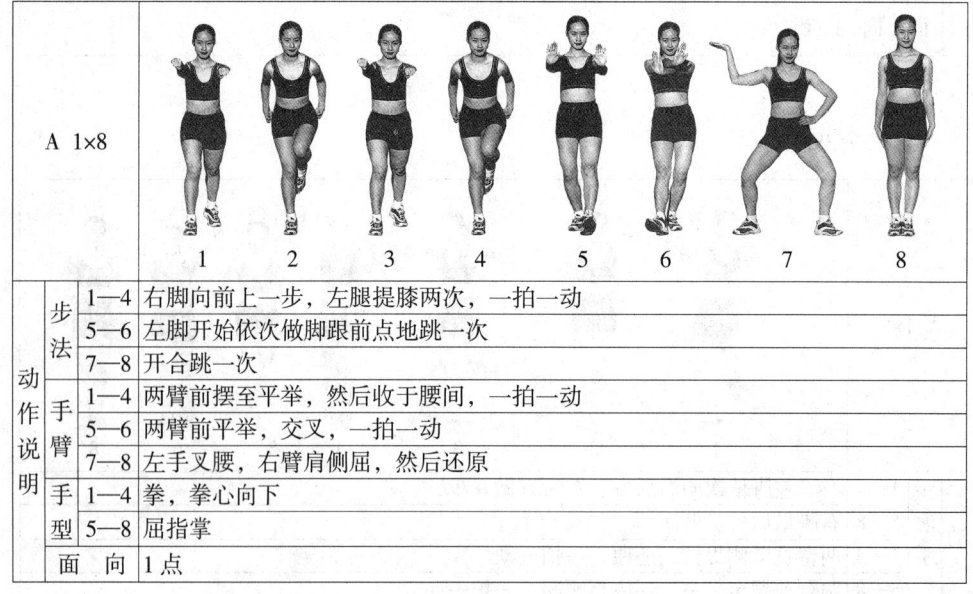

动作说明	步法	1—4	右脚向前上一步,左腿提膝两次,一拍一动
		5—6	左脚开始依次做脚跟前点地跳一次
		7—8	开合跳一次
	手臂	1—4	两臂前摆至平举,然后收于腰间,一拍一动
		5—6	两臂前平举,交叉,一拍一动
		7—8	左手叉腰,右臂肩侧屈,然后还原
	手型	1—4	拳,拳心向下
		5—8	屈指掌
	面向		1点

第五~八个八拍动作同第一~四个八拍,但方向相反。

组合 B：
第一个八拍

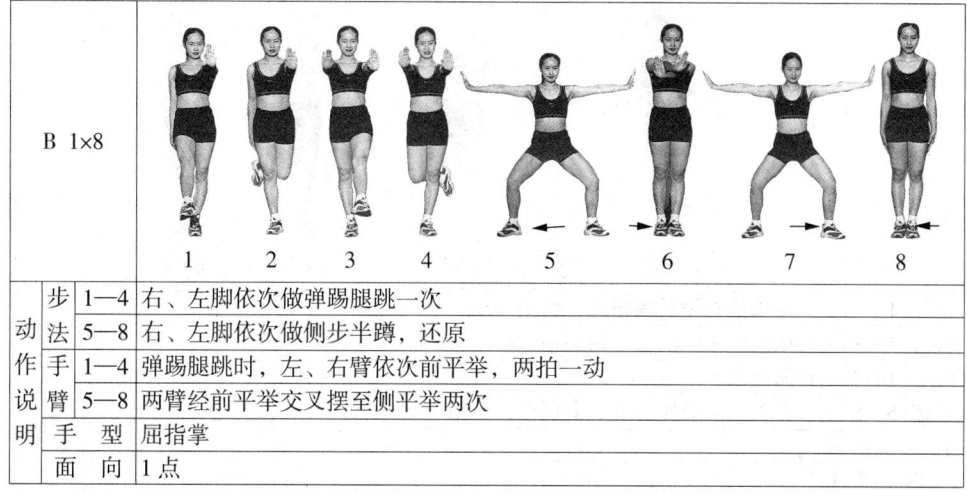

动作说明	B 1×8 步法	1—4 右、左脚依次做弹踢腿跳一次
		5—8 右、左脚依次做侧步半蹲，还原
	手臂	1—4 弹踢腿跳时，左、右臂依次前平举，两拍一动
		5—8 两臂经前平举交叉摆至侧平举两次
	手型	屈指掌
	面向	1 点

第二个八拍

动作说明	步法	1—2 右脚上步，左腿提膝
		3—4 左脚向左小跳，同时右腿侧摆，然后跳成并立
		5—8 开合跳两次
	手臂	1—2 两臂前举，然后收于腰间
		3—4 左臂肩侧屈，右臂侧举，然后还原
		5—6 左臂侧举，右臂肩侧屈，然后还原
		7—8 动作同 5—6，但方向相反
	手型	1—2 拳
		3—8 掌，五指分开，掌心向下
	面向	1—2 2 点
		3—8 1 点

第三个八拍

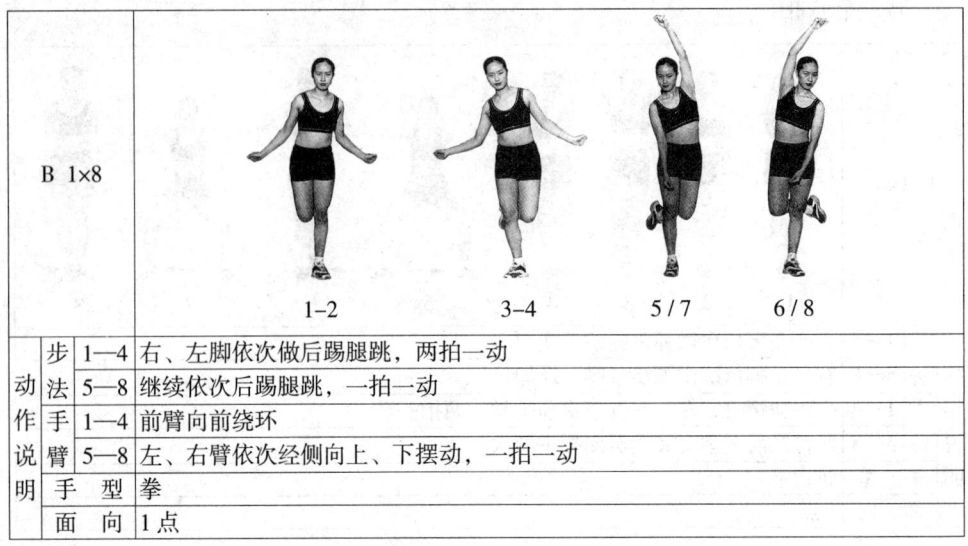

动作说明	步法	1—4	右、左脚依次做后踢腿跳，两拍一动
		5—8	继续依次后踢腿跳，一拍一动
	手臂	1—4	前臂向前绕环
		5—8	左、右臂依次经侧向上、下摆动，一拍一动
	手型		拳
	面向		1点

第四个八拍

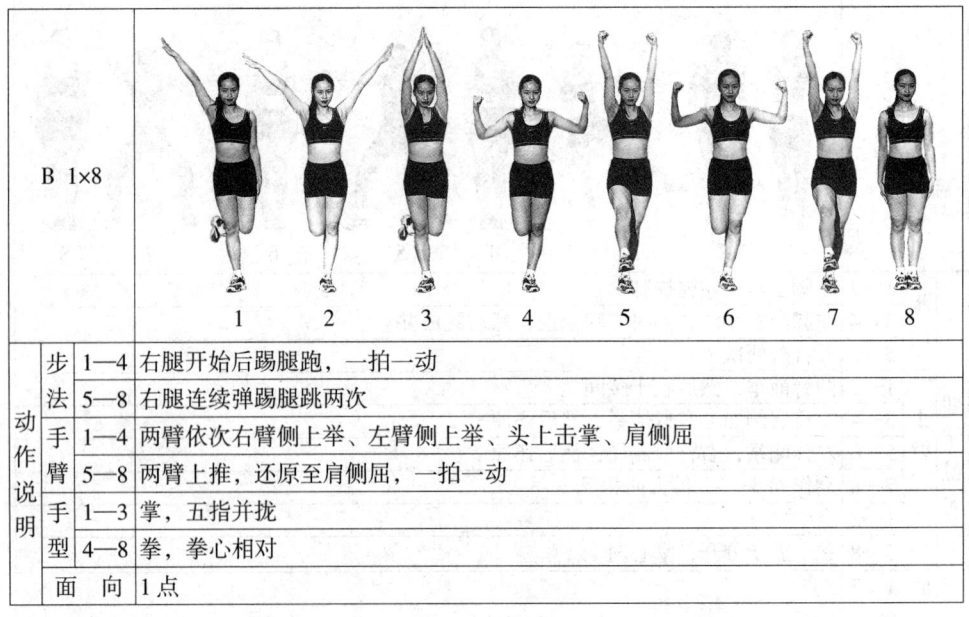

动作说明	步法	1—4	右腿开始后踢腿跑，一拍一动
		5—8	右腿连续弹踢腿跳两次
	手臂	1—4	两臂依次右臂侧上举、左臂侧上举、头上击掌、肩侧屈
		5—8	两臂上推，还原至肩侧屈，一拍一动
	手型	1—3	掌，五指并拢
		4—8	拳，拳心相对
	面向		1点

第五~八个八拍动作同第一~四个八拍动作，但方向相反。

五、高低冲击力组合（二）　32拍×4×2

注：每个组合均为32拍的右、左脚组合，即右脚先开始，32拍组合动作结束时的最后一拍动作落在右脚上，接着左脚开始完成反方向的32拍组合动作。

组合A：
第一个八拍

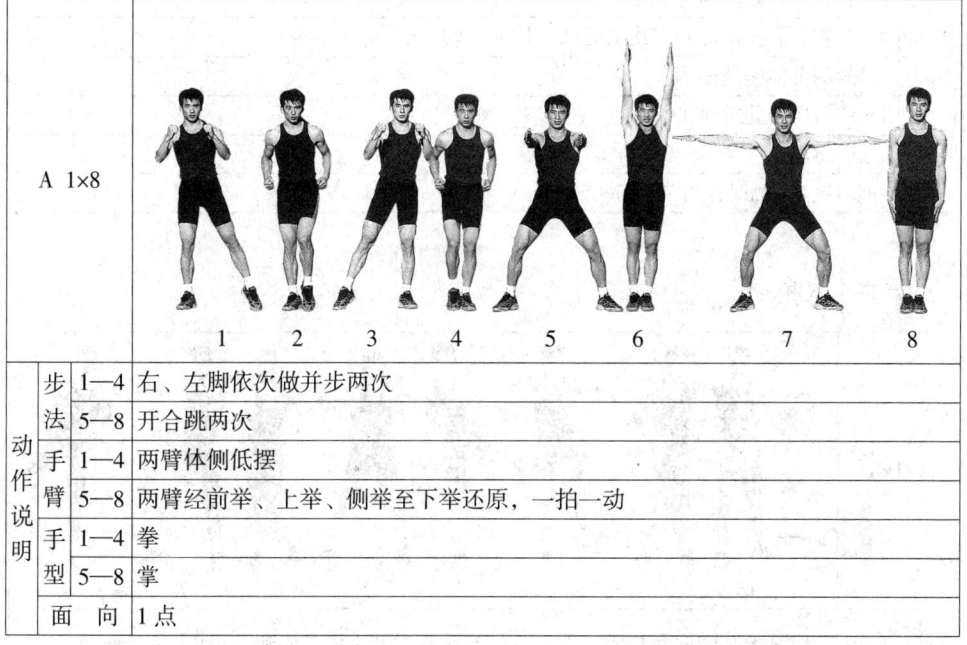

动作说明	步法	1—4	右、左脚依次做并步两次
		5—8	开合跳两次
	手臂	1—4	两臂体侧低摆
		5—8	两臂经前举、上举、侧举至下举还原，一拍一动
	手型	1—4	拳
		5—8	掌
	面向		1点

第二个八拍

A 1×8

动作说明	步法	1—3 右脚开始向前走三步
		4—8 左、右腿依次做三次吸腿跳，同时右转360°
	手臂	1—3 两臂体侧低摆
		4—8 每次吸腿跳时击掌
	手型	自然
	面向	1点，顺时针方向转360°

第三个八拍

A 1×8

动作说明	步法	1—8 左脚开始分别向左后方、右后方做两次侧交叉步接后屈腿，走出">"型
	手臂	1—8 两臂经前举向后拉，一拍一动
	手型	前举时为掌，后拉时为拳
	面向	1—4 8点
		5—8 2点

第四个八拍

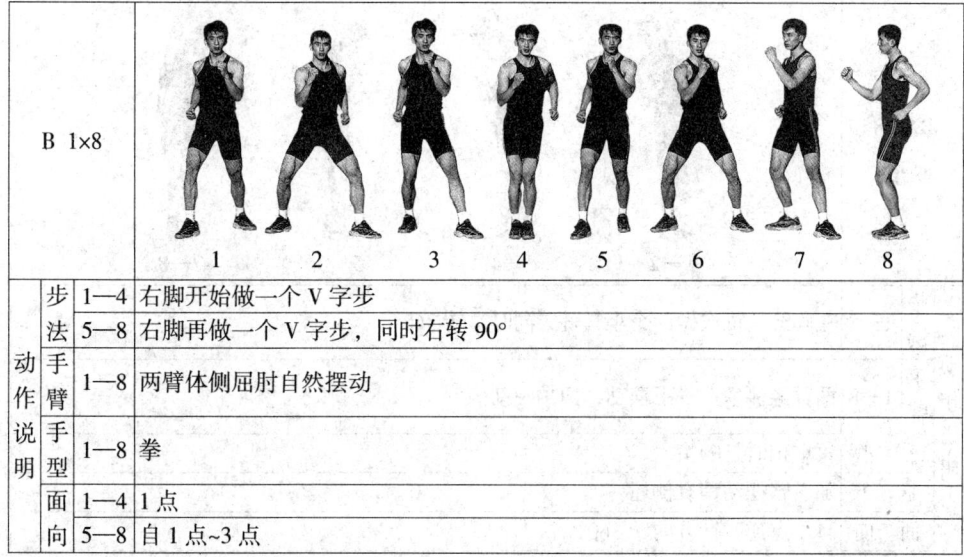

动作说明	步法	1—8	左脚开始依次做四次侧步后屈腿
	手臂	1—8	两臂经胸前屈臂交叉向后拉，一拍一动
	手型		胸前臂交叉时为掌，后拉时为拳
	面向		1点

第五~八个八拍动作同第一~四个八拍，但方向相反。

组合 B：

第一个八拍

动作说明	步法	1—4	右脚开始做一个V字步
		5—8	右脚再做一个V字步，同时右转90°
	手臂	1—8	两臂体侧屈肘自然摆动
	手型	1—8	拳
	面向	1—4	1点
		5—8	自1点~3点

第二个八拍

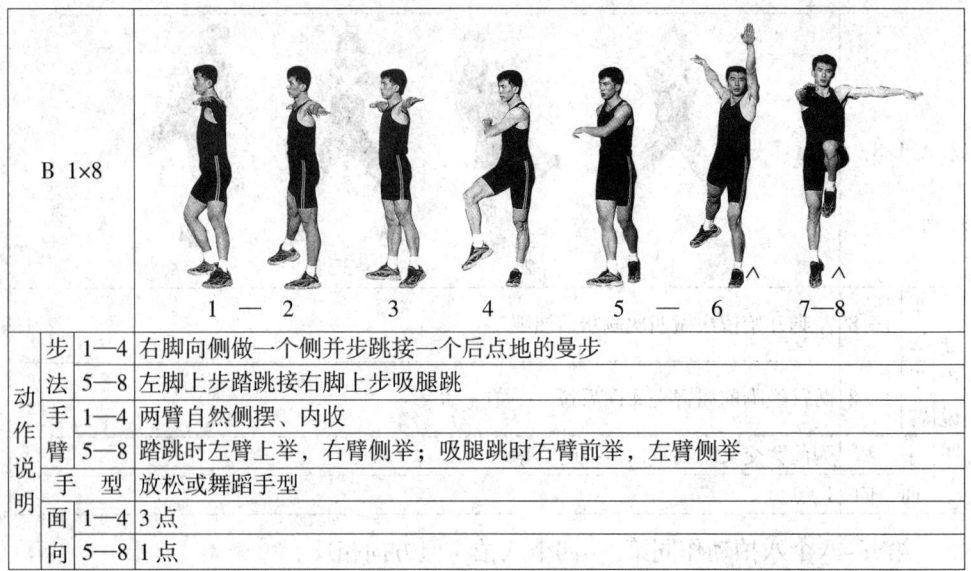

动作说明	步法	1—4	右脚向侧做一个侧并步跳接一个后点地的曼步
		5—8	左脚上步踏跳接右脚上步吸腿跳
	手臂	1—4	两臂自然侧摆、内收
		5—8	踏跳时左臂上举，右臂侧举；吸腿跳时右臂前举，左臂侧举
	手型		放松或舞蹈手型
	面向	1—4	3点
		5—8	1点

第三个八拍

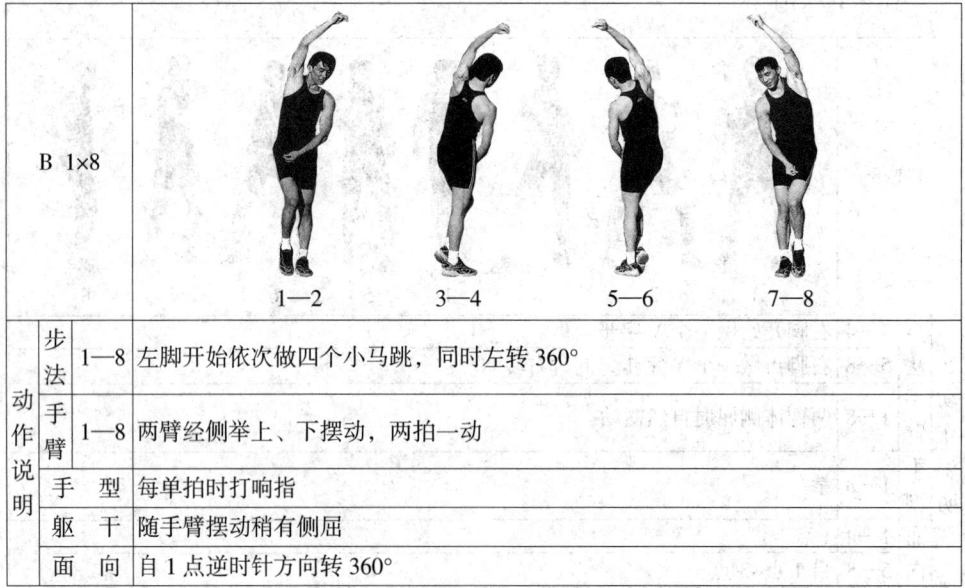

动作说明	步法	1—8	左脚开始依次做四个小马跳，同时左转360°
	手臂	1—8	两臂经侧举上、下摆动，两拍一动
	手型		每单拍时打响指
	躯干		随手臂摆动稍有侧屈
	面向		自1点逆时针方向转360°

第四个八拍

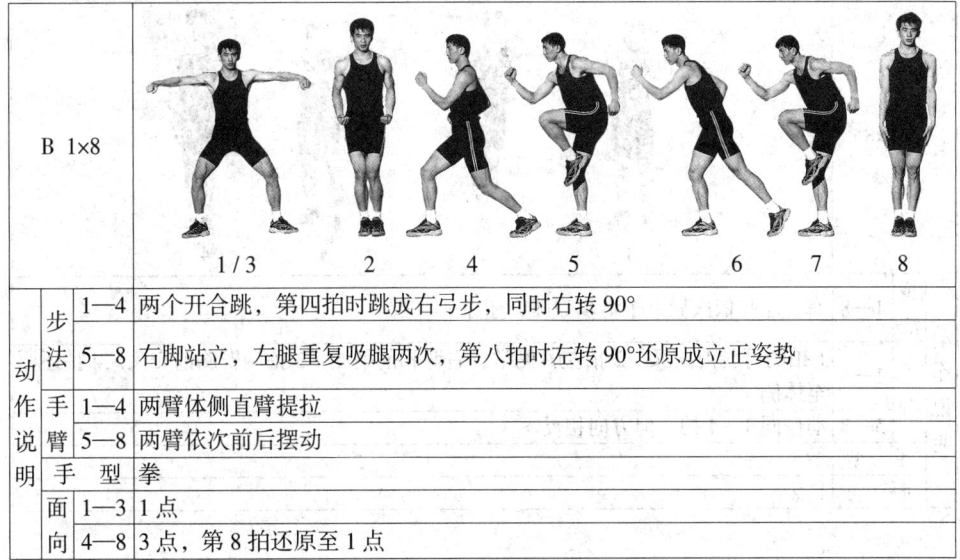

动作说明	步法	1—4	两个开合跳，第四拍时跳成右弓步，同时右转90°
		5—8	右脚站立，左腿重复吸腿两次，第八拍时左转90°还原成立正姿势
	手臂	1—4	两臂体侧直臂提拉
		5—8	两臂依次前后摆动
	手型		拳
	面向	1—3	1点
		4—8	3点，第8拍还原至1点

第五~八个八拍动作同第一~四个八拍，但方向相反。

组合 C：
第一个八拍

动作说明	步法	1—8	右、左脚依次向右前方、左前方做四次并步跳
	手臂	1—8	随每次并步跳两臂屈肘摆至胸前击掌
	手型		自然
	面向		右前方并步跳向2点，左前方并步跳向8点

第二个八拍

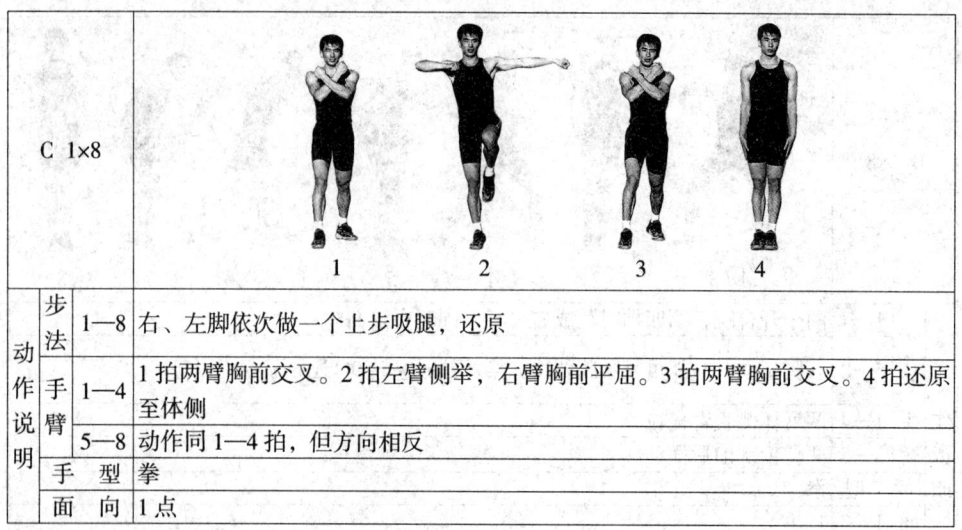

动作说明	步法	1—8	右、左脚依次做一个上步吸腿，还原
	手臂	1—4	1拍两臂胸前交叉。2拍左臂侧举，右臂胸前平屈。3拍两臂胸前交叉。4拍还原至体侧
		5—8	动作同1—4拍，但方向相反
	手型		拳
	面向		1点

第三个八拍

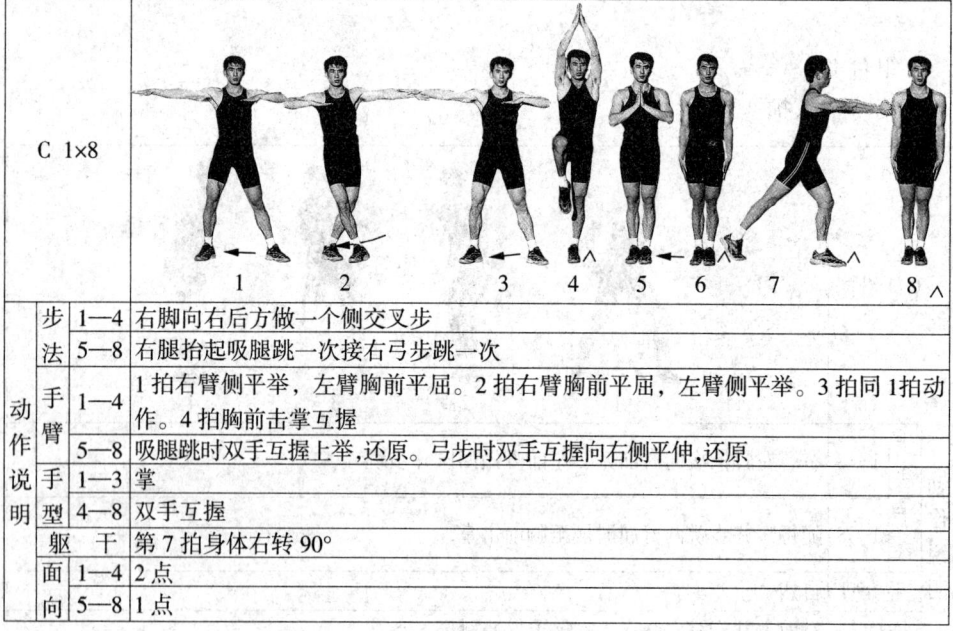

动作说明	步法	1—4	右脚向右后方做一个侧交叉步
		5—8	右腿抬起吸腿跳一次接右弓步跳一次
	手臂	1—4	1拍右臂侧平举，左臂胸前平屈。2拍右臂胸前平屈，左臂侧平举。3拍同1拍动作。4拍胸前击掌互握
		5—8	吸腿跳时双手互握上举，还原。弓步时双手互握向右侧平伸，还原
	手型	1—3	掌
		4—8	双手互握
	躯干		第7拍身体右转90°
	面向	1—4	2点
		5—8	1点

第四个八拍

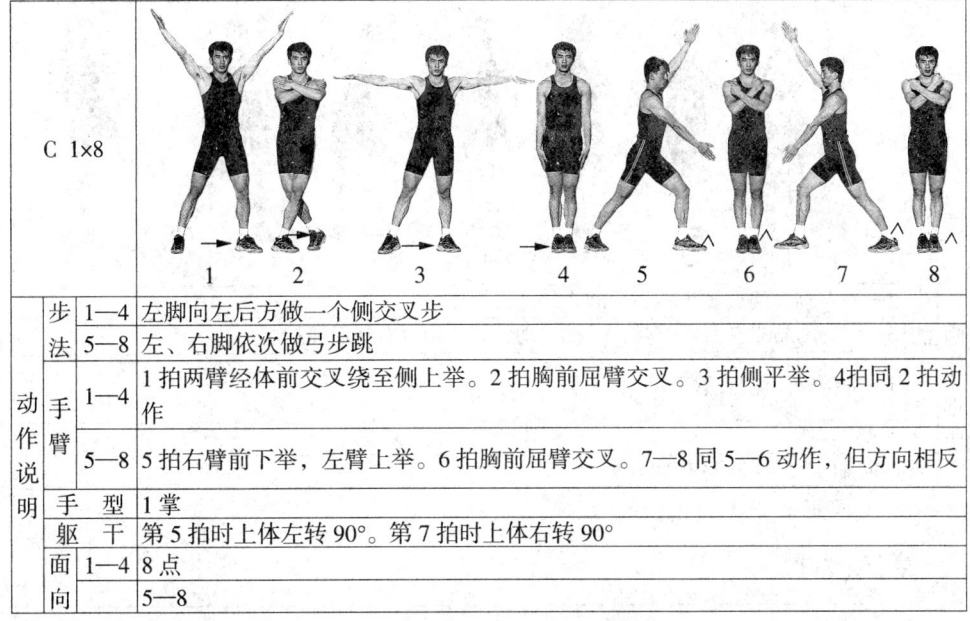

动作说明	步法	1—4	左脚向左后方做一个侧交叉步
		5—8	左、右脚依次做弓步跳
	手臂	1—4	1拍两臂经体前交叉绕至侧上举。2拍胸前屈臂交叉。3拍侧平举。4拍同2拍动作
		5—8	5拍右臂前下举，左臂上举。6拍胸前屈臂交叉。7—8同5—6动作，但方向相反
	手型		1掌
	躯干		第5拍时上体左转90°。第7拍时上体右转90°
	面向	1—4	8点
		5—8	

第五~八个八拍动作同第一~四个八拍，但方向相反。

组合D：

第一个八拍

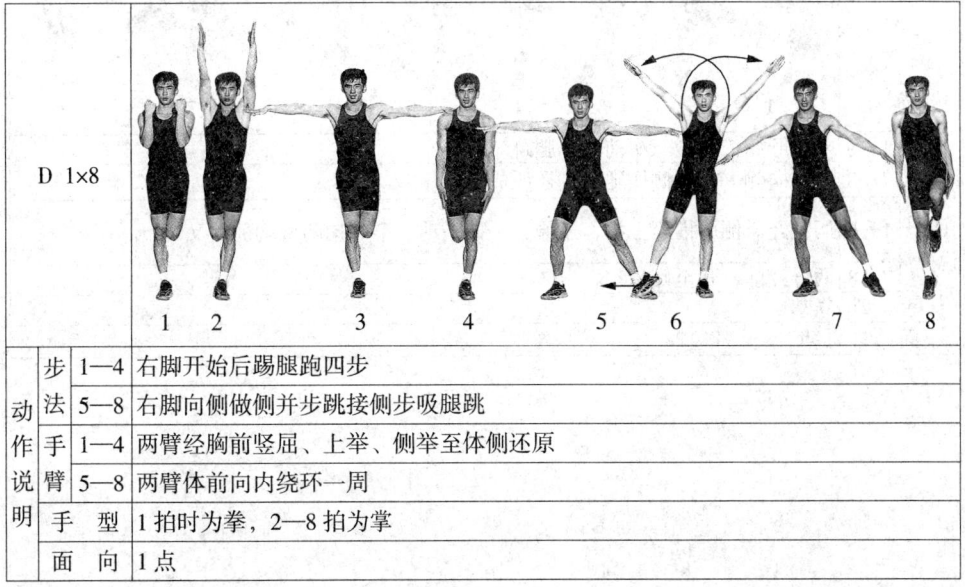

动作说明	步法	1—4	右脚开始后踢腿跑四步
		5—8	右脚向侧做侧并步跳接侧步吸腿跳
	手臂	1—4	两臂经胸前竖屈、上举、侧举至体侧还原
		5—8	两臂体前向内绕环一周
	手型		1拍时为拳，2—8拍为掌
	面向		1点

第二个八拍

D 1×8

动作说明	步法	1—4	左脚做两次曼步转身180°
		5—8	分腿站立左右摆髋跳，一拍一动，第8拍时右腿后屈抬起
	手臂	1—8	两臂体侧自然摆动
	手型		自然
	面向		1点，但2—3拍向6点

第三个八拍

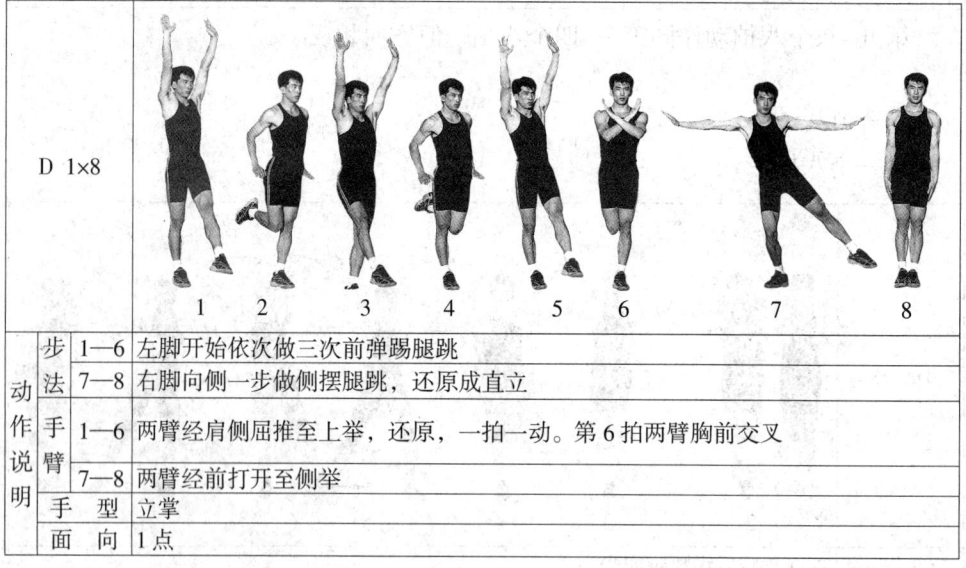

D 1×8

动作说明	步法	1—6	左脚开始依次做三次前弹踢腿跳
		7—8	右脚向侧一步做侧摆腿跳，还原成直立
	手臂	1—6	两臂经肩侧屈推至上举，还原，一拍一动。第6拍两臂胸前交叉
		7—8	两臂经前打开至侧举
	手型		立掌
	面向		1点

第四个八拍

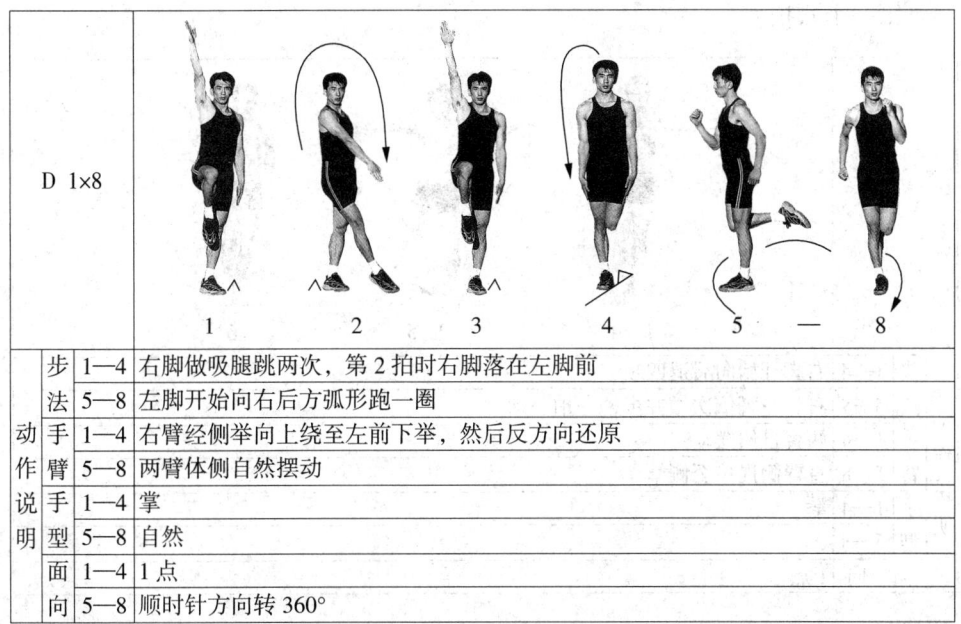

D 1×8		

动作说明			
步法	1—4	右脚做吸腿跳两次，第 2 拍时右脚落在左脚前
	5—8	左脚开始向右后方弧形跑一圈
手臂	1—4	右臂经侧举向上绕至左前下举，然后反方向还原
	5—8	两臂体侧自然摆动
手型	1—4	掌
	5—8	自然
面向	1—4	1 点
	5—8	顺时针方向转 360°

第五~八个八拍动作同第一~四个八拍，但方向相反。

六、高低冲击力组合（三） 32 拍×4×2

注：高低冲击力组合共有四个 32 拍的小组合动作，每个小组合动作均为 32 拍的右、左脚组合动作，即右脚先做，32 拍组合动作结束时的最后一拍动作落在右脚上，接着左脚完成反方向的 32 拍组合动作。

组合A：
第一个八拍

A 1×8			
		1—4	5	6

动作说明	步法	1—4	右脚开始向后退四步
		5—8	右、左脚依次做并步，一拍一动
	手臂	1—4	两臂自然摆动
		5—8	直臂侧提拉至侧举
	手型	1—4	拳
		5—8	
	面向	1点	

第二个八拍

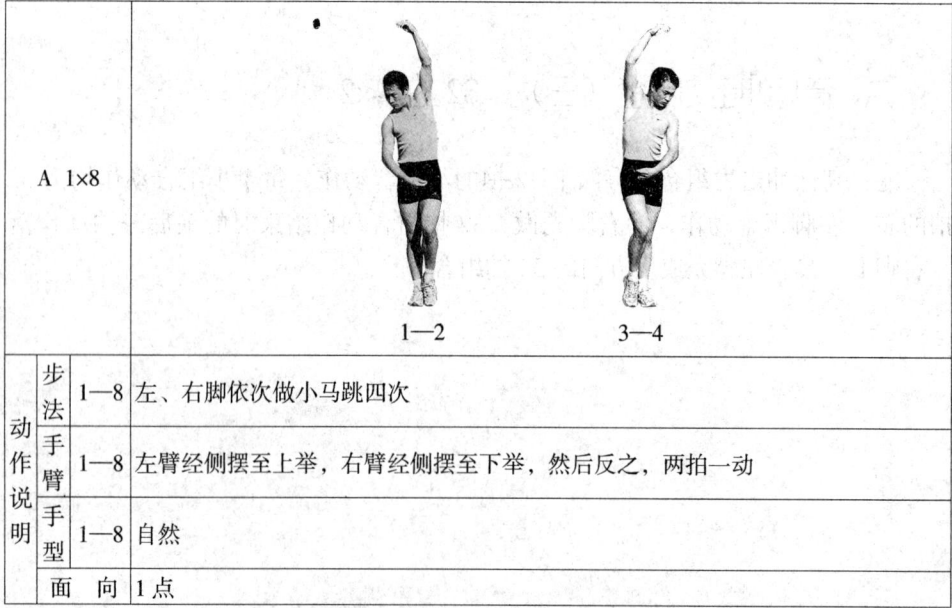

A 1×8			
		1—2	3—4

动作说明	步法	1—8	左、右脚依次做小马跳四次
	手臂	1—8	左臂经侧摆至上举，右臂经侧摆至下举，然后反之，两拍一动
	手型	1—8	自然
	面向	1点	

第三个八拍

A 1×8

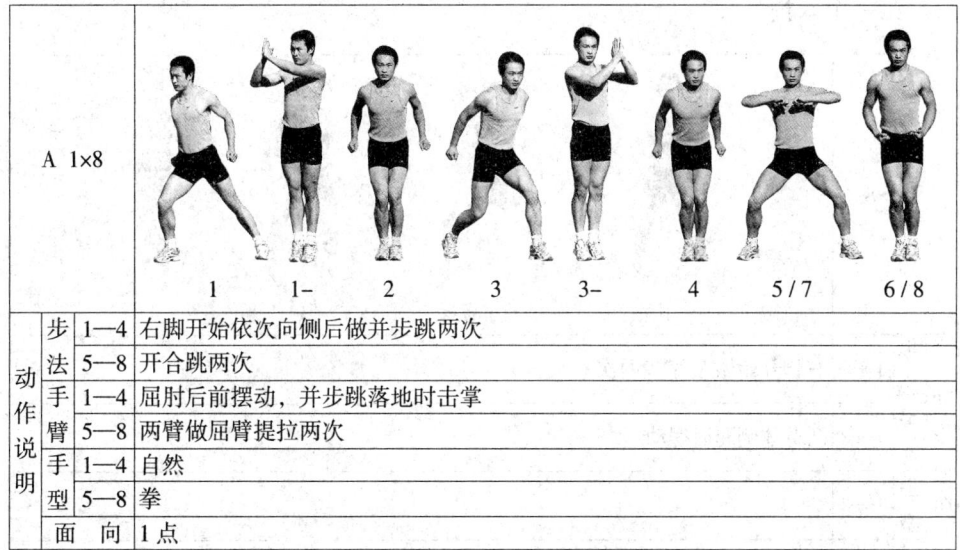

动作说明	步法	1—4	右脚开始依次向侧后做并步跳两次
		5—8	开合跳两次
	手臂	1—4	屈肘后前摆动，并步跳落地时击掌
		5—8	两臂做屈臂提拉两次
	手型	1—4	自然
		5—8	拳
	面向		1点

第四个八拍

A 1×8

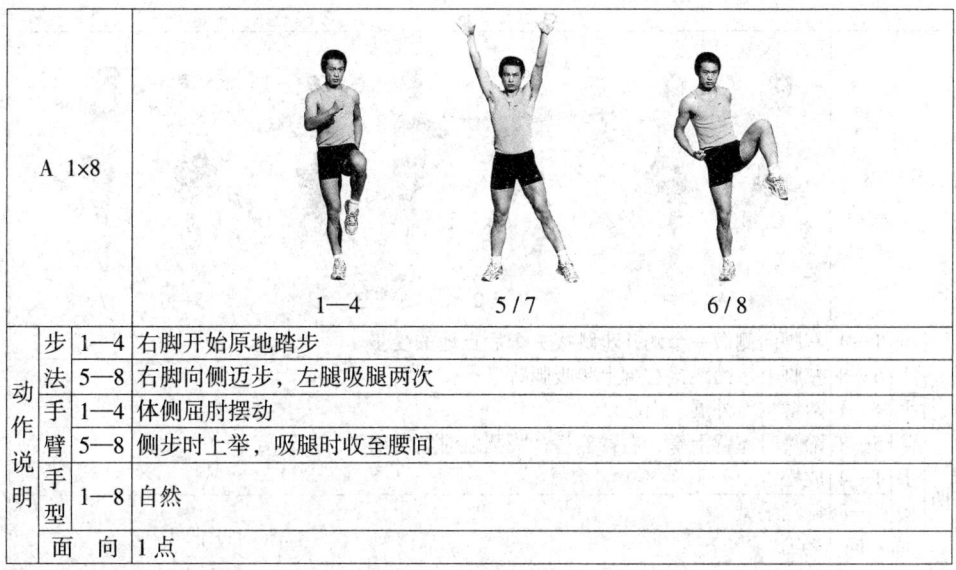

动作说明	步法	1—4	右脚开始原地踏步
		5—8	右脚向侧迈步，左腿吸腿两次
	手臂	1—4	体侧屈肘摆动
		5—8	侧步时上举，吸腿时收至腰间
	手型	1—8	自然
	面向		1点

第五~八个八拍动作同第一~四个八拍动作，但方向相反。

组合B：
第一个八拍

动作说明	步法	1—8	右脚开始做V字步两次
	手臂	1—8	两臂体侧屈肘摆动
	手型	1—8	拳
	面向		1点

第二个八拍

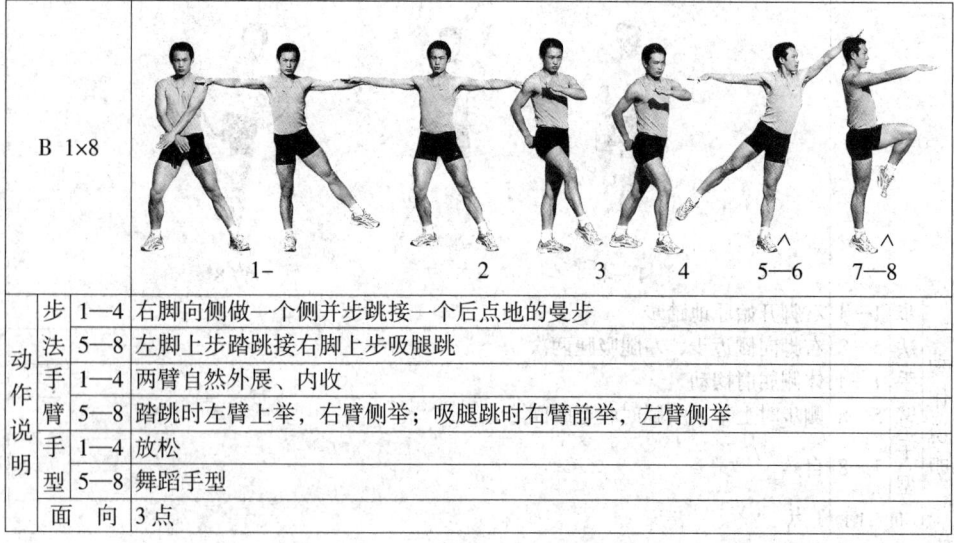

动作说明	步法	1—4	右脚向侧做一个侧并步跳接一个后点地的曼步
		5—8	左脚上步踏跳接右脚上步吸腿跳
	手臂	1—4	两臂自然外展、内收
		5—8	踏跳时左臂上举，右臂侧举；吸腿跳时右臂前举，左臂侧举
	手型	1—4	放松
		5—8	舞蹈手型
	面向		3点

第三个八拍

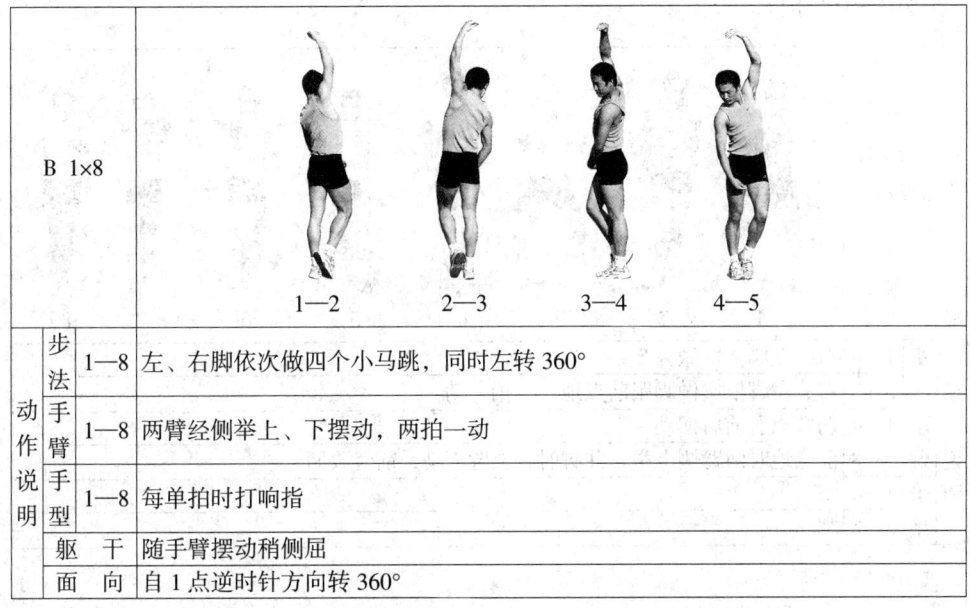

动作说明	B 1×8		
	步法	1—8	左、右脚依次做四个小马跳,同时左转360°
	手臂	1—8	两臂经侧举上、下摆动,两拍一动
	手型	1—8	每单拍时打响指
	躯干		随手臂摆动稍侧屈
	面向		自1点逆时针方向转360°

第四个八拍

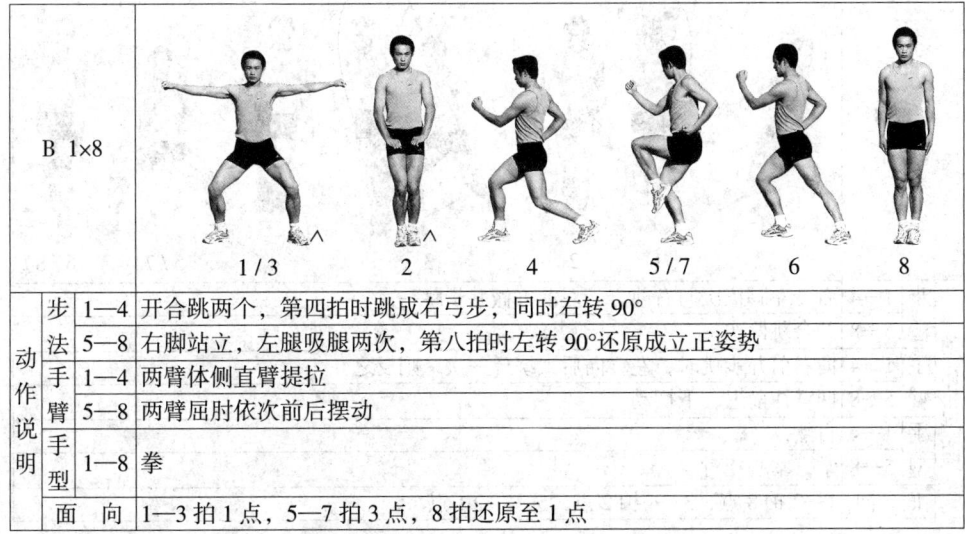

动作说明	B 1×8		
	步法	1—4	开合跳两个,第四拍时跳成右弓步,同时右转90°
		5—8	右脚站立,左腿吸腿两次,第八拍时左转90°还原成立正姿势
	手臂	1—4	两臂体侧直臂提拉
		5—8	两臂屈肘依次前后摆动
	手型	1—8	拳
	面向		1—3拍1点,5—7拍3点,8拍还原至1点

第五~八个八拍动作同第一~四个八拍动作,但方向相反。

组合C：
第一个八拍

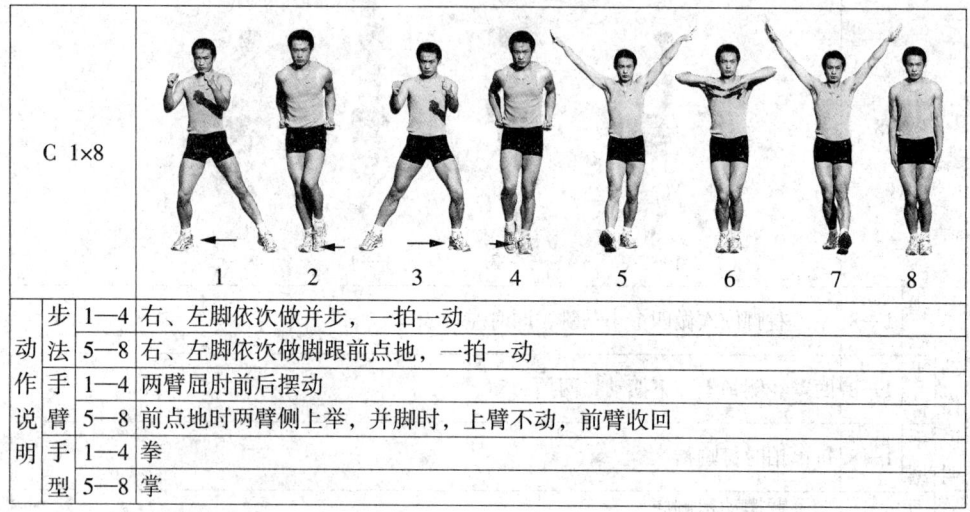

动作说明	步法 1—4	右、左脚依次做并步，一拍一动
	5—8	右、左脚依次做脚跟前点地，一拍一动
	手臂 1—4	两臂屈肘前后摆动
	5—8	前点地时两臂侧上举，并脚时，上臂不动，前臂收回
	手型 1—4	拳
	5—8	掌

第二个八拍

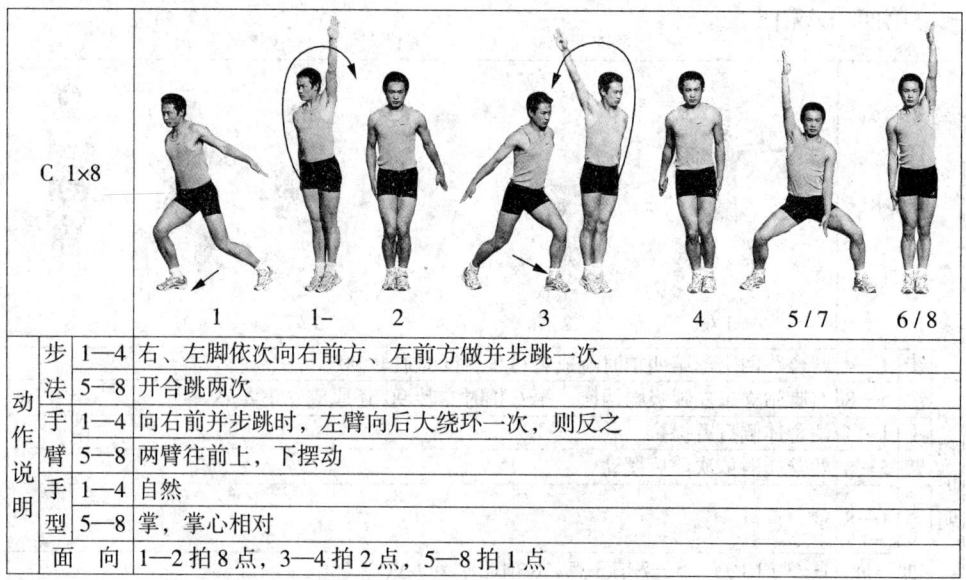

动作说明	步法 1—4	右、左脚依次向右前方、左前方做并步跳一次
	5—8	开合跳两次
	手臂 1—4	向右前并步跳时，左臂向后大绕环一次，则反之
	5—8	两臂往前上，下摆动
	手型 1—4	自然
	5—8	掌，掌心相对
	面向	1—2拍8点，3—4拍2点，5—8拍1点

第三个八拍

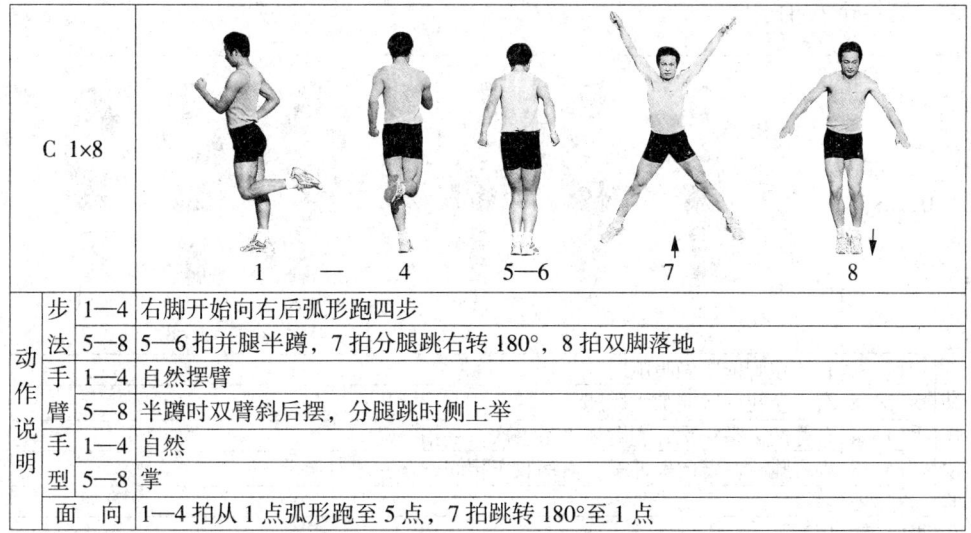

C 1×8

动作说明	步法	1—4	右脚开始向右后弧形跑四步
		5—8	5—6拍并腿半蹲，7拍分腿跳右转180°，8拍双脚落地
	手臂	1—4	自然摆臂
		5—8	半蹲时双臂斜后摆，分腿跳时侧上举
	手型	1—4	自然
		5—8	掌
	面向		1—4拍从1点弧形跑至5点，7拍跳转180°至1点

第四个八拍

C 1×8

动作说明	步法	1—4	右脚踏跳步一次，左脚落于右脚后做后交叉曼步一次
		5—8	5—6左、右脚依次做前弓步交换腿跳，7—8并腿小跳两次，左转315°
	手臂	1—4	踏跳时两臂侧平举，曼步时两臂胸前交叉
		5—8	5—6两臂自然摆动，7—8两臂肩上屈
	手型	1—4	掌
		5—8	拳
	面向		1—2拍面向1点，3—6拍面向8点，7—8拍逆时针转至1点

第五~八个八拍动作同第一~四个八拍动作，但方向相反。

组合 D：

第一个八拍

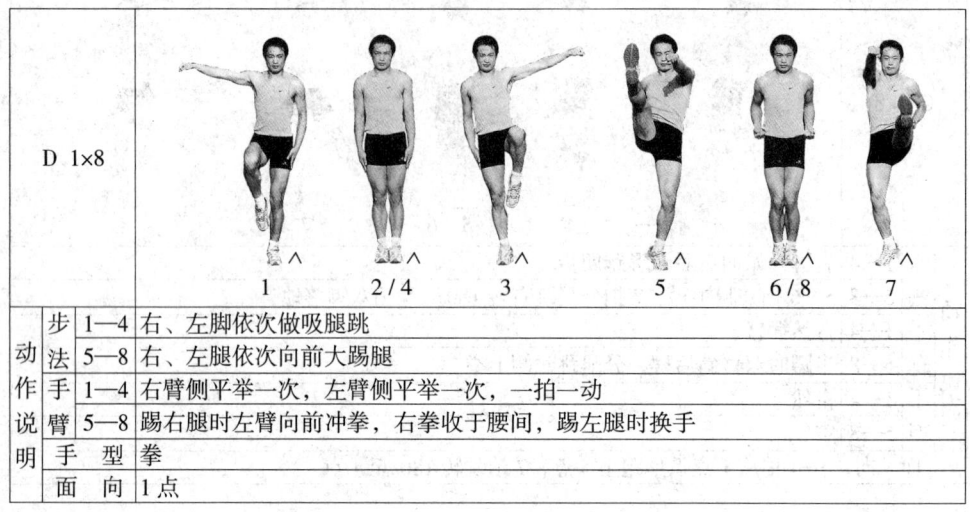

动作说明	步法	1—4	右、左脚依次做吸腿跳
		5—8	右、左腿依次向前大踢腿
	手臂	1—4	右臂侧平举一次，左臂侧平举一次，一拍一动
		5—8	踢右腿时左臂向前冲拳，右拳收于腰间，踢左腿时换手
	手型		拳
	面向		1点

第二个八拍

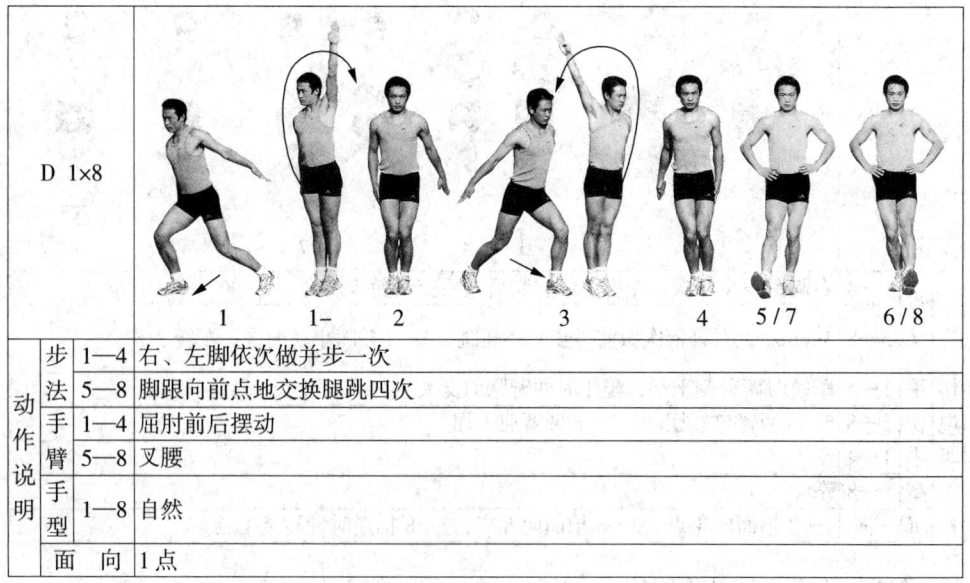

动作说明	步法	1—4	右、左脚依次做并步一次
		5—8	脚跟向前点地交换腿跳四次
	手臂	1—4	屈肘前后摆动
		5—8	叉腰
	手型	1—8	自然
	面向		1点

第三个八拍

D 1×8

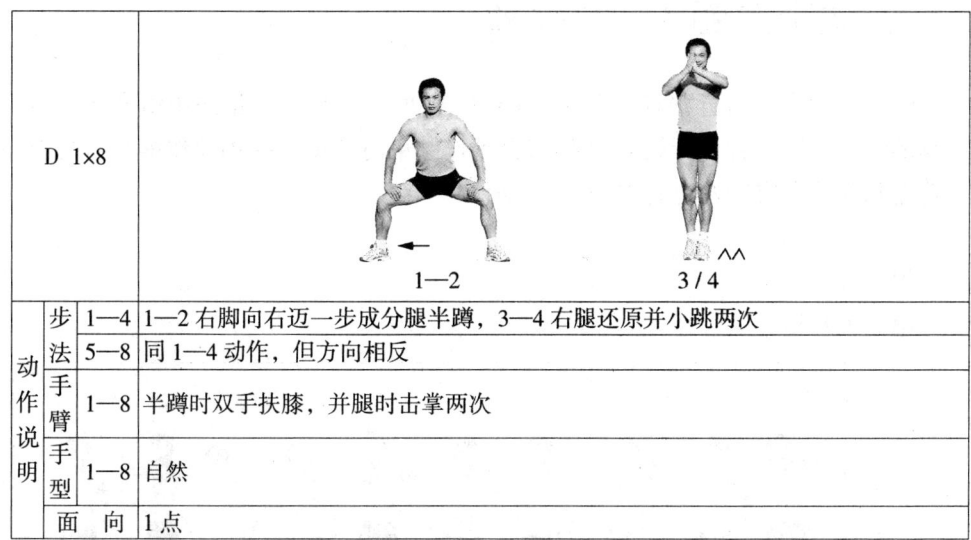

动作说明	步法	1—4	1—2 右脚向右迈一步成分腿半蹲，3—4 右腿还原并小跳两次
		5—8	同 1—4 动作，但方向相反
	手臂	1—8	半蹲时双手扶膝，并腿时击掌两次
	手型	1—8	自然
	面 向		1 点

第四个八拍

D 1×8

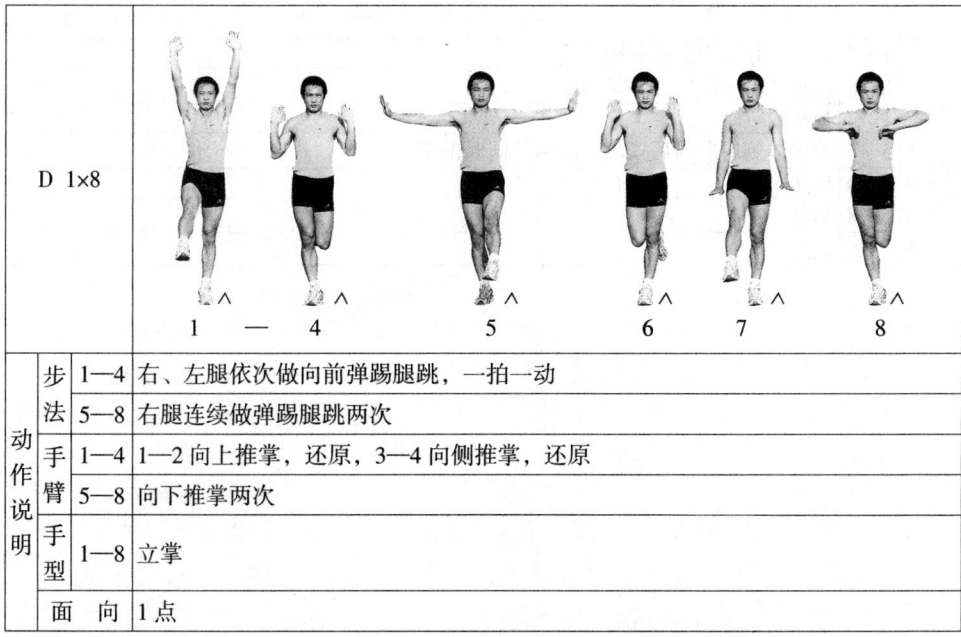

动作说明	步法	1—4	右、左腿依次做向前弹踢腿跳，一拍一动
		5—8	右腿连续做弹踢腿跳两次
	手臂	1—4	1—2 向上推掌，还原，3—4 向侧推掌，还原
		5—8	向下推掌两次
	手型	1—8	立掌
	面 向		1 点

第五~八个八拍动作同第一~四个八拍动作，但方向相反。

七、高冲击力组合 32拍×2×2

注：高冲击力组合共有两个32拍小组合动作，每个32拍的小组合均为右、左脚的组合，即右脚先开始，32拍组合动作结束时的最后一拍动作落在右脚上，接着左脚开始完成反方向的32拍组合动作。

组合A：
第一个八拍

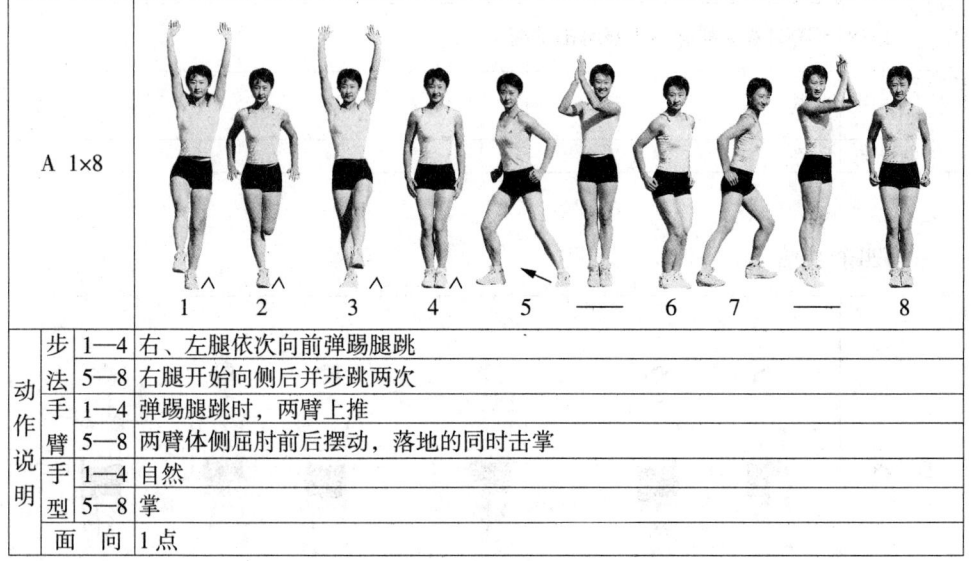

动作说明	步法	1—4	右、左腿依次向前弹踢腿跳
		5—8	右腿开始向侧后并步跳两次
	手臂	1—4	弹踢腿跳时，两臂上推
		5—8	两臂体侧屈肘前后摆动，落地的同时击掌
	手型	1—4	自然
		5—8	掌
	面向		1点

第二个八拍

动作说明	步法	1—4	右脚向侧做一个侧交叉步
		5—8	右、左腿依次做吸腿，还原，一拍一动
	手臂	1—4	1拍右臂侧举，左臂胸前屈，2拍两臂上举，3拍左臂侧举，右臂胸前屈，4拍两臂还原
		5—8	5拍下举，6拍胸前屈臂交叉，7拍上举，8拍还原
	手型	1—4	掌心向下
		5—8	拳
	面向		1点

第三个八拍动作与第二个八拍动作相同，但方向相反。

第四个八拍

动作说明	步法	1—2	右腿跳两次，同时左腿向内、外摆动腿
		3—4	开合跳一次
		5—8	左脚开始向左弧形跑一圈
	手臂	1—4	1拍左臂侧平举，右臂胸前屈，2拍右臂侧平举，左臂胸前屈，3拍双手扶大腿，4拍头上击掌
		5—8	两臂自然摆臂
	手型	1—4	1—2掌心向下
		5—8	拳
	面向		5拍从1点逆时针跑一圈还原到1点

第五~八个八拍动作与第一~四个八拍动作相同，但方向相反。

组合 B：
第一个八拍

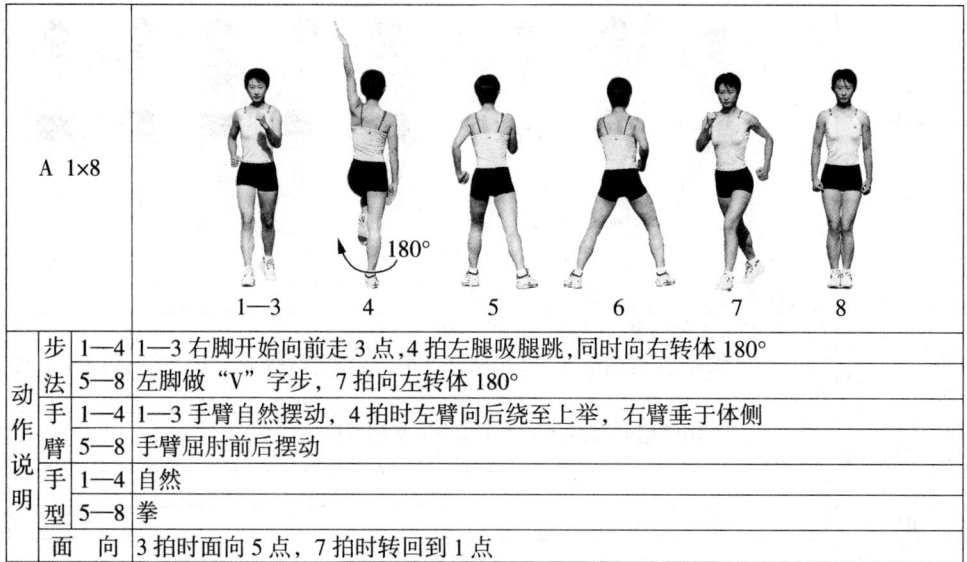

动作说明	步法	1—4	1—3 右脚开始向前走 3 点，4 拍左腿吸腿跳，同时向右转体 180°
		5—8	左脚做"V"字步，7 拍向左转体 180°
	手臂	1—4	1—3 手臂自然摆动，4 拍时左臂向后绕至上举，右臂垂于体侧
		5—8	手臂屈肘前后摆动
	手型	1—4	自然
		5—8	拳
	面向		3 拍时面向 5 点，7 拍时转回到 1 点

第二个八拍

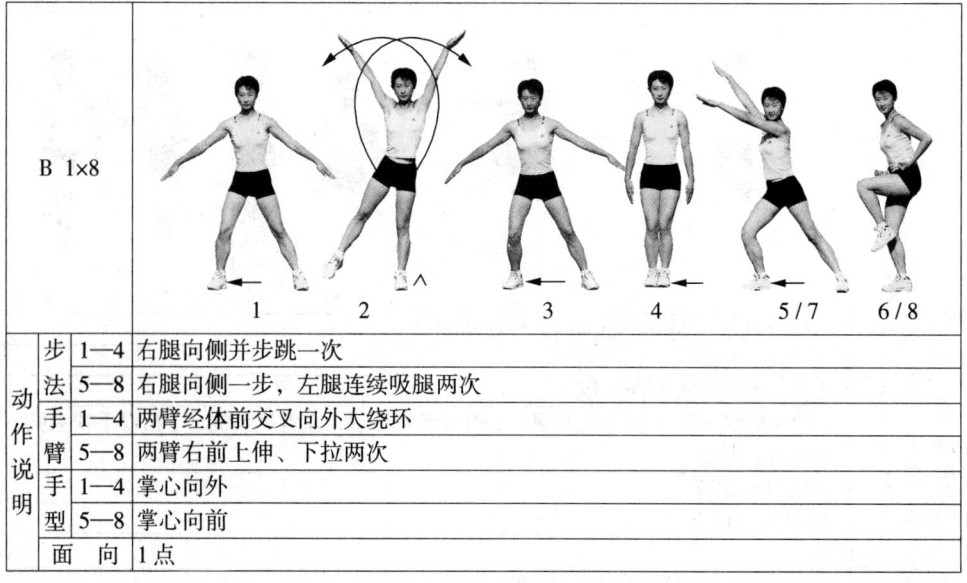

动作说明	步法	1—4	右腿向侧并步跳一次
		5—8	右腿向侧一步，左腿连续吸腿两次
	手臂	1—4	两臂经体前交叉向外大绕环
		5—8	两臂右前上伸、下拉两次
	手型	1—4	掌心向外
		5—8	掌心向前
	面向		1 点

第三个八拍

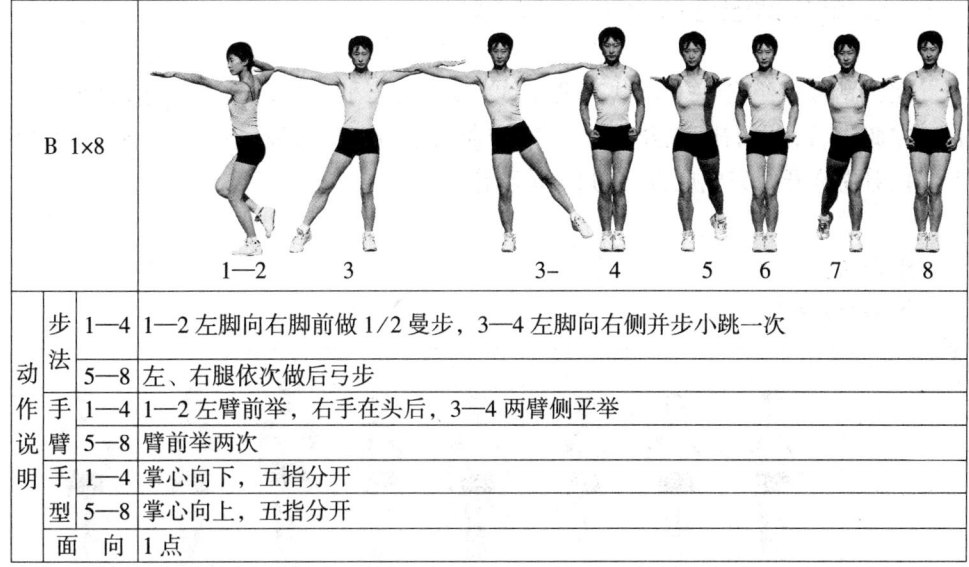

动作说明	步法	1—4	1—2 左脚向右脚前做 1/2 曼步，3—4 左脚向右侧并步小跳一次
		5—8	左、右腿依次做后弓步
	手臂	1—4	1—2 左臂前举，右手在头后，3—4 两臂侧平举
		5—8	臂前举两次
	手型	1—4	掌心向下，五指分开
		5—8	掌心向上，五指分开
	面向		1 点

第四个八拍

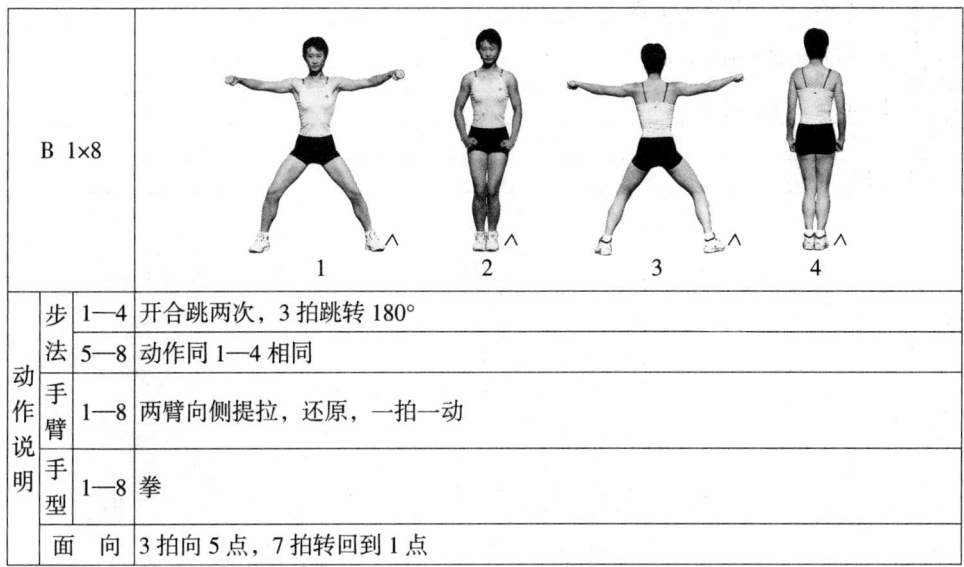

动作说明	步法	1—4	开合跳两次，3 拍跳转 180°
		5—8	动作同 1—4 相同
	手臂	1—8	两臂向侧提拉，还原，一拍一动
	手型	1—8	拳
	面向		3 拍向 5 点，7 拍转回到 1 点

第五~八个八拍动作同第一~四个八拍动作，但方向相反。

八、踏板操组合（一）　32拍×2×2

注：踏板操组合（一）共有两个32拍的动作小组合，每个32拍动作均为右、左脚组合，即右脚先开始，32拍组合动作结束时的最后一拍动作落在右脚上，接着左脚开始完成反方向的32拍动作。

组合A：

第一个八拍

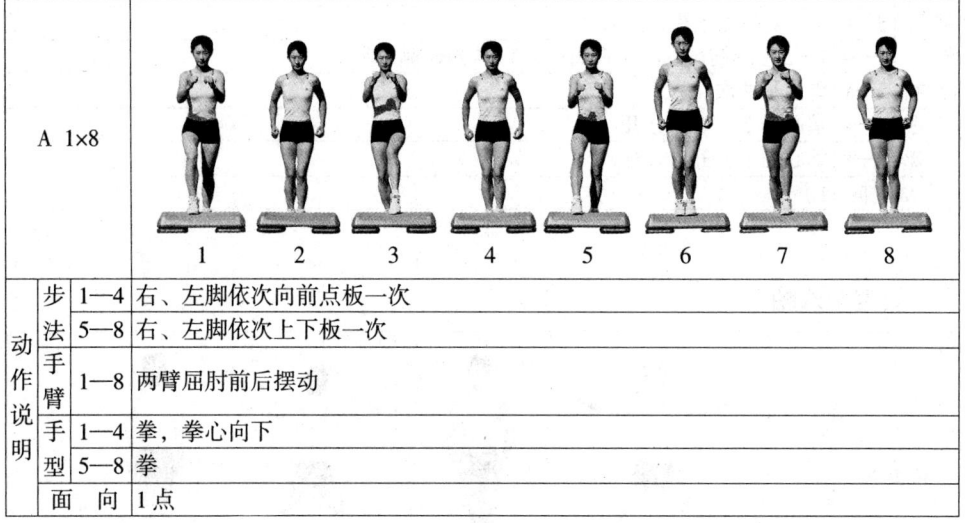

A 1×8			
动作说明	步法	1—4	右、左脚依次向前点板一次
		5—8	右、左脚依次上下板一次
	手臂	1—8	两臂屈肘前后摆动
	手型	1—4	拳，拳心向下
		5—8	拳
	面向	1点	

第二个八拍

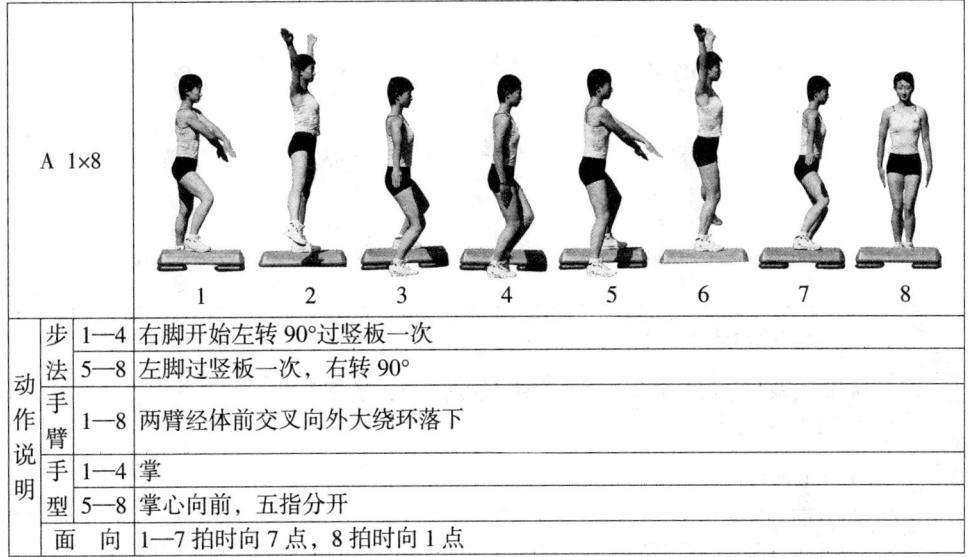

动作说明	步法	1—4	右脚开始左转 90°过竖板一次
		5—8	左脚过竖板一次，右转 90°
	手臂	1—8	两臂经体前交叉向外大绕环落下
	手型	1—4	掌
		5—8	掌心向前，五指分开
	面向		1—7 拍时向 7 点，8 拍时向 1 点

第三个八拍

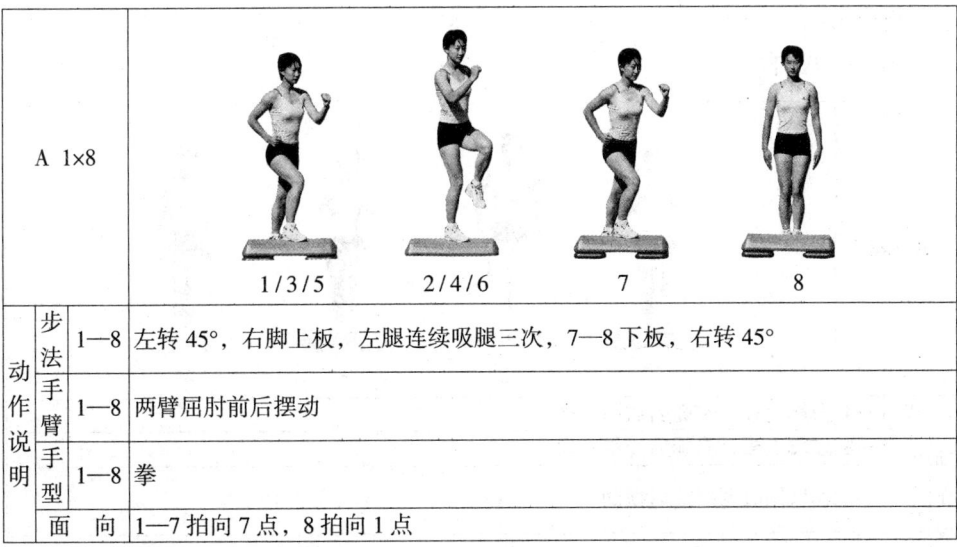

动作说明	步法	1—8	左转 45°，右脚上板，左腿连续吸腿三次，7—8 下板，右转 45°
	手臂	1—8	两臂屈肘前后摆动
	手型	1—8	拳
	面向		1—7 拍向 7 点，8 拍向 1 点

第四个八拍

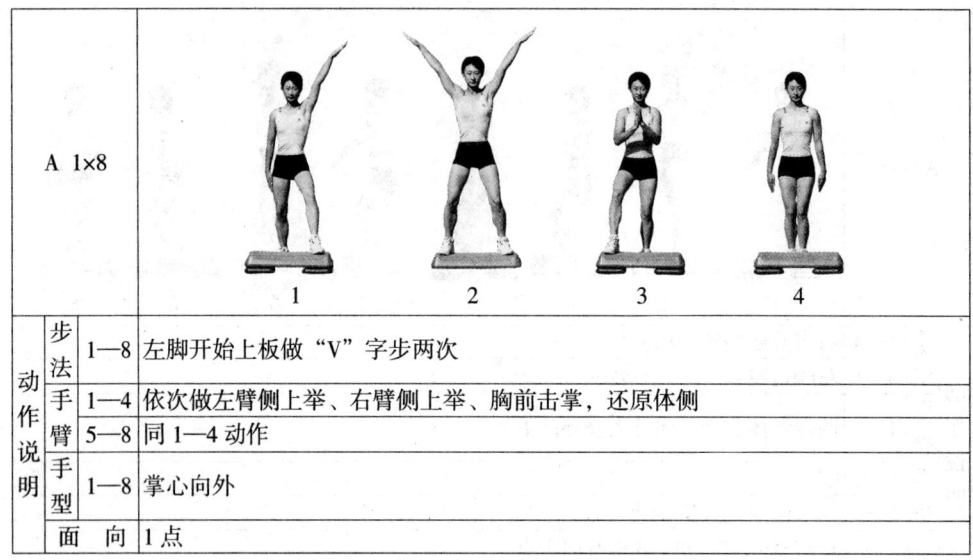

动作说明	步法	1—8	左脚开始上板做"V"字步两次
	手臂	1—4	依次做左臂侧上举、右臂侧上举、胸前击掌,还原体侧
		5—8	同1—4动作
	手型	1—8	掌心向外
	面向		1点

第五~八个八拍动作同第一~四个八拍动作,换右脚开始。

组合B:

第一个八拍

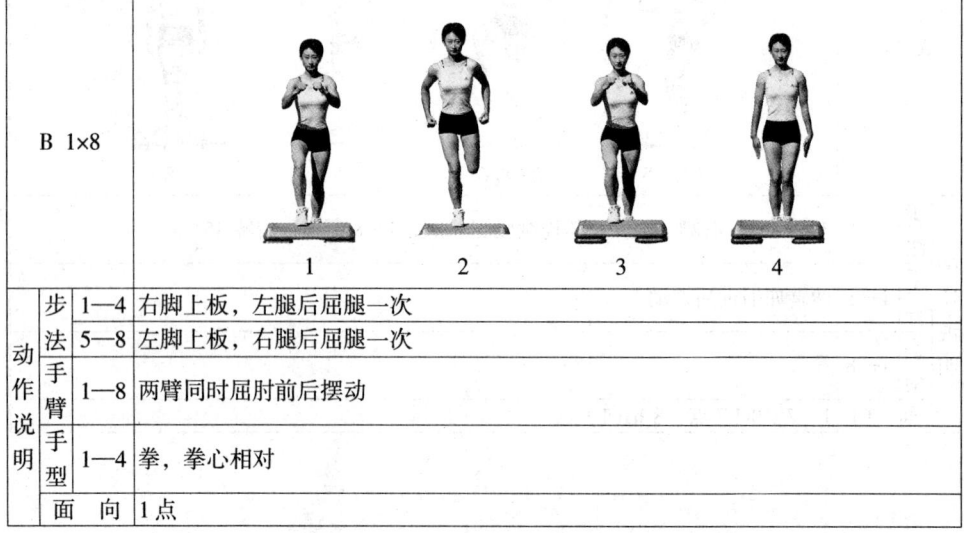

动作说明	步法	1—4	右脚上板,左腿后屈腿一次
		5—8	左脚上板,右腿后屈腿一次
	手臂	1—8	两臂同时屈肘前后摆动
	手型	1—4	拳,拳心相对
	面向		1点

第二个八拍

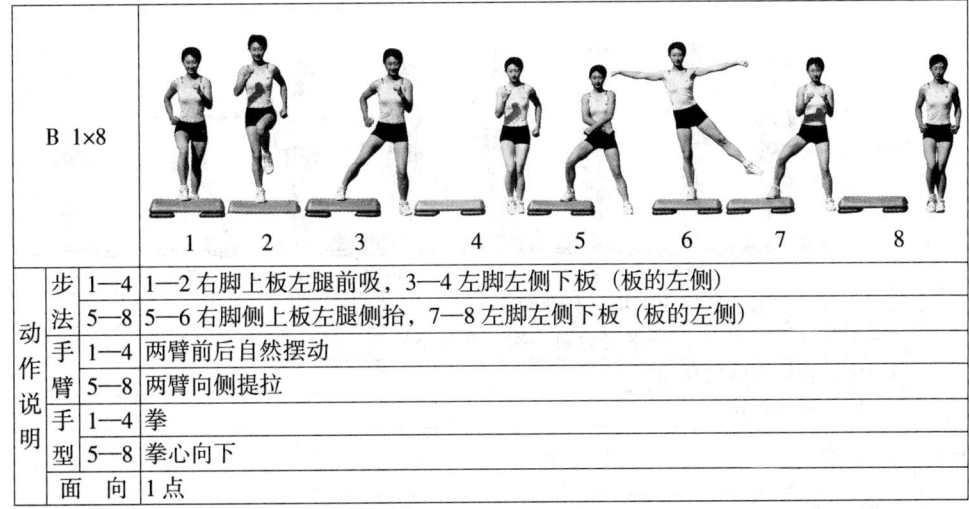

B 1×8 1 2 3 4 5 6 7 8

动作说明	步法	1—4	1—2 右脚上板左腿前吸，3—4 左脚左侧下板（板的左侧）
		5—8	5—6 右脚侧上板左腿侧抬，7—8 左脚左侧下板（板的左侧）
	手臂	1—4	两臂前后自然摆动
		5—8	两臂向侧提拉
	手型	1—4	拳
		5—8	拳心向下
	面向		1点

第三个八拍

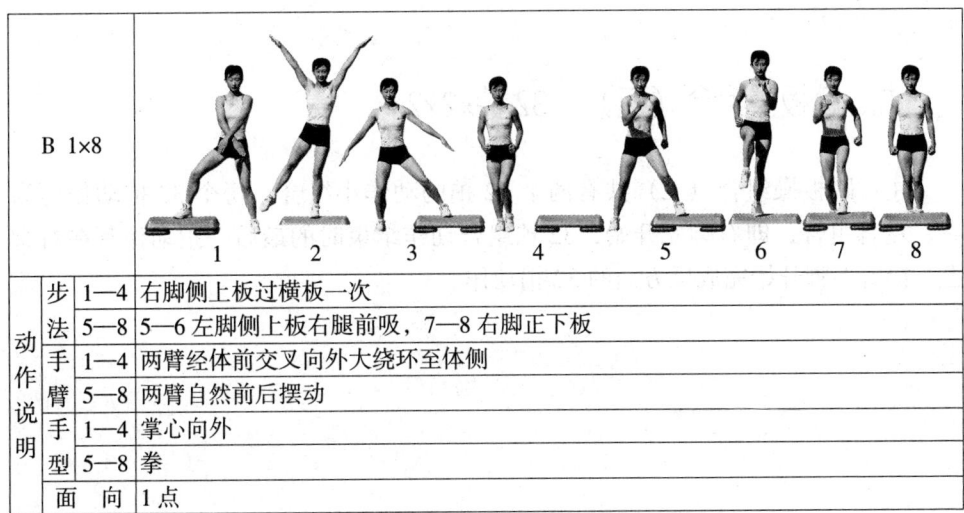

B 1×8 1 2 3 4 5 6 7 8

动作说明	步法	1—4	右脚侧上板过横板一次
		5—8	5—6 左脚侧上板右腿前吸，7—8 右脚正下板
	手臂	1—4	两臂经体前交叉向外大绕环至体侧
		5—8	两臂自然前后摆动
	手型	1—4	掌心向外
		5—8	拳
	面向		1点

第四个八拍

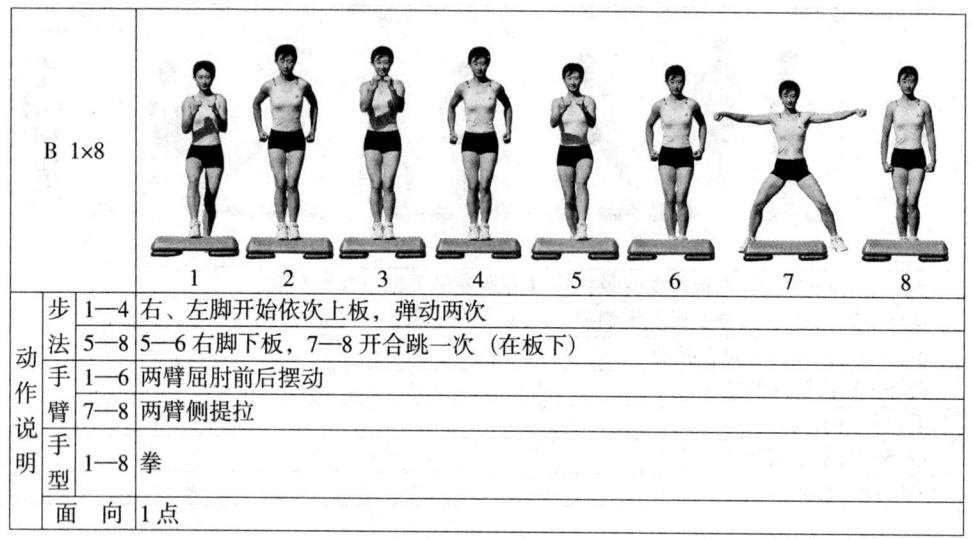

动作说明	步法	1—4	右、左脚开始依次上板，弹动两次
		5—8	5—6 右脚下板，7—8 开合跳一次（在板下）
	手臂	1—6	两臂屈肘前后摆动
		7—8	两臂侧提拉
	手型	1—8	拳
	面向		1 点

第五~八个八拍动作同第一~四个八拍动作，换左脚开始。

九、踏板操组合（二） 32 拍×2×2

注：踏板操组合（二）共有两个 32 拍的动作小组合，每个 32 拍动作均为右、左脚组合，即右脚先开始，32 拍组合动作结束时的最后一拍动作落在右脚上，接着左脚开始完成反方向的 32 拍动作。

组合 A：
第一个八拍

A 1×8			

1　2　3　4

动作说明	步法	1—4	右脚上板，左腿前吸腿一次，还原
		5—8	动作同 1—4，换左脚做
	手臂	1—8	前后自然摆动
	手型	1—8	拳，拳心相对
	面向		1 点

第二个八拍

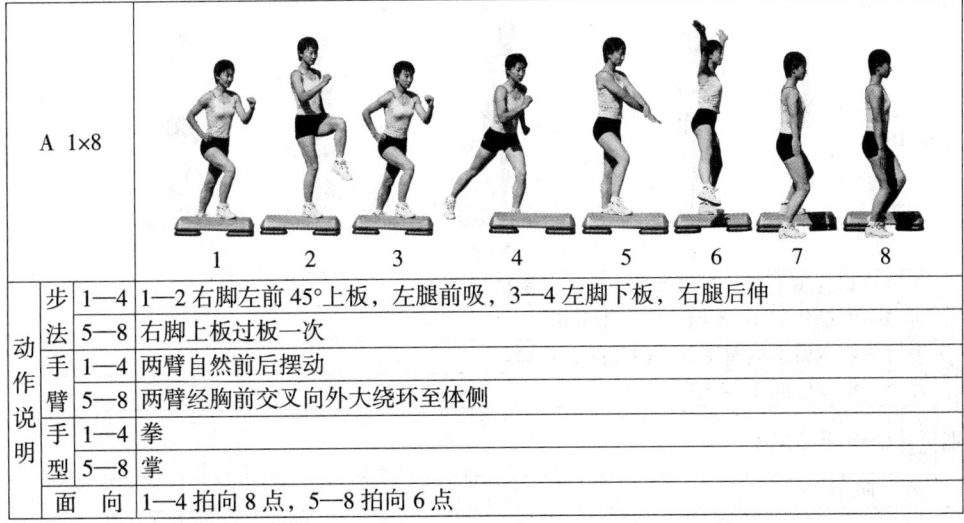

1　2　3　4　5　6　7　8

动作说明	步法	1—4	1—2 右脚左前 45°上板，左腿前吸，3—4 左脚下板，右腿后伸
		5—8	右脚上板过板一次
	手臂	1—4	两臂自然前后摆动
		5—8	两臂经胸前交叉向外大绕环至体侧
	手型	1—4	拳
		5—8	掌
	面向		1—4 拍向 8 点，5—8 拍向 6 点

第三个八拍动作与第二个八拍动作相同，但方向相反。

第四个八拍

动作说明	步法	1—4	1—2 右脚上板，左腿前吸，3—4 拍左脚左侧下板，右脚勾脚点板
		5—8	5—6 右脚侧上板，左腿前吸，7—8 右脚正下板
	手臂	1—8	两臂体侧屈肘前后摆动
	手型	1—8	拳
	面向		1 点

第五~八个八拍动作与第一~四个八拍动作相同，换左脚开始。

组合 B：

第一个八拍

动作说明	步法	1—4	右脚上板，左腿侧举，左、右腿依次下板
		5—8	动作同 1—4 拍，换左脚上板
	手臂	1—4	两臂经胸前屈臂向侧提拉，还原
		5—8	动作同 1—4 拍
	手型	1—8	掌心向下
	面向		1 点

第二个八拍

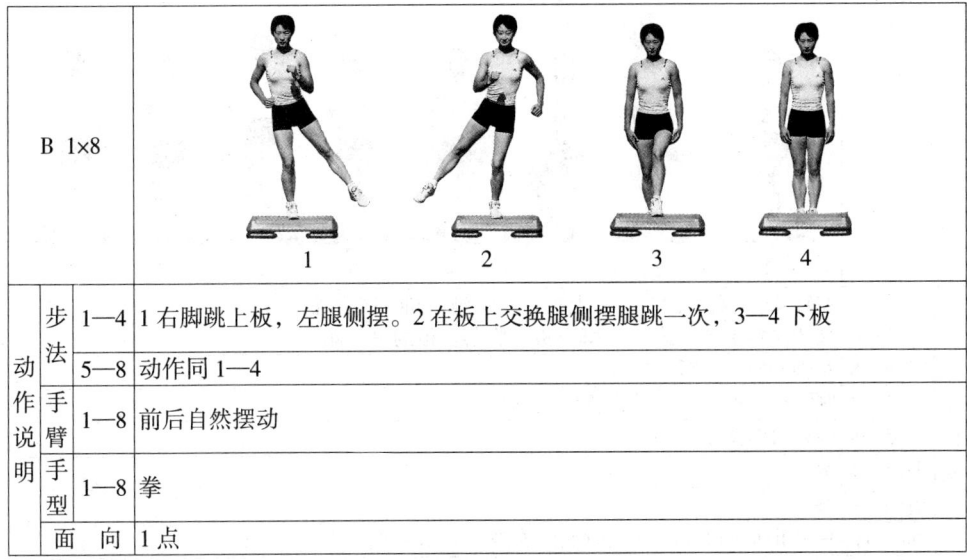

动作说明	步法	1—4	1 右脚跳上板，左腿侧摆。2 在板上交换腿侧摆腿跳一次，3—4 下板
		5—8	动作同 1—4
	手臂	1—8	前后自然摆动
	手型	1—8	拳
	面向		1 点

第三个八拍

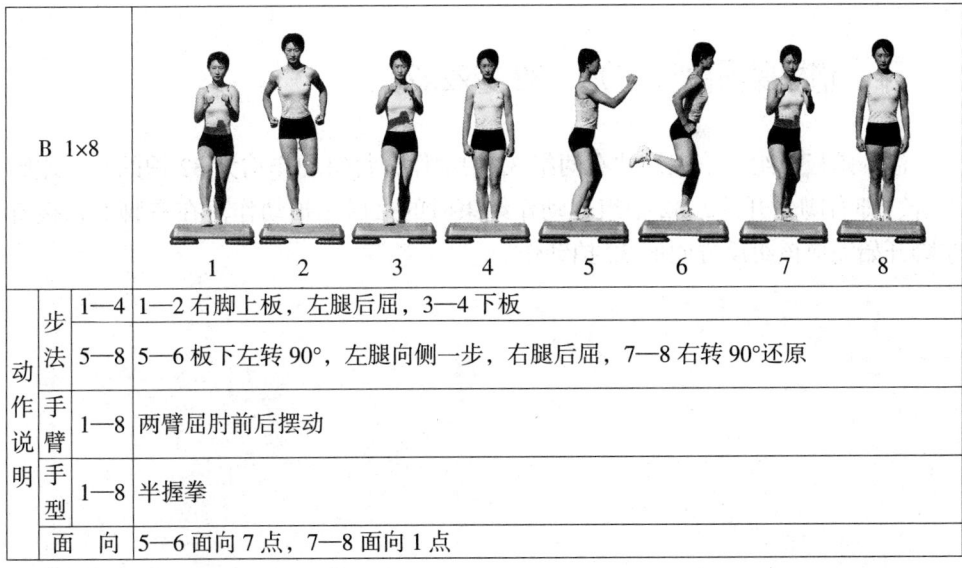

动作说明	步法	1—4	1—2 右脚上板，左腿后屈，3—4 下板
		5—8	5—6 板下左转 90°，左腿向侧一步，右腿后屈，7—8 右转 90°还原
	手臂	1—8	两臂屈肘前后摆动
	手型	1—8	半握拳
	面向		5—6 面向 7 点，7—8 面向 1 点

第四个八拍

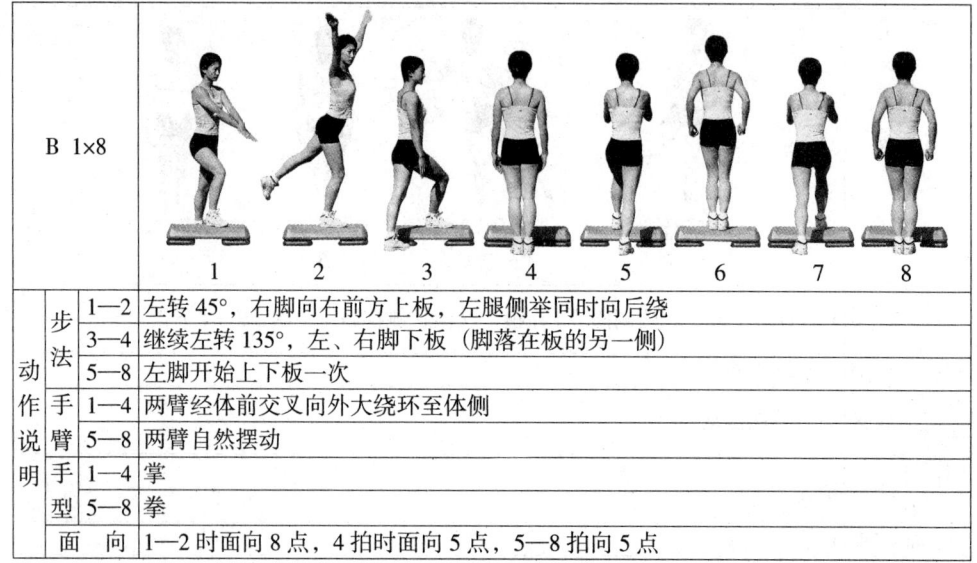

动作说明			
	步法	1—2	左转45°，右脚向右前方上板，左腿侧举同时向后绕
		3—4	继续左转135°，左、右脚下板（脚落在板的另一侧）
		5—8	左脚开始上下板一次
	手臂	1—4	两臂经体前交叉向外大绕环至体侧
		5—8	两臂自然摆动
	手型	1—4	掌
		5—8	拳
	面向		1—2时面向8点，4拍时面向5点，5—8拍向5点

第五~八个八拍动作同第一~四个八拍动作，换左脚开始。

十、踏板操组合（三） 32拍×2×2

注：踏板操组合（三）共有两组32拍动作，每组动作均为32拍的右、左脚组合，即右脚先开始，32拍组合动作结束时的最后一拍动作落在右脚上，接着左脚开始完成该组反方向的32拍动作。

组合 A：
第一个八拍

A 1×8		

动作说明	步法	1—8	右、左脚脚尖依次点板四次
	手臂	1—4	点板时双手在头前击掌，两拍一动
		5—8	两臂沿体侧向后大绕环
	手型		掌，5—8 掌心向外
	面向		1 点

第二个八拍

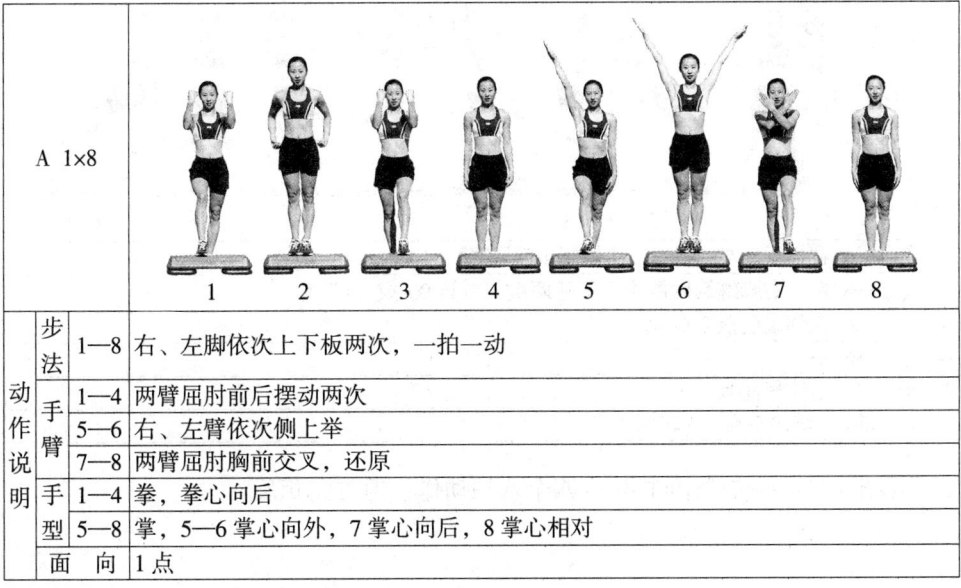

A 1×8		

动作说明	步法	1—8	右、左脚依次上下板两次，一拍一动
	手臂	1—4	两臂屈肘前后摆动两次
		5—6	右、左臂依次侧上举
		7—8	两臂屈肘胸前交叉，还原
	手型	1—4	拳，拳心向后
		5—8	掌，5—6 掌心向外，7 掌心向后，8 掌心相对
	面向		1 点

第三个八拍

A 1×8		

动作说明	步法	1—8	右脚上板，左腿连续提膝三次，7—8 左脚下板
	手臂	1—6	两臂摆至前举，收至腰间，一拍一动
		7—8	下板时左臂向后绕，右臂放于体侧
	手型	1—6	拳，前举时拳心向下，在腰间时拳心向上
		7—8	掌
	面向		1 点

第四个八拍

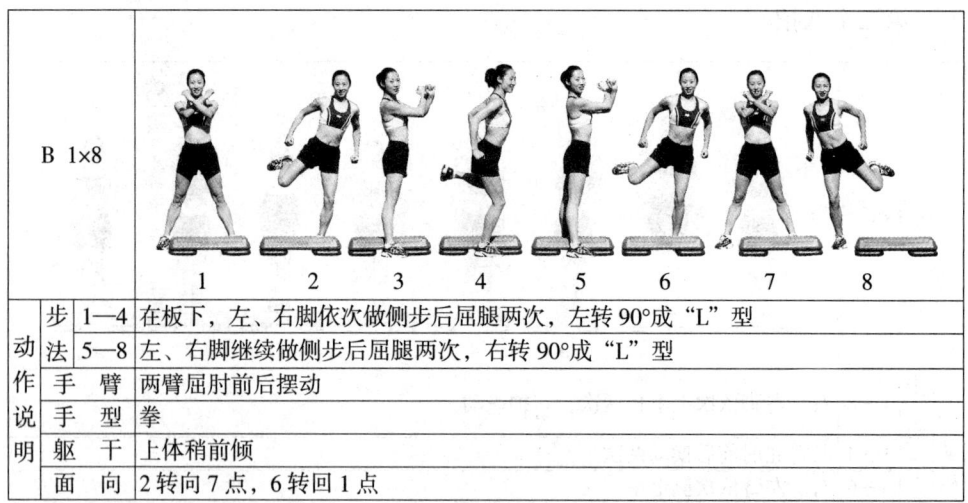

动作说明	步法	1—4	在板下，左、右脚依次做侧步后屈腿两次，左转90°成"L"型
		5—8	左、右脚继续做侧步后屈腿两次，右转90°成"L"型
	手臂		两臂屈肘前后摆动
	手型		拳
	躯干		上体稍前倾
	面向		2 转向 7 点，6 转回 1 点

第五~八个八拍动作同第一~四个八拍动作，但方向相反。

组合 B：
第一个八拍

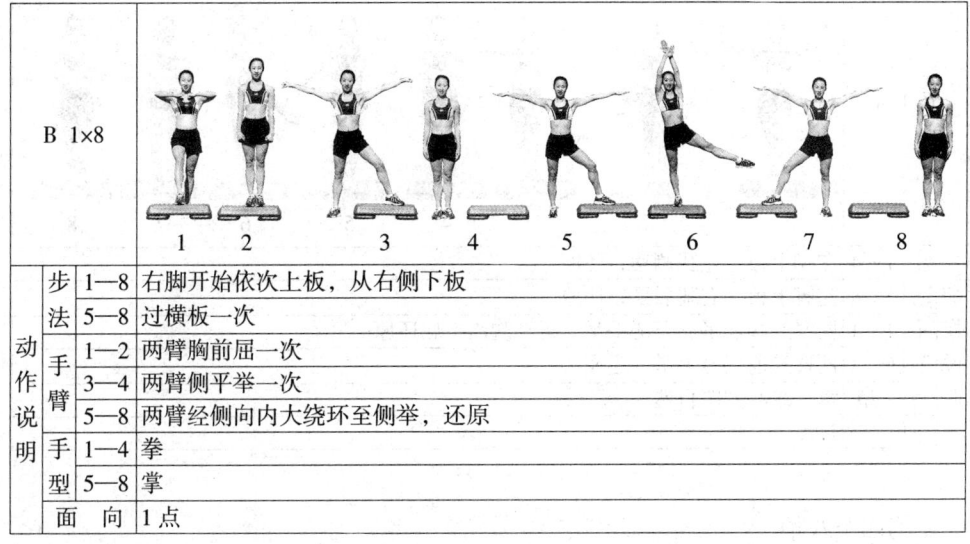

动作说明	步法	1—8	右脚开始依次上板，从右侧下板
		5—8	过横板一次
	手臂	1—2	两臂胸前屈一次
		3—4	两臂侧平举一次
		5—8	两臂经侧向内大绕环至侧举，还原
	手型	1—4	拳
		5—8	掌
	面 向		1点

第二个八拍

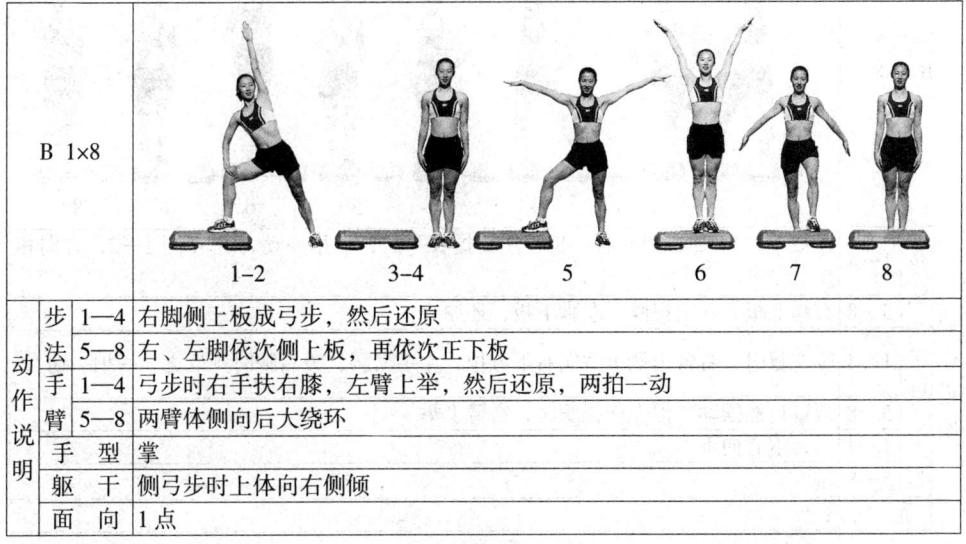

动作说明	步法	1—4	右脚侧上板成弓步，然后还原
		5—8	右、左脚依次侧上板，再依次正下板
	手臂	1—4	弓步时右手扶右膝，左臂上举，然后还原，两拍一动
		5—8	两臂体侧向后大绕环
	手 型		掌
	躯 干		侧弓步时上体向右侧倾
	面 向		1点

第三个八拍

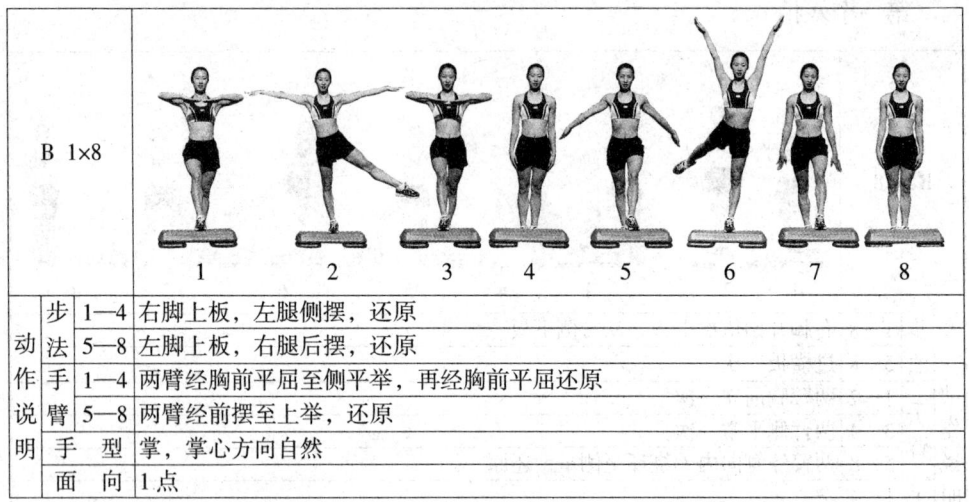

动作说明	步法	1—4	右脚上板，左腿侧摆，还原
		5—8	左脚上板，右腿后摆，还原
	手臂	1—4	两臂经胸前平屈至侧平举，再经胸前平屈还原
		5—8	两臂经前摆至上举，还原
	手型		掌，掌心方向自然
	面向		1点

第四个八拍

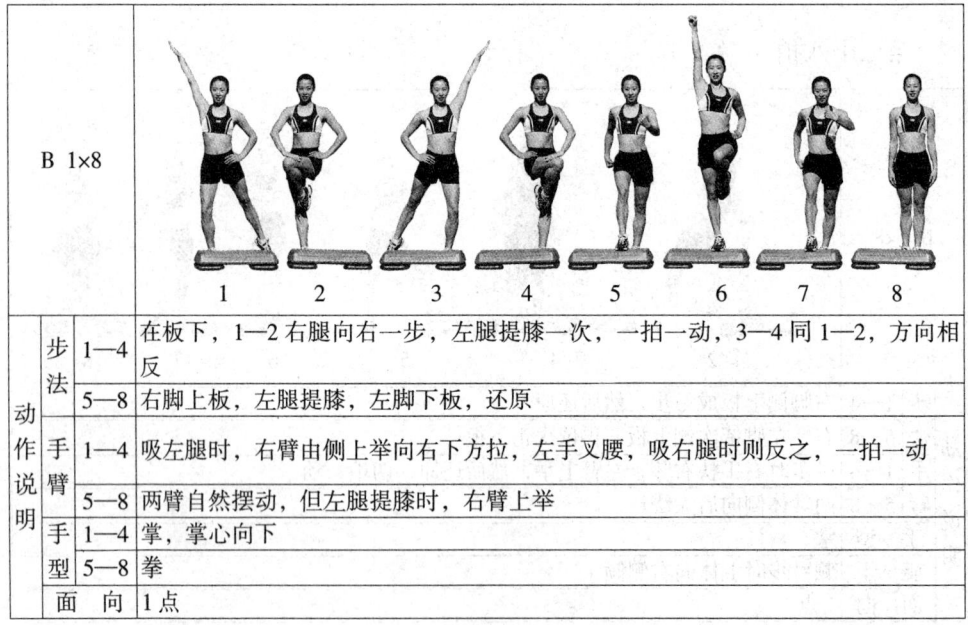

动作说明	步法	1—4	在板下，1—2右腿向右一步，左腿提膝一次，一拍一动，3—4同1—2，方向相反
		5—8	右脚上板，左腿提膝，左脚下板，还原
	手臂	1—4	吸左腿时，右臂由侧上举向右下方拉，左手叉腰，吸右腿时则反之，一拍一动
		5—8	两臂自然摆动，但左腿提膝时，右臂上举
	手型	1—4	掌，掌心向下
		5—8	拳
	面向		1点

第五~八个八拍动作同第一~四个八拍动作，但方向相反。

十一、搏击健美操组合 32 拍×2×2

注：搏击健美操组合共有两组 32 拍动作，每组动作均为 32 拍的右、左脚组合，即右脚先开始，32 拍组合动作结束时的最后一拍动作落在两脚上，接着左脚开始完成该组反方向的 32 拍动作。

组合 A：
第一个八拍

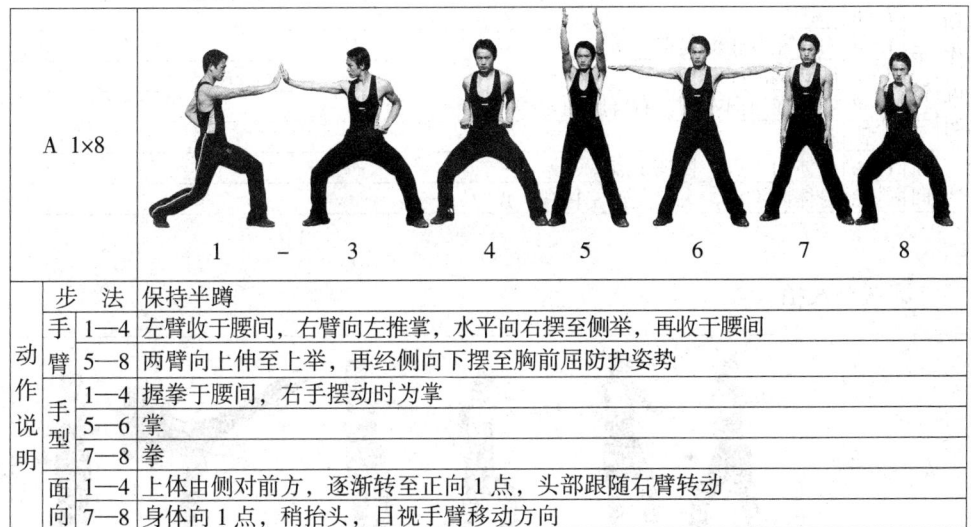

动作说明	步 法		保持半蹲
	手臂	1—4	左臂收于腰间，右臂向左推掌，水平向右摆至侧举，再收于腰间
		5—8	两臂向上伸至上举，再经侧向下摆至胸前屈防护姿势
	手型	1—4	握拳于腰间，右手摆动时为掌
		5—6	掌
		7—8	拳
	面向	1—4	上体由侧对前方，逐渐转至正向 1 点，头部跟随右臂转动
		7—8	身体向 1 点，稍抬头，目视手臂移动方向

第二个八拍

A 1×8		1-2　　3-4　　5/6　　7-8
动作说明	步法 1—4	半蹲
	5—6	半蹲，左右脚依次向左迈步，一拍两动
	7—8	半蹲
	手臂 1—4	右、左臂轮流勾拳一次
	5—6	两臂胸前屈防护
	7—8	左臂屈肘向左摆，右臂胸前防护
	手型	拳
	面向 1—6	身体向1点，目视1点
	7—8	身体向1点，头向左转，目视7点

第三个八拍

1/3　　2/4　　5　　6　　7　　8

动作说明	步法 1—4	双脚向右小跳两次
	5—8	右腿侧踢一次落成半蹲
	手臂 1—4	左臂胸前防护，右臂向右出拳两次
	5—6	左臂向右出拳，右臂胸前防护
	7—8	胸前屈防护
	手型	拳
	躯干	侧踢时上体稍向左倾斜
	头与面向 1—4	身体向1点，头向右转，目视出拳方向
	5	身体向3点，目视出拳方向
	6—8	身体向1点，头向右转，目视侧踢方向

第十章　健美操组合范例

第四个八拍

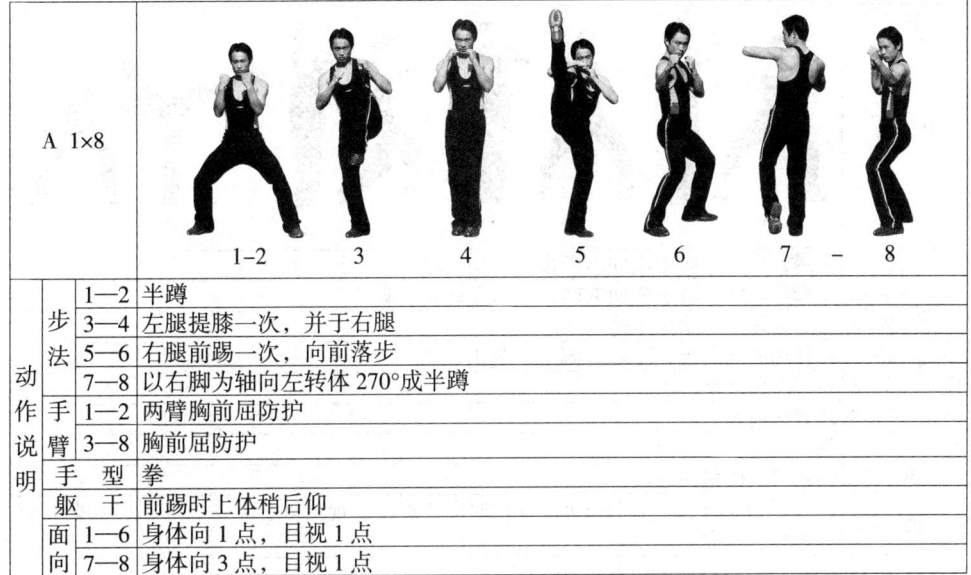

动作说明			
A 1×8			
	步法	1—2	半蹲
		3—4	左腿提膝一次，并于右腿
		5—6	右腿前踢一次，向前落步
		7—8	以右脚为轴向左转体270°成半蹲
	手臂	1—2	两臂胸前屈防护
		3—8	胸前屈防护
	手型		拳
	躯干		前踢时上体稍后仰
	面向	1—6	身体向1点，目视1点
		7—8	身体向3点，目视3点

第五~八个八拍动作同第一~四个八拍动作，但方向相反。

组合B：

第一个八拍

动作说明			
B 1×8			
	步法	1—2	两脚开立，稍屈膝，保持膝关节弹性，2拍上体右转90°
		3—4	左脚站立，右腿提膝，落成半蹲
		5—8	右腿站立，左腿前踢，落成半蹲，两拍一动
	手臂	1	右臂向侧出直拳，左臂胸前屈
		2	转身，左臂向前出拳，右臂胸前竖屈
		3—4	两臂屈肘下摆
		5—8	两臂屈肘保护胸部
	手型		拳
	躯干		前踢腿时上体稍后仰
	面向		开始时身体面向7点，头向1点，目视出拳方向，2—7身体向1点，目视出拳方向，8拍身体向1点，头向右转，目视3点

第二个八拍

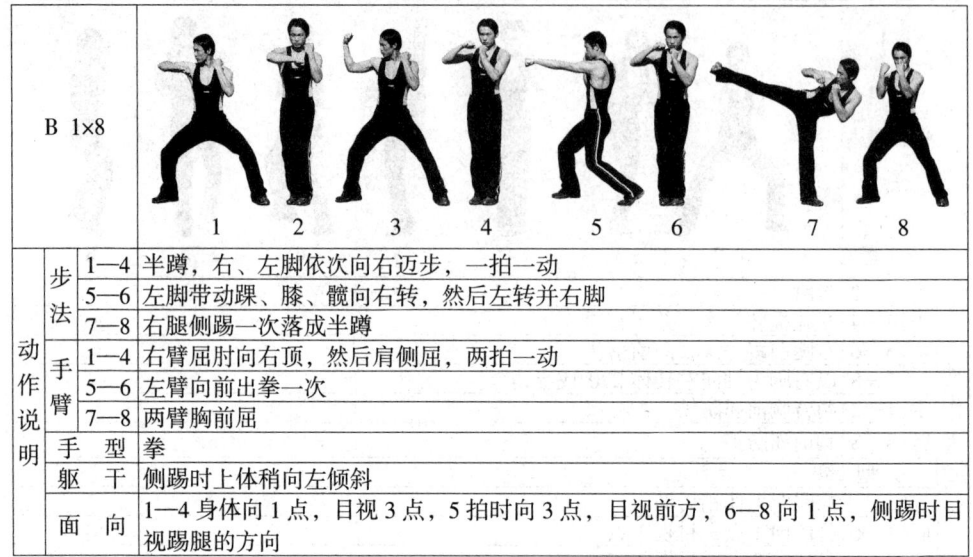

动作说明	步法	1—4	半蹲，右、左脚依次向右迈步，一拍一动
		5—6	左脚带动踝、膝、髋向右转，然后左转并右脚
		7—8	右腿侧踢一次落成半蹲
	手臂	1—4	右臂屈肘向右顶，然后肩侧屈，两拍一动
		5—6	左臂向前出拳一次
		7—8	两臂胸前屈
	手型		拳
	躯干		侧踢时上体稍向左倾斜
	面向		1—4 身体向 1 点，目视 3 点，5 拍时向 3 点，目视前方，6—8 向 1 点，侧踢时目视踢腿的方向

第三个八拍

动作说明	步法	1—4	左脚开始向左连续并步两次，4 拍右腿提膝
		5—6	右脚向前落下，再向前上步
		7—8	以右脚为轴，向右转体 180°，成半蹲
	手臂	1—4	右、左臂轮流向前出拳三次，一拍一动，两臂屈肘防护
		5—6	右臂向前直拳、勾拳各一次
		7—8	两臂胸前屈防护
	手型		拳
	头与面向	1—4	身体正对前方，目视 1 点
		5—6	身体面对 7 点，目视 1 点
		7—8	身体面对 2 点，目视 1 点

第四个八拍

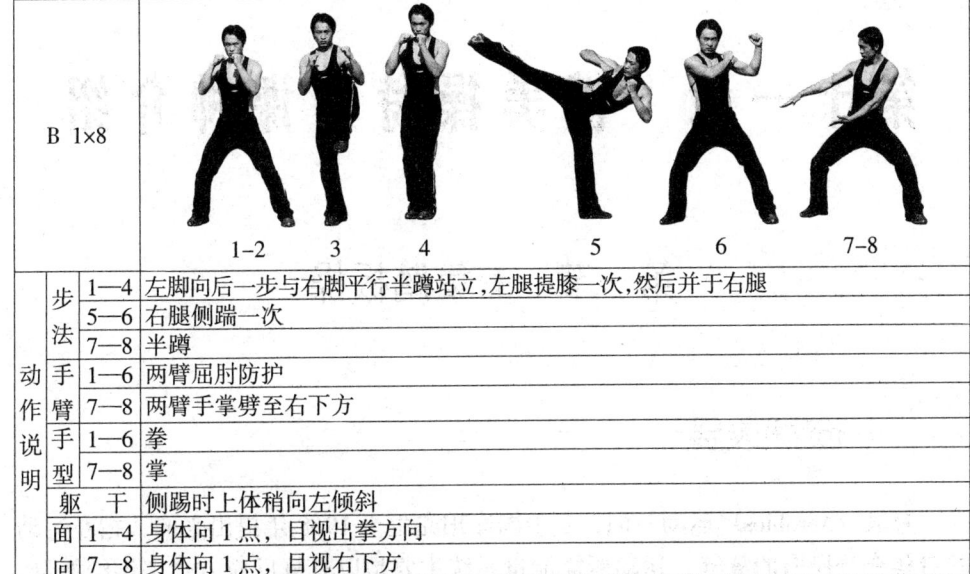

动作说明			
	步法	1—4	左脚向后一步与右脚平行半蹲站立，左腿提膝一次，然后并于右腿
		5—6	右腿侧踹一次
		7—8	半蹲
	手臂	1—6	两臂屈肘防护
		7—8	两臂手掌劈至右下方
	手型	1—6	拳
		7—8	掌
	躯干		侧踢时上体稍向左倾斜
	面向	1—4	身体向1点，目视出拳方向
		7—8	身体向1点，目视右下方

第五~八个八拍动作同第一~四个八拍动作，但方向相反。

（张平 熊燕 李俊怡 王莎）

第十一章 健美操特殊课种介绍

第一节 有氧踏板操

一、起源和发展

有氧（Aerobics）运动一词，是美国库珀先生于1968年提出来的，指在运动时身体充分摄取的氧气，运动所需能量系统主要是以有氧反应方式来供给能量。一个人有氧耐力的高低，是以最大氧耗量（Vo_2max）来表示的。有氧踏板操是在有氧操的基础上发展而来的。有氧踏板操（Step Aerobics）在1968年起源于美国，并很快风靡世界。踏板操是有氧运动的一种，其动作简单易学，内容丰富有趣，在长时间和适量的运动中，能够有效地塑型，提高心肺功能，展现健、力、美。目前在较大的健身房也开设了有氧踏板操的课程。有氧踏板操具有独特的健身效果，深受广大健身爱好者的喜爱。

有氧踏板操通过增加踏板的高度，来提高运动强度和难度，无须加快动作的节奏。通过练习，不但可以强化膝关节周围的肌群，而且可以提高肌肉弹性和关节的灵活性，同时还可以强化下半身肌群，是一种低冲击、全身性的安全有氧运动。有氧踏板操适合各种不同体能的人练习，练习者不一定具有很高的跳操水平，因为踏板操受器械的局限，动作简单易学，动作节奏适中，较容易掌握，但在教学过程中要注意循序渐进。从一些简单动作开始，平衡上、下板，均匀呼吸，待动作熟练和运动强度适应后，逐渐增加手臂和腿的配合动作。踏板的高度要逐步增高，这样才能达到很好的效果。

二、作用和基本动作

踏板操具有有氧运动的健身功能，它能全面提高身体的协调性、心肺功能和肌肉耐力，促进身体组织各器官的协调运作，使人体能够达到最佳机能状态，促进人们学习、工作效率的提高，此外，还可以陶冶情操。踏板操动作简单，适用性强，动作常以对称的形式出现，音乐速度一般在118~122拍/分钟之间，通过动作的多次重复，保证一定的运动负荷，并达到锻炼的目的。踏板的使用方法有两种，一种是横板，一种是纵板。如果横板和纵板结合使用，可以提高练习兴趣和健身效果。踏板操课的时间一般为50~60分钟，其中，准备部分（10分钟）做暖身和伸展运动；基本部分（30分钟）做踏板操套路，其中10分钟做力量练习，可选用的器材有哑铃、杠铃、橡皮筋和小沙袋等；结束部分（10分钟）做放松和伸展运动。

踏板的一般尺寸长为90~110厘米，宽为40厘米，高为10厘米，这样的高度适用于初学者。随着练习者运动强度的不断增加和运动技术的逐渐熟练，踏板高度可逐渐增至20或30厘米。

合理地使用踏板是保证上好踏板操课的重要因素，在选择踏板的高度时，一定要因人而异、因课而异。如果想增加运动强度，可以增加踏板高度，加大手臂动作幅度，手脚同时参与练习或在手腕上戴上一副小沙袋。高强度练习一般不超过1分钟。在板上的动作强度大，下板的动作强度小，高强度练习不适合初学者。

练习踏板操动作的核心基本动作，各种动作的变化都是在基本动作的基础上产生和发展的。踏板操的基本动作是结合地上健美操动作而发展变化的。基本步法是体现练习者下肢动作基本姿态的主要练习手段，待基本步法熟练后，加上上肢动作、方向和节奏变化，可以使踏板操变得生动有趣。踏板操的基本步法如下：

1. 单脚依次点板（touch）

预备姿势：直立，双手叉腰，面向踏板。

动作做法：一脚点板一次；还原。（图11-1）

图 11-1

2. 基本步（Basic）

预备姿势：直立，双手叉腰，面向踏板。

动作做法：两脚依次踏上板，再依次踏下板。（图 11-2）

图 11-2

3. V 字步（V step）

预备姿势：直立，双手叉腰，面向踏板。

动作做法：以右脚先做为例。右脚向右前方踏上板；左脚向左前方踏上板；然后两脚依次还原。（图 11-3）

图 11-3

4. 上板点、下板点（Up tap down tap）

（1）正上点板、正下点地

预备姿势：双手叉腰，面向踏板。

动作做法：以右脚先做为例。右脚踏上板，左脚踏上点板，左、右脚依次踏下板，右脚点地。（图11-4）

图11-4

（2）侧上点板、侧下点地

预备姿势：双手叉腰，侧向踏板。

动作做法：以右脚先做为例。右脚向侧踏上板，左脚踏上板，脚尖点板，左、右脚依次向侧踏下板，右脚点地。（图11-5）

图11-5

(3) 正上点板、侧下点地

预备姿势：双手叉腰，面向踏板。

动作做法：以右脚先做为例。右脚踏上板，左脚踏上板，脚尖点板，左、右脚依次向侧踏下板，右脚点地。（图 11-6）

图 11-6

5. 上板提膝（Single knee）

预备姿势：双手叉腰，面向踏板。

动作做法：以右脚先做为例。右脚踏上板，左腿屈膝向上抬起；然后顺势依次踏下板。（图 11-7）

图 11-7

6. 后屈腿（Curl）

预备姿势：双手叉腰，面向横板。

动作做法：以右脚先做为例。右脚踏上板，左腿后屈；然后左、右脚依次踏下板。（图11-8）

图11-8

7. 转身步（Turn step）

预备姿势：双手叉腰，半侧面向横板。

动作做法：以右脚先做为例。右脚向左前方踏上板，左脚踏上板同时向右转体45°，右脚向左后方踏下板同时右转体45°，左脚踏下板。（图11-9）

图11-9

8. 板上点地（Tap）

(1) 侧点地（Side point）

预备姿势：双手叉腰，双脚站在纵板上。

动作做法：一脚向侧在板下点地，还原。（图 11-10）

(2) 后点地（Tap back）

预备姿势：双手叉腰，双脚站在踏板上。

动作做法：一脚向后在板下点地，还原。（图 11-11）

图 11-10　　　　　　　　　图 11-11

9. 上板踢腿（Kick）

(1) 前踢腿

预备姿势：双手叉腰，面向踏板。

动作做法：一脚踏上板，另一腿向前踢腿，然后顺势下板。（图 11-12）

图 11-12

(2) 侧踢腿

预备姿势：双手叉腰，面向踏板。

动作做法：一脚踏上板，另一腿向侧踢，然后顺势下板。（图 11-13）

图 11-13

(3) 后踢腿

预备姿势：双手叉腰，面向踏板。

动作做法：一脚踏上板，另一腿向后踢腿，然后顺势下板。（图 11-14）

图 11-14

10. 上板双侧下骑板（Indecision）

预备姿势：双手叉腰，侧向竖板。

动作做法：以右脚先做为例。1-2右、左脚依次向右侧踏上板；3-4右、左脚依次向两侧踏下板，两腿骑于板上；5-6右、左脚依次踏上板；7-8右、左脚依次向右侧踏下板。（图11-15）

图 11-15

11. 横过板（Over the Top）

预备姿势：双手叉腰，侧向踏板。

动作做法：以右脚先做为例。1右脚踏上板；2右、左脚在板上交换腿跳；3-4右、左脚依次向右踏下板，于板的另一侧。（图11-16）

图 11-16

12. I 字步（I step）

预备姿势：双手叉腰，面向横板。

动作做法：1-2 右、左脚依次踏上板；3-4 在板上开合跳一次；5-6 右、左脚依次踏下板；7-8 在地上开合跳一次。（图 11-17）

图 11-17

三、基本要求

1. 踏板应稳固地放在地上，以免晃动。
2. 身体保持正直，挺胸，腹部、臀部收紧，身体保持平衡。
3. 踏板的高度要因人而异，因课而异。
4. 初学者可双手叉腰先练习下肢动作，待动作熟练后再加上肢配合。
5. 上踏板时，应将脚踏在板的中央，防止板的不稳定。
6. 下板时由前脚掌着地过渡到全脚掌，缓冲落地，避免踝、膝、腰的损伤。
7. 除跳跃上板外，下板时与板的距离为 12 英寸（约 30 厘米）。
8. 跳跃上板时，蹬地时前脚掌发力，落地时由前脚掌过渡到全脚掌，缓冲落地。
9. 只可跳跃上板，不可跳跃下板。

10. 每次上踏板时，控制好腿部肌肉，腰背部挺直，使肌肉处于正常、活跃的状态。

11. 在做较复杂的动作时，尽量不要负重，确保安全。

12. 如身体出现明显的疼痛或头晕、心跳过快等情况时，练习者应停止运动。

13. 凡膝、踝关节有伤者，在做有氧踏板操前，必须进行体检。

第二节　有氧搏击操

人们期待着在新世纪能拥有更美好的生活和更健康的身体。如众生之愿，新的健身之道与方法，如雨后春笋层出不穷。一项新的体育锻炼项目正风行全球，同时也在我国的一些健身中心开展，即有氧搏击操（Kickboxing Aerobics），或称跆搏（TAE BO），"TAE"是英文"跆拳道"的缩写，"BO"是英文"拳击"的缩写。

有氧搏击操在传统有氧健身操的基础上融入了拳击、跆拳道等搏击运动的基本内容，它的独到之处是在节奏清晰的音乐伴奏之下、英姿飒爽的拳脚之间得到了身体的健康、威武和豪气。韵律搏击真正让健美操摘掉了"女性化"的帽子，越来越多的男士开始加入跳操的人群尽情地挥洒激情，增添了些许阳刚之气。

传统的有氧健身操经过了十几年的推广与传播，深受广大体育爱好者的喜爱，然而，有氧搏击操对于大多数人来说可能还有点陌生，甚至有些朋友认为搏击之类的运动有些野蛮和残酷，其实不然。当你真正参与有氧搏击操的锻炼时，就会了解其中的快乐所在，你很快会被它独特的魅力所吸引，并从中得到益处。值得提出的一点是，韵律搏击不是对抗的搏击，而是有音乐伴奏的新型有氧操。

一、特　点

（一）全面有效

有氧搏击操的练习部位包括：手臂、躯干、步法、腿法及综合练习。即使只是简单的一个动作，也需要动用躯体的多部位联合参与。例如：直拳动作，首先通过右腿蹬地，将力量传达到大腿、髋，经过腰部转动的力量传递到胸、肩、臂，最后才到拳上。因此，对人体的锻炼具有实效性、全面性。

（二）简单易学

有氧搏击操采用中速偏慢的迪斯科音乐（20~24拍/10秒），节奏分明，易于分辨。搏击的动作是有选择的，被吸纳的动作是经过简化分解的。如：拳击中的直拳、勾拳、摆拳等，腿法中有前踢、侧踢、摆踢等。这些动作直观，且运动要求也只限于用力的顺序与用力的位置正确，并不要求像拳击、搏击实战与竞赛中那样快速准确，因此，一般人都能够完成这些练习。此外，它不强调复杂的动作组合，而且运动中的变化特别是方向变化也较少，加之教学多采用分解及慢速的方法，这就更有利于人们掌握了。

（三）科学、安全

有氧搏击操是遵循有氧健身操的锻炼原则而进行的。它属于有氧运动，而有氧运动可以使人体的各个循环系统都得到锻炼并增强其功能。同时，有氧锻炼还可以有效地消耗能量，减少体内多余的脂肪，达到减肥的目的。有氧搏击操严格地按照健身操的结构进行，强度适中，运动量可以控制，动作的选择以增进身体健康与避免伤害为原则。它只有想象中的目标而非面对面地进行搏击，使锻炼更为安全。

（四）具有挑战性与娱乐性

在音乐伴奏中和教练员的带领下，有氧搏击操的动作整齐有力。在发力间伴着整齐有力的喊声，整个课堂的气氛非常热烈。锻炼者在这种氛围之下练习热情极大地提高，使锻炼成为一种娱乐，原本艰难的锻炼过程变得轻松愉快。当你面对假想的对手并投入你的激情时，你已经迎接了挑战。

二、功　效

（一）增强肌肉的力量、弹性与身体的柔韧性

有氧搏击操的动作在发力时要求迅速有力，但仍强调保持关节周围肌群持续收缩，以避免关节过度伸展而受损。在练习过程中动作速度逐渐加快，通过局部练习和综合练习逐渐增大幅度重复练习，肌纤维反复伸缩，肌肉的力量与弹性都得到了增强，动作反应速度加快，同时，各种踢腿练习对提高下肢的柔韧性非常有效。

(二)消耗大量的热能

有氧搏击操所采用的是长时间(30~60分钟),保持中、低强度(最高心率的65%~85%)的运动形式,此过程需要动用体内大量的能源物质——糖原与脂肪。热烈的练习氛围使练习者神经系统的兴奋性保持在较高水平,人体新陈代谢率同时提高,因此,有氧搏击操练习非常有利于减脂。

(三)针对腰腹的特殊锻炼效果

有氧搏击操中的各种拳法与腿法,都要求腰腹收紧发力,这既是自我防御的技术需要,也是完成各种进攻练习的技术要求。腰腹练习始终贯穿整个练习之中,大量的腰部转动以及腹肌、髂腰肌的收缩,使锻炼者的腹部变得强健、平坦。

(四)增强自信心,调节情绪,放松精神

通过有氧搏击操的练习,身体素质将得到发展,身体的健康水平得到提高,体形更加完善,使锻炼者在日常的生活和工作中更具活力与自信。一旦投入到有氧搏击操的练习之中,你很快会被激情与热烈的气氛所感染,因此你会很快地释放压抑的情绪与心情,使自己的不良情绪得到缓解与改变,从而使身心得到充分放松。

三、基本动作

以下介绍的基本动作经过不同顺序的搭配组合或变形可以成为有氧搏击操的组合练习内容。当然,与音乐节奏的吻合以及步法连接的流畅也是"操化"的必要特性。

• 准备姿势:两脚前后开立,重心在前脚,后脚脚跟抬起,达到最大缓冲。

下颌收紧向身体贴,在完成击拳和踢腿动作前眼睛一直看着目标。

收紧腹部,增加肌肉的协调性,保持呼吸,不屏气。

不出拳时,两手握拳置于脸的前方,保持防御姿势。(图11-18)

• 直拳 (图11-19)

图11-18

站立姿势：面向目标，下颌紧收。

从腰部发力，到肩膀、到拳。

手臂和肩部成一直线，控制肘关节周围肌群的收缩，不使关节过分强直。

快速收回到预备姿势的手臂位置。

● 摆拳（图11-20）

站立姿势：面向目标，下颌紧收。

图11-19　　　　图11-20

从腰部发力，手臂和肩膀由弧形摆动同时稍伸肘，拳锋至虚拟目标。

快速收回到预备姿势手臂位置。

勾拳（左）（图11-21）

左腿在前，重心在前脚，准备姿势。

出拳时，从腰部发力，上臂、前臂保持夹角，拳由下向上击打，手臂通过身体的前方并尽可能地延长拳的路线，直至斜上方。

右手保持防御姿势。

● 顶膝（图11-22）

两腿开立，保持防御姿势。

支撑腿稍屈，身体稍微向侧后仰。

动力腿用力向前上方提膝，同时用力收腹。

图11-21　　　　　　图11-22

还原。

- 前踢（图 11-23）

两脚与肩同宽，一脚在前，重心在后脚。

动力腿抬膝至最高的位置，上身微向后仰。

伸展腿部，用前脚掌踢目标，但膝关节不要过度伸直。

动力腿收回到开始位置。

- 侧踹（图 11-24）

两脚开立，与肩同宽。

重心在左腿，目视右侧目标。

抬起右膝向身体靠，上身微向左倾斜。

右脚脚跟转向目标（这一点很重要）。

右腿向外蹬伸，勾脚脚尖朝下，用脚侧缘攻击至虚拟远端目标。

右臂向外放，以保持平衡。

动作完成，支撑腿转髋转脚跟，收回动力腿。

图 11-23

图 11-24

四、有氧搏击操教学的注意事项

有氧搏击操不是一项竞技运动，虽然它可以提高练习者的自信心、肌肉的协调性和必要的技巧、柔韧性，从而为竞技训练做准备，但在有氧搏击操中，我们首先考虑的是保护我们的身体，而不是赢得比赛。因此，有些动作对拳击手来说很正常，但我们不应该做，因为我们是为大多数普通人开展这项运动的。

（一）保证安全

避免在拥挤的房间进行后踢的动作，否则很可能会误伤别人。
遵循由低冲击到高冲击动作的原则。
保持呼吸，不屏气。

（二）引起受伤的原因

- 肘部与膝部未加控制地用力过猛而伸展过度。
- 进行闪躲或猛击动作时，由于动作过大而关节脱臼。
- 运动量过大并且时间过长（大运动量和小运动量的练习应交替进行）。
- 热身时间不够，身体未得到足够的伸展。
- 侧踢时不向前扭胯，否则会导致身体转动的压力集中于膝部（应向脚尖踢出的方向转脚跟扭胯以减轻膝盖的侧压力）。
- 在转身时要抬起脚跟，否则会扭伤十字韧带。

（三）若发生以下情况，可停止练习

腿部疲劳。
任何部位出现疼痛，特别是膝关节。
颈部疼痛或不适。
眩晕、心率过快。

第三节　健身街舞

20世纪70年代的美国，在追求彻底自由与解放的社会心态下，纽约黑人社区的一些街头（特别是著名的布鲁克林街），许多黑人青年成天在街头混，他们聚会、舞蹈、自娱自乐，有时还要比舞助兴，形成了不同风格和流派，较有代表性的舞蹈有霹雳舞（Breaking Dance）、锁舞（Locking）、电流（Wave）等。这些舞蹈主要以即兴为主，有的还伴随一些背旋、头旋等技巧动作。

街舞的动作随着时间的推移和音乐的发展而有所改变。HIP-HOP音乐流派的出现使街舞获得了全新的演绎，伴随着流行歌星的表演和他们的 MTV 作品，这阵"酷"风吹向世界各地。如杰克逊（Michael Jackson）、汉默（Hammer）以及韩国的酷龙、H.O.T 组合。目前，随着 HIP-HOP 的风靡，街舞不但在流行乐坛占有一席之地，并且已经转化演变成为国内非常时尚的一种健身方式。

一、特　点

　　表演与娱乐性。街舞被搬进健身房，其内容和练习方式在体育健身原则的指导下有一些相应的改变，但它固有的流行舞蹈的表演性与娱乐性，随着基础素材的移植而保留了下来，这是街舞之所以体现时尚与活力的根本所在。

　　街舞的风格自然而狂放，不拘一格，突出个性表现。街舞动作中非常重视身体与步法的节奏变化，并增加了许多手臂组合，在随意、松弛的动作感觉外，更强调动作的韵律感与爆发力。在动作的编排过程中，不同的 HIP-HOP 音乐会带给街舞教练员不同的灵感与发挥空间。学生在练习过程中除了学习到教练员的基本动作外，还可以在头部、手臂等部位做一些自己喜欢的简单变化，进行再创造，尽情体现自己的风格。

二、功　能

　　有氧锻炼。作为一种健身锻炼形式，街舞中一些对关节、肌肉有可能造成损伤的动作已经被尽可能地避免，而一些高强度的技巧动作也不会被采纳，教练员采用的分解及循环式的教学方法使练习过程易于掌握，使运动持续不断，保证了健身街舞所具备的有氧锻炼的功效。

　　对韵律感和协调能力的发展。街舞动作变化丰富，规律性不强，而且多数动作都是涉及小关节和小肌肉群的。为了增加动作的动感和美感，身体各个部位的配合动作也较多，节奏变化忽快忽慢，很多动作出现在音乐的弱拍上（一拍两动），需要学员全力调动个人的协调性。可以说，街舞的练习过程对改善人的协调能力是卓有成效的。

　　对心理的调节。街舞采用的是舞蹈动作，在动感十足的音乐伴奏下进行练习，很容易使人兴奋起来，使压抑、低迷的情绪提高到比较积极的水平。街舞自由奔放的动作形式以及充分展示自我的风格取向，使人们的身心得到愉悦，特别是在缓解精神压力、调节人的情绪方面起着积极作用。

三、主要内容

（一）弹动技术

街舞的弹动技术主要表现在膝关节的弹动、踝关节的缓冲以及髋关节的屈伸。弹动技术不仅可以让你把握住街舞的动作特色，而且与动作的安全性息息相关。在街舞练习中，膝关节几乎很少伸得很直，多是在微屈或弹动的状态下完成动作的。例如在最基本的点地和提膝动作中，踝关节的缓冲和髋的屈伸动作往往与之协调配合，使动作律动感很强且松弛自然，对关节也起到了保护作用。

（二）控制技术

街舞的控制技术主要表现在肌肉的用力方式和用力顺序两方面，街舞的多数动作有很强的动感和力度美，为了表现这一特色，需要频繁地使用肌肉的爆发力，有时某些动作会出现在音乐的弱拍上（一拍两动），这就要求动作速度很快，因此肌肉的紧张与松弛必须协调控制，才可以达到应有的动作效果。

（三）重心的移动和转换技术

街舞的重心移动技术主要表现在动作的方向变化上，通过前、后、左、右的移动，使身体运动的路线发生丰富的变化。街舞的重心移动技术主要靠左、右脚支撑的变化来实现，除了上肢和躯干的动作之外，这一技术动作占据了很大的比例，它使街舞动作具有律动感和技巧性，从而展现街舞的基本特色。

第四节　水中健身操

一、起源和发展

水中健身操（Aqu-aerobics）起源于美国，与陆上健美操有着密切的关系。限于场地条件，有些人不能参加陆上健美操运动，如：身体肥胖、年龄较大和膝、踝关节有损伤者，因此有人开始想到结合健美操的特点，利用水的特性，在水中进行这种练习。试验结果证明，水中有氧操练习效果极好。对上述特殊人群来说，在一段时间的练习后，身体逐渐健康有形，疼痛逐渐消失。水中有氧操自产生以来，经历了多年的实践和经验积累。20 世纪 80 年代中期，在日本出现了水中有氧操，到 1989 年，日本成立了水中有氧操普及会，并向全国普及和推广。在我国，水中有氧健美操是刚刚兴起的一项大众健身运动。由于水中健身操训练环境独特，针对性强，使人们在锻炼的同时，享受到与陆上健身不同的趣味，前景看好。

二、特点与功能

水中健身操结合了不同节奏的健美操动作，它充分利用了水的阻力和浮力，通过水的阻力锻炼人的身体和塑造美的形体，通过水的浮力锻炼人体的柔韧性，减少运动损伤。与陆上健美操相比，它的运动强度低，动作简单易学，排汗少，散热效果好。由于水的多种特性，人在水中运动时机体可塑性最强，人体各部位所受的浮力和压力均衡，动作相对舒展、柔和，肌肉的伸展性和力量能够得到均衡的发展。长期坚持做水中健身操，可调节人体姿态和脊柱生理弯曲，塑造优美姿态。

水中有氧健身操运动进行得是否合理，关键取决于对水的物理特性的了解程度。

（一）水 温

水环境中热传导能力比空气中高 20 多倍，人在水中静止不动，也要消耗很多能量，运动会提高人体皮下血管循环功能，有利于新陈代谢能力的增强。

（二）水 压

人在水中运动必然受到水的压力影响。在做水中健身操时，俯卧游动或下沉至水中时，人体的肺部一般在水面下 30~50 厘米，要承受大于陆地练习时 0.03~0.05 气压的影响，呼吸要比陆地困难，因而对心肺机能要求比较高。

（三）浮 力

水具有浮力特性，人体的比重基本相同于水。当深吸气时，胸腔体积扩大，比重减小至 0.96~0.99，人就会浮至水面，反之，呼气时比重增大至 1.02~1.05，人就会沉于水中。

（四）水的阻力

人体在水中运动，受阻感是空气中的 800 倍。如果动作速度相同，完成同样一套动作，水中与陆地相比，至少要多用 6 倍以上的力量。那么，水中运动将取得事半功倍的效果。

（五）水的按摩护肤

由于水中运动相对出汗少，减少了陆地训练时汗水中的盐分对皮肤的刺激。水流波浪的摩擦和拍打，对皮肤具有特殊按摩作用，可有效地避免并减少皮肤的松弛和老化，使肌肤光洁、润滑、富有弹性，同时还能消除忧郁和疲劳感，减轻精神上和肢体上的负担。

水中健身操适合不同年龄人群参加。人在齐胸的水中锻炼，不仅可以塑造体形，还可以使身体康复。

三、主要内容

水中健身操是水上运动的一种艺术形式。它是优雅韵律、表情和水中技巧的结合，是培养良好身体姿态和健身、健体的有效运动。从初创至今，水中健身操的练习内容形成了一个渐进的发展过程。最初，以水中有氧练习为主，内容比较单调，多是下肢练习。在发展过程中，逐渐增加了上肢和全身运动，增强了身体的协调性和平衡感，形成了目前的水中有氧健身操。

水中有氧健身操由热身练习、有氧练习、肌肉力量强化练习、整理放松四部分组成。热身练习充分利用音乐的效果，内容活泼、愉快，促进代谢水平提高，降低肌肉的黏滞性，提高呼吸、循环系统等内脏器官的机能水平，为进入高强度练习做准备。肌肉力量强化练习，心率一般在最高心率的 80% 以下。整理放松要充分利用水的浮力，人与水融为一体后，动作幅度不宜过大，速度缓慢，使脉搏逐渐恢复到相对安静状态。为了更好而有效地进行水中有氧操训练，在安排健身计划时，应该根据不同情况和年龄分组进行。

开始练习时，一般多以单个动作反复练习，教会练习者如何用力，体会水对人体的独特亲和力。水中健身操在国内刚刚兴起，人们对其健身功能及效果了解较少，练习的动作尚在探索阶段，这里仅介绍几种基本动作。

（一）水中踏步——踏步动作强度较低，在运动过程中，至少有一只脚与地面保持接触。技术要点：做动作时膝关节尽可能抬起，但不要露出水面，上体保持正直。落地时由脚尖过渡到全脚掌。

（二）水中走步——在水中前、后、左、右、斜向走、弧形走。技术要点：步伐要均匀，不要太大。

（三）水中前踢腿——双手叉腰，单腿站立，一腿弯曲抬起，并使大腿尽量与上体保持90°，小腿与大腿保持90°，然后小腿逐渐伸直。技术要点：抬腿时大腿不要露出水面，伸腿时脚尖、膝盖绷紧，上体保持直立。

（四）水中侧踢腿——双手扶池边，单腿站立，大腿向侧抬起，尽量与身体成90°，小腿做屈伸练习。技术要点：向侧抬腿时膝盖向前，身体直立。

（五）水中后踢腿——双手扶池边，单腿站立，另一腿尽量向后抬起，小腿做屈伸练习。技术要点：向后抬腿时，髋要正，身体直立。

（六）水中腰部练习——双脚开立，一手叉腰，另一手手掌向内，并向侧伸展，腰侧屈。技术要点：做侧屈动作时，身体不要向前倾，不要收髋。

（七）水中双手划水练习——双脚开立，双手五指并拢，并向内、外按8字路线划水。技术要点：手臂划动时，手腕要绷紧，不要翘手。

（八）水中摆臂练习——双脚前后分开成弓步站立在水中，双手五指并拢，上臂向下垂直，肘关节夹住腰间，前臂向后推水。技术要点：前臂向后推水时要有力，但双手不要露出水面。

（九）水中背部练习——双脚开立，平稳地站在水中，双手五指并拢，两臂伸直放于身体前方，同时向后划水。技术要点：双手向后划水时，背部收紧，双手尽量向后划。

四、教学工作基本环节

（一）备课

为一个班上70~75分钟的课，对教师是一种挑战，必须从开始到结束计划整堂课。与任何训练课一样，一堂课包括准备部分、基本部分、结束部分。课堂设计需要考虑许多组织方面的因素，其中最明显的三个因素就是动作、音乐和激励。这三个因素对确保上好每一堂课是十分重要的。

（二）上　课

实施教学内容是设计的实现，是教学过程中的中心环节。实施教学计划成功与否，取决于教师课上的组织、教法的综合运用，以及随机应变能力等多种因素。

1. 准备部分

这是一堂水中健身操课不可缺少的部分。这部分时间较短，一般安排 5~10 分钟。内容主要是在陆上以协调、舞姿、池边垫上操为主，活动四肢，促进血液循环加快，为基本部分做准备。

2. 基本部分

这是一堂水中健身操课的中心部分。这一部分占全部时间的 2/3 左右，主要练习内容都安排在这一部分，并在水中进行。可做水中有氧操、水中形体塑造、泳姿训练，目的是使学员掌握水中健身操的基本知识和练习的动作，发展身体素质，增强体质，增进健康。

3. 结束部分

这也是水中健身操课不可缺少的部分。在水中做伸展操，动作幅度不宜过大，速度要缓慢，使学员脉搏逐渐恢复到相对安静状态。在简单的小结之后，宣布下课。

五、水中有氧健身操教学注意事项

（一）锻炼前做身体检查。了解锻炼者的运动损伤情况、疾病情况和运动能力。

（二）锻炼的安全性。锻炼者不要单独在水中锻炼，初学者在水中练习时，水深一般不要超过腰部。中高级水平者，水深可在胸部与腰部之间。注意水深在胸部以上时，受浮力影响，人体会失去平衡，对练习不利。

（三）护肤。在室外参加有氧健身操还要涂抹抗水的防晒霜。

（四）初级班学员主要以传授基本动作为主，分解讲授，多次重复，强度低，节奏慢，动作简单。

（五）中级班学员在掌握基本动作的基础上，结合音乐，熟练运用技术动作，中等强度，动作变化较多。

（六）高级班学员能够自如完成全套动作，动作规范，姿态优美，音乐与动作融为一体。

第五节　瑜伽健身

一、起　源

瑜伽（yoga）是东方最古老的强身术之一，公元前起源于印度，在全世界流行。瑜伽一词源于梵文音译，有结合、联系之意，这也是瑜伽的宗旨和目的，即为达到冥想而集中意识之义。瑜伽在印度有着悠久的历史，与婆罗门体系有着密切的关系。在印度，人们相信通过瑜伽可以摆脱轮回的痛苦，内在的自我将与宇宙的无上我合一；通过瑜伽将产生轮回的种子烧毁，一切障碍都将不存在。现在，很难区分瑜伽与印度教的关系，在寺庙中，在经书中，在生活中，在许许多多的范围，两者的关系相互融合。

起初，瑜伽修持者只有少数人，一般在寺院、乡间小舍、喜马拉雅山洞穴和茂密森林中心地带修持，由瑜伽师讲授给那些愿意接受的门徒，以后瑜伽逐步在印度普通人中间流传开来。

而今的瑜伽，已经是印度人民几千年来从实践中总结出的人体科学的修炼法，再也不是只限于少数隐居者仅有的秘密。瑜伽已在全世界广泛传播。印度有很多专门研究瑜伽的学校。

从广义上讲，瑜伽是哲学，从狭义上讲，瑜伽是一种精神和肉体结合的运动。一般提到的瑜伽，是指练功方法，用来增进人们的身体、心智和精神的健康。

二、呼吸法

呼吸是人最重要的机能，但是人们对呼吸的了解却很少，经常以不正确的方法进行呼吸。在日常生活中，由于人为的因素，我们的呼吸一般是任意和不规律的，大多数人呼吸浅短，缺乏规律，违反身体呼吸系统自然之律动。这样，身体不能吸收足够的宇宙能量，神经系统逐渐受损害，内分泌系统不能正常起作用，导致身体丧失力量和活力,产生经常性的疲劳和沮丧的感觉。人的身体状况,在很大程度上依赖于呼吸的规律性,甚至呼吸方式可以高度地反映出一个人的情绪情感。当人们在心烦意乱的时候,例如沮丧、悲痛或抑郁,呼吸就变得很慢和没有规律。而在狂怒、焦虑和紧张不安时,呼吸则变得迅速、表浅和混乱。连续不规律的呼吸,不仅损害神经系统,而且妨碍内分泌的固有功能,最终使体质变得虚弱。

呼吸随年龄增长产生变化,年龄愈长,呼吸愈浅弱。深长呼吸对健康非常重要,可以使头脑灵活,体力充沛,感觉年轻。普通人每分钟呼吸 15~16 次,坐禅中的呼吸达到每分钟 5~6 次,修持得法每分钟 1~2 次,甚至可达到像龟蛇一样微呼微吸,不消耗能量。

瑜伽认为,人一生的呼吸量是有一定限度的,呼吸又快又匆忙,人一定早逝。相反呼吸缓慢,犹如在品尝空气的人,可获得长寿。例如,脾气暴躁的猴子,呼吸频率极快,寿命不长,而鹤与龟,则以缓慢温和的长息呼吸法而长寿。自古有千年鹤、万年龟的说法,足见缓慢呼吸是长寿的关键。

调整呼吸是我们生存的基本因素,也是健康的必要基础。通过肺吸入充足的氧气供给身体,可促进心脏血液循环,并且通过血液流动将能量送至身体的各部。所以,若想长生,秘诀就是使呼吸自然绵长。

呼吸通常有三种方式:胸式呼吸、腹式呼吸、无控制的混合呼吸。一般人都是胸式呼吸(即浅短之呼吸),是一种胸部运动。腹式呼吸是吸气时横膈膜向下降的运动,是修炼呼吸,应成为我们生存的方式。

三、横膈膜呼吸练习方法

可取随意的姿势,仰卧、静坐、站立均可。卧或站双脚适度分开,双眼轻闭,一手置于胸部,另一手置于腹部上方,以便感觉横膈膜以及腹肌的活动。然后以鼻腔缓慢、细长的吸气和呼气,不可出声振动或停息。然后加大正常呼吸的过程,当呼气时,尽量把气吐尽,分多次吐,然后有意使腹肌向内瘪,并温和地收缩肺部,将气呼出。然后吸气吸满,但不可过分勉强,腹部恢复原状。当吸气时会发觉腹壁和肋骨下部向外推出,胸部只有轻微移动。这种呼吸是借助横膈膜的收缩和下压形成吸气动作。每天练习 3~5 次,每次 3~5 分钟。

横膈膜呼吸法对身体有三大功效:

(一)横膈膜呼吸不同于浅短的呼吸,能使宇宙能量充满整个肺部,供应身体充足的氧气,将体内的废气、浊气、二氧化碳呼出体外。

（二）横膈膜上下移动，犹如温和的按摩，促进脏腑的血液循环，增强其机能。

（三）横膈膜呼吸法是以最少的力得到大量的新鲜空气，因此是极其有效的呼吸方法。

四、姿势练习

目前较为流行的瑜伽姿势练习大约有 80 多种。瑜伽姿势与大多数体育练习不同，它不涉及快速或用力的运动，也不引起粗重的呼吸。相反，瑜伽姿势做得很缓慢，步骤很分明。修习者在做每一项瑜伽练习时，都是放松而又警醒的，它把注意力集中在这项练习在其体内所产生的感觉上。

由于人的身体习惯于旧有的生活规律和动作，许多练习者在刚开始练习时几乎无法承受体位法所带来的大量能量，身体出现强烈的抖动。但是坚持下去，掌握了那些要诀，就会逐步进入一个新的状态，那时再练习体位法身体就好比定坐在椅子上一样，平稳、自然、舒适；同时，人体内部孕育、滋长出强大的生命气息的力量。瑜伽师往往能长久地保持一个固定的姿势，实际上他非但没有因为这种长时间的呆滞而感到麻木和困倦，相反却积蓄和增加了体内的能量，使他越发精力充沛。

瑜伽姿势练习经过了几个世纪的锤炼，已得到净化。通过有规律的练习，可使人们获得灵活性、平衡、坚韧、巨大的生命力以及对疾病的抵抗力，还可消除疲劳和安定神经，从而使人在睡眠中得到真正的安宁。

姿势练习举例：蛇式

预备姿势：身体平趴地面，一侧面颊贴地。双肘弯曲靠近身体，手掌在双肩下平放地面，指尖与肩对齐。脚跟并拢，脚趾平贴地面绷紧，正常呼吸。

练习步骤：

1. 脖颈伸直，头部轻轻向后上方仰起。缓慢吸气，同时头部和胸部向上抬起，但肚脐部分贴地（肚脐以上部分离地），抬到最高处，两腿依然紧紧靠地并用力保持靠拢。

2. 仰望天空并保持这个姿势，屏息 6~8 秒钟。

3. 胸部和头部依次贴地，一侧面颊贴地。放松身体，休息 6~8 秒钟。

重复这个做法。

每日练习不要超过 5 次。

益处：蛇式从内部活动整个腹部，可促使胰脏、肝脏和其他消化器官加强活动。这是一个治疗便秘、消化不良、痢疾、胃炎、胃病及腹部疾病的好姿势。蛇式能够让脊柱柔软，减缓脊椎疾病和背痛，同时可以有效地活动胸部、肩部、颈部、面部和头部，使表皮血液活跃，增进面部之美。这个方法对于女性有着特殊的作用，可以治疗各种月经病症。

五、练习注意事项

瑜伽练习者首先应该了解从事这一练习最适合的时间、地点、身体状况、练功服装，以及其他注意事项。

（一）时　间

清晨，早饭之前是瑜伽锻炼的最佳时间。傍晚或是其他时间也可练习，但要保证空腹或完全消化以后进行练习。大体上是饭后 3 小时，或喝入流质食物及饮料半小时后。练习者应该选择自己最为方便的时间，争取每天都在同一时间内练习。练习瑜伽时，身体保持正常和安静状态，如果此时身体不适或有病状，尽量不要采用过于强烈的方法，也可以完全不进行练习。

（二）地　点

练习瑜伽时要选择安静、清洁、空气新鲜的地方，有可能的话，离开房间而选择露天的自然地。在房间中，注意保持空气的流通，养成经常开窗通风的习惯，这对于调息练习尤为重要。练习瑜伽时可以在旁边摆放绿色植物。地上需要铺上松软洁净的毯子，能轻松地保持站立，千万不能让脚下打滑。在练习有关坐式的瑜伽时，可以使用蒲席，这样可以有效地防止疲劳。

（三）安　静

瑜伽练习时必须保持安静，避免交谈，可以播放轻松、简单的乐曲。总之，要使身心专注、集中。

（四）休　息

瑜伽休息非普通的休息，每一种休息其实都是一种冥想。其作用不可小看，它能够放松身体，感受获得的能量，也可以锻炼身心意志，感受自我的存在。休息有两种，第一种是短时间的休息，主要是体位法中常采取的 10~30 秒钟的休息，一般占用练习的 1/5 左右；另一种是专门的休息，有时达数小时之久，例如瑜伽者常练习的"尸体"放松术等等。这种方法除了达到放松的目的，还可有意识地控制体内能量和精神。

（五）练功服装

瑜伽练习时穿着尽可能地简单，穿短裤、宽筒裤或是中国传统的练功裤，女子也可以穿短裤或弹力裤。上身要宽松，赤脚或只穿袜子。

（六）洗　澡

在清晨，练功者练习前不必洗澡，洗澡时间可根据练习者的方便自行决定。如果想在练功后用热水淋浴，应在练功结束后 15 分钟进行。洗澡可以增加人体洁净和轻松的感觉，这样在进行某些练习时效果更好，因此许多人选择在练习前洗澡。

（七）准确的练习方法

为取得瑜伽练习的成功，必须掌握正确的练习方法。瑜伽是一种完善的科学体系，如果不能按照规定去做，这些瑜伽练习就变成了无味的机械动作，与真正的含义背道而驰。虽然并不是每一个人都能够完美无缺地做出所有的瑜伽姿势，但他们无疑可以毫无困难地掌握瑜伽练习的要领。每一个人要按照个人身体限度练习瑜伽，尽力而为，不可强求。瑜伽练习的每一步骤都要谨慎从事，不可操之过急，练习过程中逐步增加力度和难度。

（于晖　金遂）

第十二章
健美操竞赛的组织与裁判法

第一节 健美操竞赛的意义、种类及内容

一、健美操竞赛的意义

开展各种形式的健美操竞赛活动，对促进健美操的普及与发展有着十分重要的意义。

（一）扩大社会宣传面，使更多的人了解健美操，热爱健美操。在比赛中，可通过视、听器官来感受运动员结实健壮的形体、优美矫健的动作、朝气蓬勃的精神面貌，以及轻松欢快、富有动感、令人积极向上的音乐节奏和运动员在表演时的真情投入等等，使观众受到感染，振奋精神，增添乐趣，并从中学到有关健美操运动与人体健康的知识，从而吸引更多的人参与健美操活动。

（二）有利于提高该运动项目的技术水平。比赛为教练员、运动员提供了检验教学、训练成果和交流、切磋技艺的机会。通过比赛，各参赛队可充分展示训练水平，互相观摩学习，广泛地交流训练体会，肯定成绩，总结经验教训，明确以后的努力方向，既能增进友谊和团结，又能开阔思路，促进技术水平的提高。

（三）促进对健美操运动发展方向的研究，使该项运动的技术向更健康的方向发展。裁判员通过学习规则、比赛评分提高业务水平，获得实践经验，成为推动健美操开展的骨干力量，并对该项目的发展起到导向作用。另外，比赛还能为健美操的科学研究提供数据，促进健美操理论与技术的全面发展。

二、健美操竞赛的种类

健美操竞赛可分为健身性健美操竞赛和竞技性健美操竞赛两大类。

健身性健美操比赛以"锻炼身体、推动群众性运动及提高社会参与性"为目的，因此，不需要特定的竞赛规则，技术要求较低，比赛操作简单，一般省、市和基层单位均可组织比赛。

竞技性健美操比赛以"夺标和提高技术水平"为目的，因此，比赛要求参赛者必须具备一定的身体素质和专项技术水平，参赛人数和年龄受到一定限制，并严格执行竞赛规则。

竞技性健美操比赛主要形式有：锦标赛、冠军赛、邀请赛、友谊赛、大奖赛、运动员等级赛、大众等级赛及基层比赛。

三、健美操竞赛的内容

健美操竞赛的内容有规定动作竞赛和自编动作竞赛。

规定动作比赛是主办单位根据比赛目的、任务、参赛对象层次以及不具备创编和评审条件等因素而特意在赛前创编好的成套动作，作为参赛队共同的比赛套路。

自编动作比赛是参赛单位按照赛前下发的竞赛规程和特定的竞赛规则要求，进行不同项目的自编动作比赛，每个项目都有严格的评分规则。

第二节　健美操竞赛的组织

健美操竞赛的组织是一项复杂而又细致的工作，直接影响比赛的质量和预期的效果。在赛前、赛中及赛后都要进行一系列的工作，每个环节都十分重要，一环紧扣一环，缺一不可。

一、召开主办单位筹备联席会议

由主办单位或主要负责人召集有关单位及部门的相关人员出席会议。会议的主要内容是协商并落实有关竞赛的具体事宜，包括确定承办单位和协办单位、经费来源、比赛日期、地点、规模等。成立竞赛筹备办公室，确定办公室成员，将任务分工落实到具体的人。

二、制订竞赛规程

竞赛规程是组织比赛的重要的指导性文件，是比赛筹备工作的依据，也是参赛单位、运动员、教练员及裁判员必须执行的准则。竞赛规程应由主办单位制订，一般应至少提前三个月下发给各个部门，以便参赛单位有充分的时间准备并安排好各项事宜。竞赛规程应简明、准确，使执行者不易产生误会。

竞赛规程一般应包括以下内容：

一、比赛的名称：包括年度（届）、性质、规模、名称（包括比赛总杯名和分杯名）。如：××××年"×××"杯全国×××健美操锦标赛。

二、比赛的目的：简述举行本次比赛的目的。如：为了推动全国大学生健美操活动的进一步开展，在高校间广泛进行交流，不断提高健美操技术水平，将于某某时举行某某比赛。

三、比赛的时间和地点：要详细、清楚地写明比赛的年、月、日和地点。若具体的比赛地点在下发规程前还不能确定，则要先将比赛所在的城市写清楚。

四、参加单位的条件：限定参加者的范围，要具体、明确。如全国高等院校比赛，以校为单位均可以参加；运动员必须是在校注册的本科、专科学生。

五、竞赛的项目：对本次比赛参加项目、内容和时间的规定。如：比赛只进行男单、女单、混双、三人（男、女不限）及混合六人的比赛。

六、参赛的办法：说明采取什么样的比赛方式、一次性还是分预赛和决赛、是否按技术水平及年龄分组、是单项赛还是团体赛或单项、团体赛都有。在某种比赛方式中的特殊规定一定要注明。如：本次比赛只进行4个项目的单项赛和团体赛。单项赛有预赛和决赛。体育院系为甲组，普通院校为乙组，分别进行比赛。

七、参加人数及年龄：规定每个单位参赛的人数、参赛运动员的年龄要求。如：凡我国普通高等院校在校注册的学生均可以校为单位参加，每单位可报候补队员2名、领队1名、教练员1名。

八、评分办法：说明比赛采用什么评分规则和计分办法，团体赛和单项赛的录取办法。如：比赛采用《1997—2000年版国际健美操竞赛规则》，进行团体赛和单项比赛，团体赛以各单项预赛成绩相加之和评定成绩，取各单项前八名进行单项决赛，成绩优者名次列前，成绩相等，名次并列，无下一名次。

九、录取名次及奖励办法：根据比赛的规模说明评几个奖项，每个奖项设几名、是否有奖品或奖金。如：团体赛和单项赛均取前八名，另设最佳编排奖几名？最佳表演奖几名？最佳形体奖几名？最佳音乐效果奖几名？优秀教练员几名？优秀裁判员几名及体育道德风尚奖几名等。

十、报名和报到：说明报名的方式及要求，截止日期。比赛报到的时间、地点、乘车的路线、联系电话等都要很清楚、详细。如：报名要填写大会印制的报名表，加盖单位及医务室印章，并于赛前30天函寄到×××组委会，邮编××××××。

裁判员×月×日报到，运动员×月×日报到。

十一、其他：凡不包括上述内容的所有事宜均可列入该项中。如：有关参赛队的食宿是否自理，大会是否给予补助，是否提前预订返程车票，报到时参赛单位向大会缴纳竞赛保证金等。

竞赛规程应尽快下发，根据比赛规模的大小和发放范围，确定提早时间。全国性的比赛应提前半年，中小型比赛不得少于3个月，否则将会影响比赛筹备工作的顺利进行与比赛效果。

三、建立竞赛组织机构

根据比赛规模的大小，成立相应的组织机构。全国性比赛通常由主办单位和承办单位共同协商确定大会组织委员会成员，包括主办单位负责人、赞助单位负责人、承办单位和当地体委的负责人，上级领导机关的代表和有关知名人士以及总裁判长。组织委员会一般设主任1人，副主任1人，委员若干人。它是比赛大会的最高领导机构，在其下属的是各办事机构。根据比赛规模决定成立几个分部门。大规模的或大型综合性比赛，部门分得很细，各部门责任具体、细致。中小型比赛则可以少设几个部门或只安排具体的人分别负责这几方面的事宜。以全国性比赛为例可分为以下几个部门：

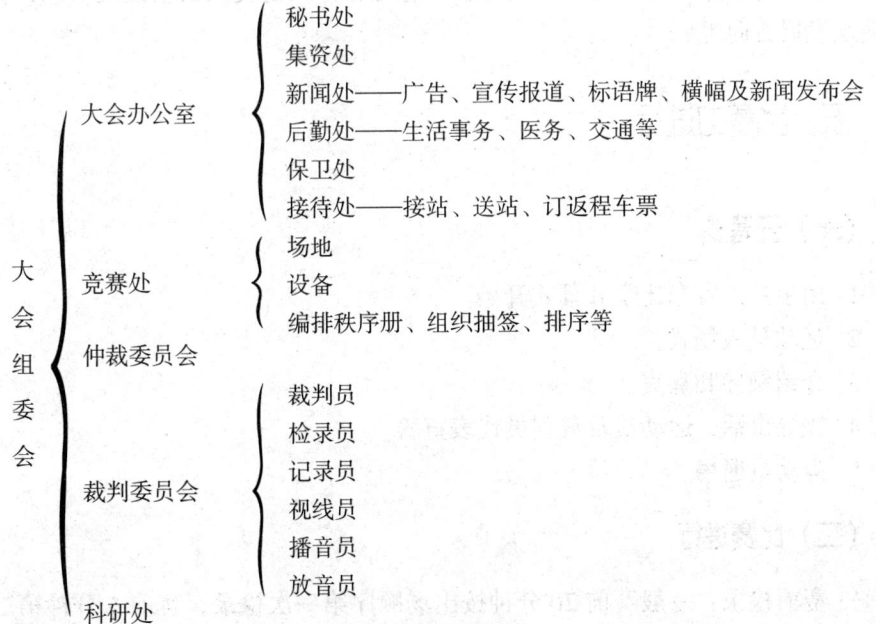

四、领队和教练员会议

领队和教练员会议是竞赛中一项重要内容，是参赛队与大会及裁判员沟通的主要途径之一，双方都应重视。一般由组委会主持，各处负责人及裁判长参加。通常在赛前、赛后各安排一次。

赛前领队、教练员会议主要内容包括：

1. 介绍比赛的准备情况。
2. 介绍大会主要部门的负责人和主要工作人员。
3. 宣布大会竞赛日程及有关规定。
4. 解答和解决参赛队提出的有关问题。如：比赛安排、生活、规程及规则等方面的问题。如果在规则和技术方面的问题较多，还应单独召开领队、教练员技术会议，由裁判长详细解答。
5. 抽签排定比赛出场顺序。如果时间允许，采取公开抽签的办法由各队自己抽签比较好。有时时间不允许，可提前进行抽签，但必须要有组委会委员或有关负责人在场监督执行，由指定人员代理抽签。这项工作应在领队、教练员会议上专门交代，以免引起误解。

赛后领队、教练员会议主要是安排参赛队离会事宜和专门召开技术交流会，就比赛和训练互相介绍经验；交流看法和意见；介绍健美操最新发展信息；讨论健美操发展方向等。

五、比赛的进行

（一）开幕式

1. 由主持人宣布比赛开幕式开始。
2. 运动员入场式。
3. 介绍领导和嘉宾。
4. 领导讲话，运动员及裁判员代表宣誓。
5. 运动员退场。

（二）比赛进行

1. 赛前检录：一般赛前 20 分钟按出场顺序第一次检录，赛前 5 分钟第二次检录。

2. 运动员外场准备，由播音员向观众介绍裁判委员会和裁判员。

3. 运动员由播音员宣告后上场向裁判员示意，做好准备姿势，由放音员播放音乐。

4. 运动员在音乐伴奏下完成整套动作。

5. 裁判员进行评分并公开示分，播音员宣布得分。

6. 记录员记录每名裁判员的分数和运动员的最后得分。

7. 赛后，记录单经裁判长确认无误后，交总记录处存根。

8. 成绩由总记录处统计后得出比赛名次。

（三）闭幕式及发奖

1. 主持人宣布闭幕式开始。

2. 裁判长宣布比赛成绩（获奖名单）。

3. 获奖运动员入场。

4. 请领导或某知名人士为获奖运动员颁奖。

5. 运动员退场。

6. 鸣谢主办和承办单位，向赞助单位颁发锦旗。

7. 可安排优秀运动员表演或专门组织的表演。

8. 领导致闭幕词，宣布比赛圆满结束。

第三节 健美操竞赛的裁判方法

健美操竞赛从 1986 年首届"长城杯"全国健美操邀请赛发展到今天，比赛规模不断扩大，比赛组织不断正规化，规则也不断修改完善，目前已和国际接轨。竞赛活动逐渐分为健身性健美操的比赛和竞技性健美操的比赛。两种比赛都有各自的评分规则和评分方法。

大众性健美操的评分规则请参照中国健美操协会编写的《大众普及性健美操评分规则》2001 年版。

全国健美操形象大使比赛与全国健身健美操教练员比赛评分方法相似。预赛采用淘汰制评选，裁判员根据选项后的总体表现对入选的选手打"√"，如有并列，全国健美操形象大使比赛以形象与形体展示入选"√"多者列前，全国健身健美操教练员比赛以指定领操入选"√"多者列前，再并列，均进入复赛；进入复赛名单在预赛后公布。复赛和决赛采用 10 分制评分并公开示分，裁判员的最小评分单位为 0.1 分；复赛和决赛裁判员的评分去掉 1~2 个最高分和最低分，中间 3 个分的平均分为该项得分；再扣除裁判长减分为最后得分。对比赛成绩和结果不接受申述。

竞技健美操分团体得分和单项得分。团体分计算：预赛中各单项成绩之和为团体总分，总分多者名次列前；分数相等时，以在单项中获高分多者名次列前；再相等，名次并列，下一名为空额。单项分计算：艺术分是去掉 4 名艺术裁判员评分的最高分与最低分，所剩分数的平均分为最后艺术分。完成分是去掉 4 名完成裁判员的最高分与最低分，所剩分数的平均分为最后完成分。艺术分与完成分所允许的最大分差、中间两个有效分的分差不得超过规则中的规定。

若有效分的分差多于以上要求，则取全部 4 个分数的平均分。难度分是 2 名裁判员一致同意的分数为最后得分，若意见分歧则取平均分。艺术分、完成分和难度分相加为总分；从总分中减去难度裁判员、视线裁判员和裁判长减分为运动员的最后得分。预赛得分与决赛得分之和即为该运动员的最后得分。最后得分多者名次列前；得分相等时，以决赛得分高者名次列前；再相等，名次并列，下一名次为空额。

竞技性健美操的评分规则请参照《FIG 国际健美操竞赛规则》2005—2008 年版。

一、对裁判员的基本要求

（一）经常参与和健美操运动相关的各种活动。
（二）对健美操运动的项目特点及技术要求有很好的理解。
（三）明确评分规则的要求并具备一定的评分技巧与经验。
（四）评分态度严肃、认真、公正、准确。

二、裁判组的组成

裁判组一般由裁判长 1 人、裁判员 4~5 人、记录员 1~2 人、计时员 1 人、视线员 2 人、检录员 1~2 人、放音员 1~2 人组成。

可根据比赛规模的大小适当增减裁判员人数。如全国性的竞技健美操锦标赛裁判组一般由高级裁判员即健美操委员会 3 名指定成员组成；裁判组的成员是：艺术裁判员 4 人、完成裁判员 4 人、难度裁判员 2 人、视线裁判员 2 人、计时裁判员 1 人、裁判长 1 人，共计 14 人。

三、评分方法

根据规程，比赛可采用公开示分或不公开示分的方法。

大众健美操比赛评分采取公开示分的方法，成套动作的满分为 10 分制，裁判员各自独立进行评分，评分精确到 0.1 分。从裁判员的评分中去掉 1~2 个最高分和最低分，中间 3 个分数的平均分即为得分，再减去裁判长减分即为最后得分。

四、评分要点

（一）健身性健美操比赛的评分

一般中小型健美操比赛以健身性健美操比赛为主，而健身性健美操比赛的主要目的是丰富人们的业余文化生活，促进健美操运动在广大群众中的开展，宣传健美操运动，吸引更多的人加入健美操运动。因此，健身性健美操比赛的评分重点与要求与竞技健美操比赛有所不同。

健身性健美操的评分因素是：热情与活力、能力与技术以及动作的编排。

热情与活力

指参赛者在比赛场上通过自己的表演体现出一种健康向上、充满活力的情绪以及吸引观众、感染观众的能力。这种高度的情感投入和表现能力体现了运动的快乐，这也正是健美操运动所倡导的，因此应该鼓励。

能力与技术

比赛中所表现出来的能力与技术是参赛者平时锻炼情况或训练水平的直接反映。能力包括心肺功能和各种身体素质。技术包括身体姿态、动作的准确性、熟练性、幅度和力度以及动作与音乐的配合。健身性健美操的技术要求是动作自然、协调连贯、节拍准确。

动作的编排

健身性健美操的动作编排首先要体现健身的科学性，不能选择对身体易造成损伤的动作。其次是健身的有效性和全面性，能达到有效和全面锻炼身体的目的。最后是艺术性，动作的设计要新颖、美观，成套动作的连接要合理、巧妙、流畅，动作素材要多样，队形变化要自然清晰，音乐的选择要和动作协调统一。

（二）竞技性健美操比赛的评分

竞技性健美操的比赛的评分分为高级裁判组和裁判组。

1. 高级裁判组的评分职责是

监督整个比赛情况，处理影响比赛进程的违纪情况或特殊情况；查看裁判员的评分，对在裁判工作中表现不佳或倾向性打分的裁判员提出警告；根据记录情况，对评分不令人满意或不公平的裁判予以警告；更换被警告后仍表现不佳的裁判员。

2. 裁判组评分的职责是

（1）艺术裁判的职责是根据下列标准评价成套动作的创编：操化动作、难度动作、过渡/连接和托举动作的成套创编；音乐的使用；操化动作组合；比赛场地的使用；表现力与同伴的配合。10.0分的艺术分按照以上5项均分，每项2分，以0.1递增。

（2）完成裁判的职责是对成套动作完成情况的评分，取决技术技巧、合拍与一致性。

（3）难度裁判员的职责是使用FIG官方速记符号记录全部成套动作中的难度动作，数出难度动作的数量。对最先出现的12个难度动作按照动作分值和最低完成要求给予0.1~1.0的分值，对于难度动作的组合形式，每次予以0.1的加分，并计入12个难度总分之中。对于12个难度动作之外的难度动作、难度动作缺类和超过2次以俯撑落地的动作给予减分。

（4）视线裁判员的职责是对运动员出现身体任何部位触及标志带线以外的地面进行减分，每次减0.1分。

五、裁判技巧

（一）精通运动项目和比赛规则

一名运动员的技术水平是通过在比赛中获得艺术分、完成分和难度分来体现的。作为一名裁判员，首先应该是精通竞技健美操运动，从事此项运动教学或训练工作多年，具有丰富的理论知识和实践经验；对竞赛规则及裁判评分各个方面都有较深入的理解和研究，能站在不同的角度，如艺术、完成、难度的角度，严格按照竞赛规则的评分因素进行评分。裁判员还应具备专业以外的修养，如音乐修养、艺术修养及美学等方面的修养，以引领此运动项目向更高的方向发展。

（二）做好现场记录

比赛中，裁判员应该按照裁判员分工做好记录。在现场评分过程中，应尽可能地记录下在场上所看到的一切，包括动作顺序、完成情况、扣分情况、总印象和当时发生的特殊情况，以便对运动员成套动作进行客观的评判和赛后出现问题时方便查找，特别是艺术裁判员和难度裁判员的记录尤为重要。为了准确地对运动员的表演进行公正的评分，在赛前训练时裁判员必须认真了解运动员的情况，并做好记录，作为比赛时的参考。

（三）角色的转换

一名优秀的裁判员必须做到抛开任何感情色彩进行客观的评判，特别是在和参赛的队或运动员有某种直接或间接关系的情况下更要注意，因为裁判员就是场上的执法者，竞赛组委会赋予裁判员的权力是对每一位参赛选手作出尽可能的公证、严明的评判，也是每一位裁判员的职责。

（张 平）

附录　视频二维码

1.基本步法

2.低冲击力组合

3.高低冲击力组合

4.高冲击力组合

5.踏板操组合

6.搏击操组合

7.踏板操基本步法

8.搏击操基本动作